Joseph Marx von Liechtenstern

Staatsverfassung der österreichischen Monarchie im Grundrisse

Joseph Marx von Liechtenstern

Staatsverfassung der österreichischen Monarchie im Grundrisse

ISBN/EAN: 9783743404830

Hergestellt in Europa, USA, Kanada, Australien, Japan

Cover: Foto ©ninafisch / pixelio.de

Manufactured and distributed by brebook publishing software (www.brebook.com)

Joseph Marx von Liechtenstern

Staatsverfassung der österreichischen Monarchie im Grundrisse

Staatsverfassung

der

Oesterreichischen

Monarchie

im

Grundrisse.

Von

Joseph Freiherrn von Lichtenstern.

Wien, bei Ignaz Aloys eblen v. Kleinmayer.
1791.

Seiner Exzellenz

Dem hochgebohrnen Herrn

Franz Joseph des heil. röm. Reichs

Grafen von Thunn,

Sr. königl. apostol. Majestät Kämmerern und
wirklichen geheimen Rath, dann des Großher-
zoglich Toskanischen St. Stephans Orden
Rittern rc. rc.

Dem

Hochwohlgebohrnen Herrn

Karl Freiherrn

von Meidinger zu Meidingen = Lauterbach,

königl. Sekretär, der Kurbayrischen Akademie
der Wissenschaften in München, und der Berliner
Gesellschaft naturforschender Freunde
Mitglied

Dann dem

Wohlgebohrnen Herrn J. von Brady,

königl. Major vom Generalstab, und des Militä-
rischen Marie Theresen Ordens Rittern.

widmet

dieses

zum Zeichen

seiner

vorzüglichen Verehrung

und

als ein Denkmal

der

Freundschaft.

Der Verfasser.

Die österreichischen Staaten sind so sehr in jeder Rücksicht merkwürdig. Die Kenntniß dieser Monarchie ist zur Kenntniß des allgemeinen europäischen Staatensystem wegen ihrer nahen Verbindung so unentbehrlich, daß man sich mit Recht wundern muß, warum die berühmtesten Statistiker ein Toze — ein Achenwall — und selbst Römer diesen Staat in ihren Werken unberührt liessen, und gänzlich übergiengen.

Die Veränderungen, welche in Oesterreich in Ansehung der innern Einrichtung und Landesverfassung geschahen;

konn=

konnten wirklich hierwegen zu keinen gül=
tigen Vorwand dienen, da sie dem Sta=
tistiker in mehr als einen Betracht zu
wissen eben so nöthig sind, als dem Ge=
schichtsforscher die Begebenheiten vergange=
ner Jahrhunderte, und die geographisch
und phisikalische Beschaffenheit; die Kul=
tur, der Fortgang der Künste, Wissen=
schaften, der Handlung, und endlich selbst
Oesterreichs politische Verhältniße sind gros=
sentheils immer die nemliche, andere aber
doch auf viele Jahre unveränderlich, sind
nicht nur dem Ausländer wahrhaft interes=
sant, sondern sie sind es noch mehr dem
Innländer, der sich entweder zu den Dien=
sten des Staats ausbilden will, oder
wirklich schon sich in dieser Bestimmung
befindet.

Es

Es war also der Mangel eines Hand=
buches, in welchem die österreichische Mo=
narchie nach ihren verschiedenen Gesichts=
punkten, und in der möglichsten Kürze be=
schrieben wäre, eigentlich die Veranlassung
zu diesem Grundriß Josephs thatenreiche
Regierung, unter welcher gleichsam der gan=
ze Staat eine neue Gestalt erhalten, und
die, wenn sie auch in verschiedenen Gegen=
ständen Abänderungen leiden dürfte, doch
immerhin merkwürdig bleiben wird, wählte
ich zum Ziel; und habe also die Staats=
verfassung Oesterreichs nach diesem Zeit=
punkte beschrieben.

Plan und Anordnung habe ich mir
selbst gebildet. — Bei der Ausarbeitung
hingegen haben mir nicht nur die Werke,
welche ich in dem ersten Abschnitt anführe,
sondern noch verschiedene andere wesentlich

ge=

gedient; und einsichtsvolle Kenner werden leicht meine eigene Bemerkungen von dem entlehnten unterscheiden und bestimmen können, in wieferne ich mich einigermassen der Vollständigkeit, so weit sie mit einem blossen Grundriß vereinbarlich seyn kann, genähert habe.

Gründliche Belehrung und Verbesserungen der Mängel, die dieses Werk haben möchte, werden mir eben so angenehm seyn, als ich sie mit wesentlichem Dank zur künftigen Vervollkommung — wenn dieser Grundriß eine nochmalige Auflag erleben sollte — benüzen werde.

Geschrieben zu Wien
im Hornung 1790.

Der Verfasser.

Inhalt.

Erste Abtheilung.
Geographisch- und phisikalische Beschaffenheit.

Erster Abschnitt.
Geographische Beschaffenheit.

I. §.

Allgemeine Länder, aus welchen die österr. Monarchie besteht. Ihre geographische Lage. Gränzen. Flächeninhalt. Ausmessungen.

II. §. Besondere, in Rücksicht der einzelnen Provinzen. Ihre Eintheilung überhaupt. Eintheilung und Grösse von Niederösterreich, Innerösterreich, Oberösterreich, Vorderösterreich, des burgundischen Kreises, von Böhmen, Mähren, Gallizien, Ungarn, Siebenbürgen und von der Lombardei. Von den österreichischen Nebenländern in andern Welttheilen.

III. §. Schriften und Karten von der österreichischen Monarchie. Schriften, welche auf die österreichische Monarchie überhaupt Bezug haben. Schriften über bloß einzelne Gegenstände der Monarchie. Allgemeine Karten von den österreichischen Staaten.

Zweiter Abschnitt.

Allgemeine phisikalische Beschaffenheit.

I. §. Klima. Matemathisches Klima. Temperatur, Luft und Witterung.

II. §. Gewässer. Meere. Flüsse. Seen. Moräste. Mineralische Wässer.

III. §. Boden. Beschaffenheit in Rücksicht auf Fruchtbarkeit. Gebürge. Thäler, und Höhlen.

IV. §. Vulkane und Erdbeben.

Dritter Abschnitt.

Natürliche Produkte.

I. §. Aus dem Mineralreich. Erdarten. Harze. Halbmetalle. Metalle. Oker. Salze und Vitriole. Einfache Steine. Felssteine. Steinwüchse und Versteinerungen.

II. §. Produkte aus dem Pflanzenreich. Moose. Schwäme und Farbenkräuter. Futterkräuter. Getreibarten. Küchengewächse. Gewürze. Handelskräuter. Obstbäume. Waldbäume. Forstprodukte.

III. §. Produkte aus dem Thierreich. Würmer. Insekten. Fische. Amphibien. Vögel. Vierfüßige Thiere.

Vierter Abschnitt.

Von den Menschen.

I. §. Bevölkerung und Verschiedenheit. Zahl der Einwohner überhaupt. Bevölkerung der einzel zelnen Provinzen. Phisische Verschiedenheit. Nazionen. Politische Verschiedenheit.

II. §. Körperbau und Sprache. Größe. Aeußerer Umriß und Bildung. Mängel. Sprachen und ihre Abarten.

III. §. Temparament. Erziehung und Gemüthsart. Nazional Temparamente. Erziehungsart. Mängel bei der Erziehung. Erziehungsinstitute. Nazionalkaraktere der österreichischen Einwohner. Uiber moderne Aufklärung.

IV. §. Nahrungsmittel. Kleider und Wohnung. Speisen. Zubereitung derselben. Getränke. Kopfpuz und Kleidung. Beschaffenheit der Wohnung. Zahl der Städte und Dörfer. Merkwürdigere, und Hauptstädte.

V. §. Ehestand.

VI. §. Krankheiten und Sterblichkeit. Nazionalkrankheiten. Sterblichkeit. Jährliche Zahl der Todten unter einer gewissen Zahl Lebender.

VII. §. Mittel, welche von Seite der Regierung vorgekehrt werden, die Gesundheit zu erhalten, und die menschliche Lebensdauer zu befördern.

Zweite Abtheilung.

Kultur, Gewerbe, Künste, Wissenschaften und Handlung.

Erster Abschnitt.
Landwirthschaft.

I. §. Agrikultur. Betrieb des Aberbau. Brachen. Getreidgattungen.

II. §.

II. §. Viehzucht. Wiesenbau. Künstliche Wiesen. Gemeinweiden. Rindviehzucht. Laktizin Nuzen. Federviehzucht. Esel und Maulthierzucht. Pferdzucht.

III. §. Fischerei und Jagd. Fischfang. Jagden. Beträchtlichkeit derselben.

IV. §. Gartenbau. Obstbäume.

V. §. Bau der Handelskräuter.

VI. §. Bienen und Seidenzucht. Sonnenblumenbau. Pflanzung der weissen Maulbeerbäume.

VII. §. Waldkultur.

VIII. §. Bergbau. Amalgamazion. Bergwerke.

IX. §. Mittel welche die Regierung versucht hat die Landwirthschaft zu befördern.

Zweiter Abschnitt.

Gewerbe, Manufakturen und Fabriken.

I. §. Polizeihandwerke.

II. §. Komerzialgewerbe. Vorzüglichere Arbeiter. Freie Gewerbe. Innungen.

III. §. Fabriken und Manufakturen.

Dritter Abschnitt.

Künste.

I. §. Welche Verfügungen zur Aufnahme und Beförderung der Künste bestehen. Unterstüzung. Akademie und Kunstschulen.

II. §. Kunstgewerbe. Buchdruckerei und Buchhandel. Kupferdrucker. Kunstdrechsler und Schlosser. Instrumentmacher. Uhrmacher.

III.

III. §. Freie Künste.
IV. §. Schöne Künste.
V. §. Bildende Künste.

Vierter Abschnitt.
Gelehrte Verfassung.

I. §. Mittel zur Beförderung der Wissenschaften. Oeffentliche Schulen. Militärschulen. Gimnasien. Generalseminarien. Oeffentliche Bibliotheken. Thierarzneischule. Botanischer Garten. Phisikalisches und Münzkabinet. Universitäten. Stipendien. Gelehrte Akademien. Zensur.

II. §. Gelehrte.

Fünfter Abschnitt.
Handlung.

I. §. Von der österreichischen Handlung überhaupt. Zollsystem.

II. §. Innerer Handel. Wechselseitiges Verkehr zwischen den Provinzen der Monarchie.

III. §. Aeusserer Handel. Verkehr mit fremden Staaten. Fremde im Handel am meisten begünstigte Staaten. Ausfuhr. Einfuhr. Transito Handel.

IV. §. Handlungsbilanz mit fremden Staaten. Bilanz der einzelnen Länder der Monarchie selbst.

V. §. Handelsgesellschaften. Konsuls. Messen und Handelsstädte. Hauptlegstädte und Legstädte.

Sechs-

Sechster Abschnitt.

Straßen. Postwesen und Schiffahrt.

I. §. Straßen. Ihre Beschaffenheit. Gasthäuser. Preis der Lebensmittel.

II. §. Postwägen. Postämter. Seepost. Dilligenzen.

III. §. Schiffahrt. Schifsbaumaterialien. Seeschulen. Häfen. Küsten. Eb - und Flutt. Flagge. Flußschiffahrt. Kanäle.

Siebenter Abschnitt.

Münz. Maaß. und Gewicht.

I. §. Geldsorten. Münzfuß. Münzämter. Papiergeld. Fremde kursirende Münzen.

II. §. Geldumlauf. Reichthum. und Wucher.

III. §. Wechsel. Uso. Respekttage.

IV. §. Maaß. Längenmaßen. Maaßen zerstreuter Körper. Maaßen flüssiger Körper.

V. §. Gewicht.

VI. §. Zeitrechnung.

Dritte Abtheilung.

Religions und politische Verfassung.

Erster Abschnitt.

Religions Verfassung.

I. §. Herrschende Religion. Freiheiten der Oesterreichischen Kirche. Geistliche Hofkommission.

II. §. Klerus. Eintheilung desselben. Bisthümer. Klöster. Verordnungen welche den Klerus betrefen. Gerichtsbarkeit des Klerus.

III. §. Tolerirte Religionen. Nichtunirte Griechen. Lutheraner. Reformirte. Sozianer. Juden.

Zweiter Abschnitt.

Regierung.

I. §. Gattung der Regierung. Stammtafel des regierenden Hauses.

II. §. Titel und Wappen.

III. §. Residenz und Hofstaat. Hofbediente. Hofzeremoniel.

IV. §. Erbämter und Ritterorden.

Dritter Abschnitt.

I. §. Grundgesetze.

II. §. Verträge mit andern Staaten.

III. §. Prätensionen. Vorrechte und politisches Verhältniß.

IV. §. Landstände.

V. §. Adel. Dessen Rechte und Gattung. Stammgüter. In den österr. Staaten begüterte Fürsten.

VI. §. Bürger.

VII. §. Bauern. Verhältniß der Unterthanen zu ihren Herrschaften. Abgaben. Lehen.

Vier-

Vierter Abschnitt.

Politische und Justizkollegien und Justizverfassung.

I. §. Eintheilung derselben. Landbeamte.
II. §. Politische Gesetze.
III. §. Ziviljustizgesetze.
IV. §. Kriminalgesetze.
V. §. Politische Landesstellen.
VI. §. Justizstellen.

Fünfter Abschnitt.

Staatsämter.

I. §. Staatsrath.
II. §. Geheime Hof und Staatskanzley.
III. §. Staatsbeamte.

Sechster Abschnitt.

Kriegsmacht.

I. §. Anzahl, Gattung, und Stärke des Oesterreichischen Kriegsheeres. Seemacht. Festungen. Berühmte Generals ꝛc.
II. §. Aushebung und Werbungen. Anstellung der Auditeurs. Feldpaters. Chirurgen.
III. §. Kriegsdirektorium und Kriegsgerichte.

Siebenter Abschnitt.

Finanzzustand.

I. §. Einkünfte. Nach den Ländern. Nach den Quellen.   II. §.

II. §. Physiokratisches System,
III. §. Finanzstellen.
IV. §. Staatsausgaben.

Achter Abschnitt.

Wichtige Staats-Veränderungen.

I. §. Aelteste Geschichte der Oesterreichischen Länder bis auf Karl den Großen.

II. §. Geschichte von Karl dem Großen bis zum 16ten Jahrhundert.

III. §. Neueste Geschichte von Oesterreich, von dem 16ten Jahrhundert, bis auf den Todestag Kaiser Joseph des Zweyten,

Lezter Abschnitt.

Staatsinteresse.

I. §. Inneres Staatsinteresse.
II. §. Aeusseres Staatsinteresse.

Staatskunde von Oesterreich.

Erste Abtheilung.
Geographische und physikalische Beschaffenheit.

Erster Abschnitt.
Geographische Beschaffenheit.

I.
Allgemeine.

Diejenigen Länder, in und ausser Europa, welche zu Oesterreich gehören, werden überhaupt unter der Benennung der österreichischen Monarchie begriffen.

Die

Die europäischen Länder des Hauses Oesterreich liegen alle in dem nördlichen gemäßigten Erdstrich, zwischen den 20ten und 44ten Grad der Länge von Ferro, und den 44ten und 52ten Grad der Breite.

Von fremden Staaten gränzen an, gegen Mitternacht Würtemberg, Sachsen, Preussen Brandenburg und Schlesien, dann die Republik Pohlen. Gegen Aufgang Pohlen, die Moldau und Wallachley, gegen Mittag einige Provinzen der Türkei; das adriatische Meer, Venedig, und andere kleine italienische Staaten; als Modena, Parma, dann Piemont und die Schweiz. Endlich gränzen gegen Abend die Schweiz, Frankreich, das deutsche Meer, die vereinigten Niederlande, und einige deutsche Staaten, nemlich Pfalzbayern, Anspach mit anderen kleineren in Schwaben.

Der Raum, welchen alle österreichischen Länder in Europa einnehmen, begreift beiläufig 11,124 geog. Quadr. Meilen. Ich sage beiläufig, weil der Flächeninhalt nur von
we-

wenigen Ländern mittelst geometrischer Ausmessungen mit einiger Verläßlichkeit bestimmt ist,
und die im Jahr 1785. veranlaßte allgemeine
Messungen um so weniger richtig seyn können,
da sie meistens von unwissenden Bauern, oder
beinahe eben so untauglichen Manipulanten geschahen, die größtentheils zu wenigen Fleiß und
Fähigkeit für das so wichtige, ihnen anver-
traute Geschäft hatten. Jene etwas früheren
Ausmessungen hingegen, welche durch eigene
Mappeurs veranstaltet worden, sind bisher noch
nicht bekannt.

II.
Besondere
in Rücksicht der einzelnen Provinzen.

Die Eintheilung der österreichischen Staaten
geschieht in die deutschen, gallizischen, ungarischen, italienischen, und in die Nebenländer
in Afrika und Asien.

Die

. Die sämtlichen europäischen Länder werden ferner in Provinzen, diese in Kreise oder
Diözesen, und diese wieder in Dekanate, oder
in Polizei und Werbbezirke untergetheilt.

Die deutschen Staaten sind entweder
Kreisländer, oder sie gehören zu keinem Kreis
des deutschen Reiches.

a. Kreisländer sind.

1. Der österreichische Kreis : dieser besteht
a. aus Niederösterreich von 2 Provinzen, nemlich:

1.) Dem Land unter der Enns, erstreckt
sich über 405 Quadr. Meilen, und enthält die
4 Kreise Unter- und Ob dem Wiennerwald,
dann Unter und Ob dem Manhartsberg.

2.) Dem Land ob der Enns, begreift an
Flächeninhalt 270 ☐ M. und bestehet aus dem
Haus- Ruck, Traun, Mühl, und Innkreis.

b. Aus Innerösterreich : dieses besteht 1.
aus dem Herzogthum Steiermark von 5 Kreisen,
dem Grätzer, Mahrburger, Zillier, Prucker und
Judenburger, welche zusammen 442 ☐ M. einnehmen.

2.) Dem Herzogthum Kärnten, enthält 190 ☐ M. und dem Klagenfurter = und Vil=lacherkreis.

3.) Dem Herzogthum Krain, ist 224 ☐ M. groß, und wird in den Laibacher, Neustädtler, und Adelsbergerkreis eingetheilt.

4.) Den gefürsteten Grasschaften Görz und Gradiska mit dem Gebiet von Aquileja, welches einen, dann dem Gouvernement von Triest, welches den andern Kreis ausmacht; erstrecken sich zusammen über 64 ☐ M.

c. Aus Oberösterreich, oder der gefürsteten Grasschaft Tirol, welche sich über 500 ☐ M. er=sireckt, und aus dem Unterinnthaler, Oberinntha=ler, Pusterthaler und Eisacker mit dem Bisthum Brixen, dann dem Vintschgauer mit der Reichs=herrschaft Trasp, dem der wälschen Konfinen, worinn das Bisthum Trient, und aus dem Bregenzerkreis bestehet.

d. Aus Vorderösterreich, welches aus ver=schiedenen im schwäbischen Kreis sehr zerstreuten Ländereien bestehet, die sich zusammen über 120 ☐ M. erstrecken; sie heissen:

1. Die Landgraffchaft Breißgau, welche in das untere Land, und obere Rheinviertel eingetheilt wird. 2. Die Markgraffchaft Burgau, 3. die Landgraffchaft Mellenburg. 4. die Graffchaft Hohenberg, 5. die Landvogtei Altdorf. 6. Einige Städte, als Koftniz, Ehingen, Munderkeigen, Riedlingen, Stekborn, und Ratolfszell, u. a. 7. verfchiedene einzelne Herrfchaften, Güter und Klöfter: als Erbach, Berg, Oefingen, Kallenberg, Warthaufen, Sigmaringen, dem fürftl. Haus Hohenzollern gehörig, und die gräfl. Fuggerifche Herrfchaft, Wald und Bieberbach, dann die Klöfter Urfpring, Wiblingen, Wald, Burheim, Kreuzthal, Wengen nebft mehr anderen.

8. Zwo von anderen deutfchen Reichsftänden Lehenweis befeffene Landfchaften nemlich: die Landvogtei Ortenau, und die Graffchaft Kirchberg und Weiffenhorn.

II. Der ganze burgundifche Kreis beträgt ungefähr an Größe 485 ☐ M. und befteht aus folgenden 10 Provinzen.

2 Das

a. Das Herzogthum Brabant macht ſeit 1786 einen Kreis aus.

b. Die Herrſchaft Mecheln iſt nebſt

c. Der Marggrafſchaft Antwerpen ebenfalls ein Kreis.

d. Das Herzogthum Limburg macht ſamt

e. Dem Herzogthum Geldern gleichfalls einen Kreis aus.

f. Das Herzogthum Luxenburg iſt auch ein Kreis.

g. Die Grafſchaft und der Kreis von Namür.

h. Die Grafſchaft und der Kreis von Hennegau.

i. Die Grafſchaft Flandern beſteht aus zween Kreiſen, wovon der eine die Diſtrickte Gent und Ipern, der andere die Diſtrickte Brüg und Oſtende begreift.

k. Die Herrſchaft und der Kreis von Dornick.

So wenig die gegenwärtige Revoluzion in den Niederlanden die Unabhängigkeit dieſer

Pro-

Provinzen zur Folge haben wird,) noch kann, so dürfte eben so gewiß diese angeführte Kreiseintheilung doch wieder aufgehoben, und die alte dagegen eingeführt werden: nach dieser bestand Brabant aus dem Quartier Löwen, aus dem Quartier Brüssel, aus dem von Antwerpen und Mecheln; Flandern aber hatte vier Distrikte, als den von Gent, Brügg, Jpern und das freie Land. Die übrigen Provinzen enthielten keine Hauptabtheilungen, waren aber eben so wie die vorigen in kleinere Distrikte untergetheilt.

III. Einzelne in andern deutschen Kreisen zerstreute Landschaften sind:

a. Im Oberrheinischen Kreis, die Grafschaft Falkenstein.

b. Im Schwäbischen Kreis.

1. Die Grafschaft Hohenembs, 2. die Herrschaft Tetnang und Argen. Diese kleinen Ländereien sind zusammen nur 8 ☐ M. groß.

B. Deutsche Länder, die aber zu keinen Kreis gehören, nemlich

I. Das

I. Das Königreich Böhmen, iſt 960 ☐ M. groß und beſteht.

1. Aus der Hauptſtadt Prag, dann 2. dem Bunzlauerkreis, 3. Königgrätzer K. 4. Bidſchover K. 5. Krudimer K. 6. Tſchaslauer K. 7. Kaurzimer K. 8. Taborer K. 9. Bud-weißer. K. 10. Prachiner K. 11. Klatauer K. 12. Pilsner K. 13. Berauner K. 14. Rakonitzer K. 15. Leutmeritzer K. 16. Saazer K. 17. Elnbogner K. 18. und dem Diſtrikt von Eger.

II. Die Marggrafſchaft Mähren, deren Flächeninhalt ſich über 396 ☐ M. erſtreckt, beſteht aus 6 Kreiſen, als 1. dem Olmützer Kreis 2. dem Prerauer K. 3. dem Hradiſcher K. 4. dem Brüner 5. dem Znaimer; und 6. dem Iglauerkreis.

III. Oeſterreichiſch Schleſien iſt bei 90. ☐ M. groß, und wird in zween Kreiſe ein-getheilt, als

1. Den Jägerndorffer, 2. den Teſchner. Die galiziſchen Staaten machen die Kö-nigreiche Gallizien und Lodomerien aus, neh-

men

men einen Raum von 1500 ☐ M. ein, und werden nebst der Bukowine in 19 Kreise eingetheilt, nemlich:

1. Dem Lemberger, 2. Samborer, 3. Sanoker, 4. Duklaer, 5. Sandeczer, 6. Mislenizer, 7. Bocheier, 8. Tarnower, 9. Rzeszower, 10. Przemißler, 11. Zolkiewer, 12. Zanoßger, 13. Tarnopoler, 14. Broder, 15. Brzezaner, 16. Zaleſtſchyker, 17. Stryer, 18. Stanislawower, 19. und dem Bukowiner.

Die ungariſchen Staaten zuſammen erſtrecken ſich im Flächeninhalt über 5260. geog. Quadr. M. und beſtehen

A. Aus dem eigentlichen Königreich Ungarn mit den ganz damit vereinten Königreichen Kroazien, Slavonien und Dalmatien; dieſe werden ſeit 1786. in 10. und eigentlich in 12. Diſtrikte, und jeder derſelben in mehrere Geſpannſchaften eingetheilt.

I. Der Raberdiſtrikt von 5 Komitaten, 1. die Raber = und Wieſelburgergeſpannſchaft, 2. die Oedenburger, 3. die Eiſenburger, 4. die Weſpriner, 5. die Graner und Komorner.

II. Der Pesterdistrickt begreift 1. die Pest-Pilisch- und Scholtergespannschaft, 2. die Hevescher, 3. Neograder, 4. Borschoder, 5. Stuhlweissenburger Gespannschaften, 6. das Land Großkumanien, 7. das Land der Jazyger.

III. Der Neutraerdistrickt mit den Komitaten.

1. Neutra 2. Presburg, 3. Trentschin und 4. Barsch.

IV. Der Neusollerdistrickt besteht aus

1. Der Neusoller, 2. Thurozer, 3 Honter, 4. Gömerer, 5. Liptau und Arver Gespannschaft.

V. Der Kaschauerdistrickt begreift.

1. Die Abavvarer und Torner, 2. die Sempliner, 3. die Saroscher und 4. die Zipser Gespannschaft mit den 16. Städten.

VI. Der Munkatscherdistrickt enthält.

1. Die Beregher, 2. die Ungwarer, 3. die Ugotscher, die Szatmarer und 5. die Marmaroscher Gespannschaft.

VII. Der Großwardeinerdistrickt mit den Komitaten, den

1. Biharer, 2. Saboltscher, 3. Bekescher und Arader, 4. Czanader und Czongrader, 5. die Haiduckenstädte, 6. die Landschaft Kleinkumanien.

VIII. Der Temeswarerdistrickt, in diesem sind.

1. Der Temeswarer, 2. Kraschower, 3. Torontaler, und 4. das Batscher Kommitat.

IX. Der Fünfkirchnerdistrickt besteht

1. Aus der Baraier Gespannschaft, 2. der Tolner, 3. Schimeger in Ungarn, dann 4. der Verowitzer und 5. Sirmier beide in Slavonien.

X. Der Agramerdistrickt, worinn

1. Das Agramer und Severiner

2. Das Warasdiner

} in Kroazien.

3. Kreuzerkomitat.

4. Das Salader in Ungarn.

5. Und das Poseger in Slavonien ist.

XI. Die Militärdistrickte.

1. In Ungarn der Pantschowaer, 2. in Kroazien die Bezirke des Warasdiner Gene-

ra-

ralats und des Karlstädter Generalats. 3. In Slavonien die Bezirke des Broder, Gradiskaner und Peterwardeiner Regiments.

XII. Das Gouvernement von Fiume.

B. Aus dem Großfürstenthum Siebenbürgen, welches in 4. Distrikte eingetheilt wird, als

I. Den Hermannstädter, dieser begreift

1. Die Hermannstädter, 2. die Huniader und Zarander, 3. die Unterweissenburger, und Karlsburger, 4. die Küköllier Gespannschaft.

II. Der Fogarascherdistrickt besteht

1. Aus dem Fogarascher, 2. Haronseker und Burzelländer, 3. Udwahrtheliet und Csik und Sepserkomitat.

III. Der Klausenburgerdistrickt enthält

1. Die Klausenburger oder Koloscher, 2. die Thorder, 3. Oberndoboker und 4. Köwarer Gespannschaft.

IV. Die Militärdistrickte der beiden Szekler und beiden Wallachischen samt dem Szekler Husaren Regiment.

Da

Da aber durch den glücklichen Fortgang
unſerer Waffen im gegenwärtigen Krieg wider
die Pforte unter der Anführung des unſterbli-
chen Helden Loudon und Prinz von Koburg
die Beſitzungen Oeſterreichs gegen Oſten nnd
Süden von Ungarn anſehnlich ausgedehnt worden, und ſich bereits über Türkiſch Kroazien
ſeit 8ten Oktober 1789. über Belgrad und einen Theil von Servien, den größten Theil
der Wallachei, und faſt über die ganze Moldau erſtrecken, ſo dürften wohl bei ferneren
Eroberungen auch nach dem Friedensſchluß die
Gränzen von dieſer Seite merklich verändert
und tief in das bisher türkiſche Gebiet erwei-
tert werden. Mithin ſowohl in dieſem als
auch in Rückſicht der Eintheilung ſehen wir
von dieſer Seite eheſtens einer ſicheren Haupt-
veränderung entgegen, nemlich die Diſtrikttafeln,
welche ſeit 4. Jahren beſtanden, ſollen wieder
aufgehoben, und die vorige Eintheilung neuerdings eingeführt werden; nach dieſer beſteht
Ungarn aus 4 Haupttheilen, nemlich dem Land

dieſ-

dieſſeits der Donau, in welchem 1. das Preß-
burger, 2. Neutraer, 3. Trentſchiner, 4. Arver,
5. Liptauer, 6. Sohler, 7. Thürozer, 8.
Barſcher, 9. Komorner, 10. Großhonter, 11.
Kleinhonter, 12. Neograder, 13. Peſt, Pillis
und Solter, 14. Batſcher 15. und das Bo-
drogher Komitat nebſt der Landſchaft Klein-
klumanien iſt. Im Land jenſeits der Donau,
ſind 1. das Wieſelburger, 2. Oedenburger,
3. Eiſenburger, 4 Salader, 5. Vespriner,
6. Raaber, 7. Graner, 8. Stuhlweiſſenbur-
ger, 9. Tolner, 10. Schineger, 11. das Ba-
ranier Komitat. Im Land dieſſeits der Theis
ſind die Abawiwarer, 2. Torner, 3. Gömö-
rer, 4. Borſchoder, 5. Zipſer mit den 16
Städten und dem Siz der 10. Lanzenträger,
6. die Ungher, 7. die Heveſer und Solnocker,
8. die Scharoſer, 9. Sempliner, 10. Beregher, 11. die Tſchongräder Geſpannſchaft,
dann 12. die Landſchaft Großkumanien und
13. das Land der Jazyger. Endlich begreift
das Land jenſeits der Theis die Marmaro-

c   ſcher

fcher, 2. Ugotfcher, 3. Saboltfcher, 4. Sath-
mater, 5. Bicharrer, 6. Kraffeer, 7. die mit-
lere Solnocker, 8. den Diftrickt Kôvar, 9. die
Tfchanader, 10. die Arader, 11. die Bege-
fcher, 12. die Sarander, 13. die Temefcher,
14. die Torontaler, 15. die Krafchober Gefpannfchaft, welche letztere 3. das fogenannte
Banat ausmachen. Hiezu kömmt der Pant-
fchover Militär Diftrikt. Slavonien wird
eingetheilt in das Werowitzer, Pofcheger
und Syrmier Komitat, nebft dem Slavoner
Militärdiftrickt. Kroazien enthält die Warasdiner, Kreuzer, Agramer Gefpannfchaft, und
obenbenannte Militärdiftrikte nebft dem Gouvernement über das ungarifche Littorale.

Siebenbürgen befteht nach der alten Eintheilung aus dem Land der Ungarn der Sekler,
und der Sachfen.

Das erftere enthält die innere Solnoker,
die Doboker, die Koloß oder Klaufenburger,
die Thorder, die Kükolier, die Weiffenburger
und die Huniader Gefpannfchaft mit dem Thal
Hazeg.   Das

Das Land der Sekler begreift den Zschi-
ler, Haromseker, Udwarhelier, Maruscher und
Aranjascher Stuhl.

Endlich besteht das Land der Sachsen
aus dem Hermannstädter, Großschuker, Rep-
ser, Betschkirchner, Schäßburger, Medwischer,
Mühlbacher, Reißmarkter und Brooßer Stuhl,
dann aus dem Burzelländer, Bistrizer und dem
Fiskaldistrikt Fogarasch.

Die italienischen Staaten des Hauses
Oesterreich werden insgemein die Lombardie
genannt, erstrecken sich über 210. ☐ Meilen,
und werden in das Herzogthum Mailand und
in das Herzogthum Mantua, dann in das
Fürstenthum Kastiglione, seit 1786. aber in
folgende 8. Kreise eingetheilt, als

1. Der Mailänder, 2. Komer, 3. Galara-
ter, 4. Pavier, 5. Lodier, 6. Kremoneser,
7. Pozoler und 8. der Mantuaner.

Die Nebenländer Oesterreichs sind in
Afrika, eine Strecke im Land Delagoa, an
dem heil. Geist Fluß; In Asien die 4. Niko-

c 2   ba-

barischen Inseln, ein Strich Land im Reich
Kanara, und ein Theil der Insel Sumatra.

III.

Schriften und Karten

von der

österreichischen Monarchie.

Unter den gedruckten Schriften, welche auf
die Staatsverfassung von Oesterreich Bezug
haben, betrefen einige die ganze Monarchie,
andere nur einzelne Gegenstände.

Zur ersten Klasse gehören fast alle Geographen, und vorzüglich der unsterbliche Büsching, die österreichische Staatenkunde von
• de Luca, und dessen geographisches Handbuch.

Zur zwoten Klasse gehören in Absicht
auf die physikalische Beschaffenheit, Hermanns
physikalischer Abriß; v. Cranzens Beschreibung der Gesundheitbrunnen, und mehr
andere.

Uli-

Uiber die öſterreichiſche Handlung hat Schweighofer geſchrieben; Eine kritiſche Uiberſicht des ſämmtlichen Schul‑ und Erziehungsweſen hat Lauber 1788. herausgegeben.

Genealogiſche Nachrichten von dem öſterreichiſchen Adel liefert Doktor Leupold in ſeinem Adels Archive.

Dann gehören ferners hieher v. Kauzens Geſchichte des öſterreichiſchen Wappenſchilds; und deſſen Abhandlung über das Wort Oeſterreich; der jährliche Hof‑ und Staatsſchematismus; Schröters Abhandlungen aus dem öſterreichiſchen Staatsrecht. Uiber die Kontribuzion 1789. und mehr andere Schriften, welche für und wider die Einführung des phyſiokratiſchen Syſtems herausgekommen.

Kropatſcheck hat eine brauchbare Sammlung aller Geſetze unter der jezigen Regierung herausgegeben. Cäſar hat ein Nazional Kirchenrecht geliefert, und v. Kees, Reuhold, Födransperg, Ryzi, und andere haben Komentars über die allgemeine Gerichtsordnung her‑

aus‑

ausgegeben. Von de Luca ist ein politischer
Kodex, von Woller eine Sammlung der
österreichischen Lehenrechte, und von Heinrich
die Gesetze für die k. k. Armee vorhanden.

Endlich gehören noch hieher v. Horneks
Bemerkungen über die österreichische Staatsökonomie, neu von Bened. Hermann herausgegeben; dann die österreichischen Staatsge-
schichten des gelehrten Hofrath v. Schrötter,
und Dischendorfer, vorzüglich aber des berühmten v. Kauz pragmatische Geschichte des
Marggrafthum Oesterreich von 454. bis 1156.
wovon der bisher erschienene 1te Band den
gerechtesten allgemeinen Beifall erhalten, und
grosses Verlangen nach den übrigen versspro-
chenen Theilen erreget.

Auch in dem Hamburger politischen Jour-
nal; in Schlözers und de Luca Staatsanzei-
gen, Büschings Magazin, Keißlers und in
Nikolais Reisen, und mehr andern Werken
sind brauchbare Abhandlungen und Nachrichten, welche die österreichische Monarchie betrefen.   Al-

Allgemeine Karten von den öſterreichiſchen
Staaten ſind: die Generalkarte von ſämmtlich k. k. Staaten von 1781. Carte hydro-
graphique des Etats de la Maison d'Au-
triche, par Maire. Des Freyherrn v. Mezburg Poſtkarte der k. k. Erblande 1783. General v. L'loyds Grenzkarte von den öſterreichiſchen Ländern. Und vorzüglich die von
Schrämbl angekündigte ganz neue Karte von
Deutſchland und dann auch von allen auſſer
dieſen befindlichen öſterreichiſchen Staaten in
beſondern Abtheilungen. Wir dürfen uns
wirklich von dieſen Karten das Beſte verſpre-
chen, da die bisher aus dieſer Offizin erſchie-
nenen, ſich durch weſentliche Verbeſſerungen,
durch äußere Schönheit und innere Güte vor
einigen ihrer Originalien auszeichnen, und
von dem guten Geſchmack, reelen geographi-
ſchen Kenntniſſen und Einſicht ihres Heraus-
gebers, ſehr rühmliche Beweiſe ſind. Dann
ſind endlich auch die öſterreichiſchen Staaten
auf allen Karten von ganz Europa zu ſehen.

c 4   Zwei-

Zweiter Abschnitt.
Allgemeine physikalische Beschaffenheit.

I.
Klima.

Die österreichischen Staaten liegen insgesammt zwischen dem 7ten und 9ten matematischen Klima, wo also die Dauer der größten Tageslänge von 15. Stund 45.' bis 17° Stunden währet.

Das physische Klima ist in allen österreichischen Provinzen durchaus gemäßiget; die meisten haben eine gesunde Luft, nur einige Theile von Ungarn, von den Niederlanden, und von Mantua sind der Gesundheit minder zuträglich. Auch in Rücksicht der Temperatur, nemlich der Wärme und Kälte herrscht keine grosse Verschiedenheit, obschon einige gegen den in Innerösterreich, Ober- und Vorderösterreich, ein Theil von Böhmen,

Mäh-

Mähren, Gallizien, und das nördliche Ungarn eine höhere und daher etwas kältere Lage haben.

II.

Gewässer.

Zwey Meere gränzen an die österreichischen Staaten, nemlich das adriatische Meer, an welchem das Triester Gouvernement, der südliche Theil von Görz, dann das ungarische Littoräle liegt; und Flandern stoßt an die Nordsee.

Auch die größten Hauptflüsse Europens entspringen entweder in österreichischen Provinzen, oder sie durchströmen selbe, als: die Donau, welche durch Oesterreich und Ungarn fließt, der Rhein mit seinen zween berühmten Wasserfällen in Vorderösterreich; die Elbe in Böhmen, die Weichsel in Schlesien und Gallizien, der Poo in Italien, die Oder in Mähren und Schlesien, und die Schelde in

c 5 den

den Niederlanden. Andere kleine schiffbare Flüsse, sind in Niederösterreich der Inn, der Traun, und Marchfluß, in Steyer die Muhr, die Sau und Drau in Kärnten, Krain und Ungarn. In Tyrol die Etsch, der Eisak und Lech; In den Niederlanden die Maaß, Sambre, Oerth und Roer; In Böhmen, Mähren und Schlesien die Moldau, und die Eger; In Gallizien der Dniester, Pruth und Sireth; In Ungarn und Siebenbürgen die Waag, Gran, Temeß, Maros, Theis, Rab und Unna, dann in der Lombardei der Tizino, und Minzioßluß, nebst vielen andern kleineren.

Unter den beträchtlicheren Landseen kommen vor: im Land ob der Enns, der Atersee der Traunsee, Wolfgänger und Halstädter See. In Steyermarkt der Ausee, Turacher und Gießing See; In Kärnten der Wörtsee; In Krain der Wacheiner und Feldeser See, und der wegen seines wunderlichen Ab - und Zulaufes durch unterirdische Grotten vorzüglich berühmte Zirknizer See; In Tyrol der Garder, Malser, und der ansehnliche Bodensee.

In Böhmen der Stankower und Rosenberger Teich; In Ungarn die beträchtlichen Seen, der Neusiedler und Platensee, dann der Palitscher und Derzner See; Endlich in der österreichischen Lombardei der Laggo, magiore, der Luganer und der Komersee.

Größere Moräste und Sümpfe sind: in Innerösterreich der Laibacher und der Sumpf bei Aquileja; In den Niederlanden die Gegenden an der Ostsee und Schelde, dann ein grosser Theil von Geldern; Gallizien die Gegend am Dniester bei Alt-Szambor; In Ungarn ein grosser Theil des Temeswater Distrikts, ist sumpfig, der Morast Matia bei Szegedin, dann der Ilanker und Alibonaer, ferner sind einige Gegenden um den Neusiedler und Platensee, dann bei Kaschau sehr morastig; Eben so ist in der Lombardie die Gegend um Mantua, und einige Striche Landes am Poo und Minzio Fluß beschaffen.

Mineralische Wässer sind in den österreichischen Staaten eine vorzügliche Menge in allen

Thei-

Theilen bekannt, man theilt sie insgemein in salzigte und metallische Wässer; von der erstern Art enthalten einige vorzüglich saure Salze : dergleichen im Land unter der Enns, und in Ungarn, andere Mittelsalze als in Niederöster-reich, Innerösterreich, Tirol, in den Nieder= landen, Böhmen, Ungarn, und Siebenbür-gen. Andere wieder sind alkalische Wässer, wie in Innerösterreich, Tirol, Böhmen, Gal-lizien, Ungarn mit den einverleibten Provinzen, und in Siebenbürgen vorkommen, endlich sind muriatische Quellen in Niederösterreich, Steyer, Böhmen, Mähren, Gallizien, Ungarn Sie-benbürgen. Unter den metallischen Wässern giebt es seifenartige in Nieder, Inner, und Oberösterreich, in Gallizien und Ungarn.

Schwefelwässer in Niederösterreich, In-nerösterreich, Tirol, in Böhmen, Gallizien und Ungarn.

Eisenhältige oder Stahlwässer fast in allen österreichischen Staaten.

Die

Die merkwürdigsten sind dann im Land unter der Enns, das Schwefelbad zu Baaden, dann die Bäder in Wien, Laa und Altenburg; im Land ob der Enns zu Milaken und Puchriglern. In Steyermark zu Einöd, am Pölshals.

Das Doppelbad an Sulzleitner, bei Gleichenberg, und zu Sokau; und mehr anderer Orten.

In Kärnten zu Linzmühl, und Kapel, in Krain zu Töpliz, zu Tirol vorzüglich das Zeicherbad, der Peier, Rabier und Trasper Sauerbrunn, dann das Enser Schwefelbad, in Vorderösterreich das Gladerbacherbad.

In den Niederlanden der Puhonter Gesundbrunne in Luxenburg, die Quelle zu Marimont in Hennegau; in Böhmen besonders in Eger, Karlsbad, Billin und Töpliz die trefflichsten Mineralwässer; in Mähren zu Bedchadsowize, Neßbenize, und Sudolloza; in Schlesien zu Lichten und Würbenthal, in Gallizien zu Sklow.

In

In Ungarn zu Kreuz, Petsching, Almas, Ofen, Krasnadolina, Piestan, Teplite, Buhna, Rybari, St. Iwani, Kaschau, Borkut, Großwardein, Mehadia, Füret, Tospuska und Töpliß, die leßtere 3 in Kroazien und Slavonien.

In Siebenbürgen zu Medias, bei Bozes, Giogi, Halmagy, Kowazna, Polvan, Kaszon und Radna.

Endlich in dem Gebiete von Komo und in der österreichischen Lombardei.

III.

Boden.

Der Boden ist in den österreichischen Staaten überhaupt von guter Beschaffenheit, vorzüglich der größte Theil von Niederösterreich, Steyermark, das Lavantthal in Kärnten, das südliche Tirol, Vorderösterreich, die südlichen Landesstriche der Niederlanden, der größte Theil von Böhmen und Mähren, der östliche

Theil

Theil von Gallizien, die meisten südlichen Ge=
genden von Ungarn, dann Siebenbürgen und
besonders die Lombardei. Minder gut und
fruchtbar ist der Boden am Karst in Krain: die
mittlere Gegend und einige nördliche Landesstriche
von Tirol, das nördliche Flandern, und Brabant,
dann Geldern, und ein Stück von Luxemburg
einige Gegenden von Mähren und Schlesien,
der westliche und mittlere Theil von Gallizien,
der grbste Theil des nördlichen Theils von
Ungarn, und einige sandigte Landesgegenden
in Süden dieses Landes, dann endlich ein
großer Theil von Kroazien.

Die meisten österreichischen Provinzen sind
voll der ansehnlichsten Gebürge; — In Nie=
der und Innerösterreich, dann in Tirol ist eine
zusammenhangende Gebürgsreihe, wovon jene
Kette, die sich von der Donau ober Wien bis
nach Krain fortzieht, das Kallengebürg ge=
nannt wird; die Kärntner, Steyrisch und
Tirolischen Berge sind ein Theil der Rätisch
und

und Kärnischen Alpen; durch verschiedene Aerme
ist das böhmische Gebürg, welches dieses ganze
Land umgiebt, mit den vorigen verbunden,
und in Westen dieses Lands ist ein Theil des
Sudetischen; die östliche Gebürgsreihe hingegen wird unter der Benennung des Riesenge-
bürgs begriffen, wovon die Fortsetzung unter
dem Name der Karpathen zwischen Gallizien
und Ungarn fortläuft, und sich endlich um Siebenbürgen gegen das Bannat hinzieht; auf der
andern Seite ist das ansehnliche Gebürg in
Kroazien und Dalmazien mit den krainerischen
Alpen in Verbindung.

Namür, Henegau und Luxemburg in den
Niederlanden, dann der nördliche Theil von
Mailand in der Lombardei sind gleichfalls ge-
bürgigt.

Thäler von verschiedener Größe und Beschaffenheit sind ganz natürlich in allen Ge-
bürgsländern häufig anzutreffen, desgleichen
auch verschiedene Grotten und unterirrdische
Höhlen, wovon die merkwürdigsten im Land

ob

ob der Enns, Steyermark, Kärnten, Krain,
Tirol, Böhmen, Gallizien, und in Ungarn,
und Siebenbürgen vorkommen.

IV.
Vulkane und Erdbeben.

In keinem Theile des Staats ist ein Vulkan,
der etwann ohnlängst ausgebrochen, oder von
dem ein Ausbruch zu befürchten wäre, bekannt, obschon sich einige vulkanische Berge
in dem Gebiete von Eger und der Grafschaft
Görz befinden. Eben so sind auch Erdbeben,
und die schröcklichen Wirkungen dieses Phä-
nomens zwar in den meisten österreichischen
Provinzen, besonders aber im Lande unter der
Enns um Wien, und an der ganzen Strecke
an der Donau hinab in Ungarn nicht unbekannt, aber doch seltner und minder fürchterlich als in Italien, und andern Ländern bisher gewesen.

Drit-

Dritter Abschnitt.
Natürliche Produkte.

I.
Aus dem Mineralreich.

Von den Erdarten, als Kalkerde, Mergel, Thonerde, und Farbenerden trift man in allen österreichischen Provinzen an, vorzüglich aber findet man Porzelán Thon in Niederösterreich, Böhmen, in den Niederlanden und Ungarn, Walkererde von der beßten Art aber in Mähren und Slavonien.

Unter den Harzen findet man Torf in allen österreichischen Ländern, Wasserblei in Niederösterreich, und Ungarn; Berg-öl in Niederösterreich, Ungarn, Kroazien, Siebenbürgen und Gallizien; Bernstein in Niederösterreich, Böhmen und Ungarn; Steinkohlen fast in allen österreichischen Staaten, Schwefel eben desgleichen.

Halb-

Halbmetalle, nemlich Braunstein in Kärnten, Böhmen, Ungarn und Siebenbürgen;
Arsenik in Innerösterreich, Tirol, Ungarn und
Siebenbürgen, Kobolt in Nieder, Inner, und
Oberösterreich, in Böhmen, Gallizien und Ungarn; Spießglas in Tirol, Ungarn und Siebenbürgen; Wismuth in Kärnten, Steyermarkt und Böhmen, Nikel in Steyer, Böhmen und Ungarn; Galmei in Niederösterreich,
besonders in Tirol, in Vorderösterreich, Niederland und Ungarn; Zink in Kärnten, Tirol,
Böhmen, Ungarn, Gallizien und Siebenbürgen; Quecksilber in Krain, Böhmen, Ungarn
und Siebenbürgen; unter den Metallen wird
Zinn in Böhmen und Ungarn gefunden.
Blei in Niederösterreich, Inner und Oberösterreich, und in den meisten übrigen Provinzen; Eisen fast in allen österreichischen Staaten, mit allen seinen verschiedenen Gattungen,
unter welcher es vorkommt, Kupfer desgleichen.
Silber im Lande unter der Enns, Kärnten,
Krain, Tirol, Böhmen, Mähren, vorzüglich

D 2   Un-

Ungarn und Siebenbürgen. Gold im Lande unter
der Enns, Steyer, Kärnten, in Tirol, Böh=
men, Gallizien, besonders in Ungarn und
Siebenbürgen; Ocher von verschiedener Gat=
tung in allen österreichischen Ländern. Salze
als Vitriol im ganzen österreichischen Kreis, in
Niederland, in Böhmen, Mähren, Gallizien, Ungarn
und Siebenbürgen. Alaun in Niederösterreich,
Tirol, Böhmen, Mähren, Gallizien, Ungarn
und Siebenbürgen. Salpeter in allen Provin=
zen. Kochsalz im Lande ob der Enns, Steyer=
mark, Kärnten, Tirol, Gallizien, Ungarn und
Siebenbürgen. Wundersalz im Lande ob der
Enns, Tirol, Böhmen und Ungarn. Bitter=
salz in Steyermark, Tirol, Böhmen und
Kroazien. Meersalz in den an das adria=
tische und an das deutsche Meer angränzen=
den Provinzen.

Steine, nämlich Kalksteine, als gemeine
Kalksteine fast in allen Ländern, Marmor
desgleichen; besonders schöner opalisirender
Marmor in Kärnten. Tropfstein in Inner=
öster=

öſterreich, Böhmen, Ungarn und Siebenbürgen. Kalkſpat in allen öſterreichiſchen Staaten; Stinkſtein in Inneröſterreich, Tyrol und
Ungarn; Mergelſchiefer in Nieder und Inneröſterreich, Böhmen und Ungarn, Fluſpat eben
daſelbſt; Alabaſter in Niederöſterreich, Tyrol
Böhmen, Ungarn und Siebenbürgen. Andere
Gipsſteinarten in Nieder- Inner- und Oberö-
ſterreich, in Böhmen, Gallizien, Ungarn und
Siebenbürgen. Desgleichen die verſchiedenen
Abwechslungen der Thonſteinarten. Unter den
glasartigen Steinen findet man Quarz in allen öſterreichiſchen Provinzen, Kriſtallen in
Tyrol, Böhmen, Ungarn und Siebenbürgen;
Diamanten in Böhmen und Ungarn, Rubin
daſelbſt, Saphir eben allda, Topas in Böh-
men, Ungarn und Siebenbürgen; Schmaragd
auch allda; Chriſolit eben daſelbſt, wie auch
Ametiſten, Hiazint, Berill und Granat. Den
Opal in Niederöſterreich, Tyrol, Böhmen,
Ungarn und Siebenbürgen. Turmalin vorzüglich in Tyrol, dann in Böhmen und Un-

D 3   garn;

garn; Kalzedon, und Karniol in Innerösterreich, Tyrol, Böhmen und Ungarn; Agat und
dessen verschiedene Nuançen fast in allen Provinzen; Jaspis in Krain, Böhmen und Ungarn, Flintenstein im Lande unter der Enns'
bessere in Steyermarkt und Gallizien, dann
auch in Ungarn; Jaspis in den meisten österreichischen Ländern; desgleichen Feldspat und
Schörl nebst der Hornblende; Basalt in
Steyermarkt, Krain, Böhmen und Ungarn.
Und so findet man auch fast alle Gattungen
zusammgesezter Felssteinarten in den österreichischen Ländern.

So sind Granitgebürge, die Karpathen,
die tyrolisch und steyrischen Alpen, auf wel-
chen aber meistens Kalkstein aufgesezt; Gneiß
ist die Gebürgsart eines Theil des südetischen
Gebürgs, man findet ihn auch in Ungarn;
Hornstein im Lande unter der Enns, in Krain,
Ungarn und Siebenbürgen. Gesselstein ist in
Nieder- Inner- und Oberösterreich, dann in
Böhmen. Graustein in Tyrol, Böhmen und
Un-

Ungarn, dann Siebenbürgen. Porphir in allen österreichischen und ungarischen Provinzen. Mandlstein in Böhmen und Ungarn, Trap eben allda; Schneidestein in Tyrol, Böhmen und Ungarn, Serpentin in Ungarn; Kalkstein in allen Ländern der österreichischen Monarchie, kommt meistens auf Granit aufgesezt vor.

Steinwüchse, als Perlen findet man in Niederösterreich ob der Enns, in Böhmen und Ungarn, andere Arten in Krain, Tirol, in Ungarn und Siebenbürgen, Versteinerungen in allen österreichischen Staaten.

II.
Produkte
aus dem
Pflanzenreich.

Nemlich Moose; Aftermoose, Schwämme und Fahrenkräuter sind in allen Provinzen sehr überflüßig anzutreffen.

D 4 Fut-

Futterkräuter eben so in allen österreichischen Staaten, vorzüglich im Lande ob der Enns, in Steyermarkt, Tirol, Böhmen, und in der Lombardei. Unter den Getreid Arten werden die gewöhnlichen Sorten als Waizen, Korn, Gerste, und Hafer überall gefunden; Reis wird vorzüglich in Mähren, im südlichen Ungarn und in der Lombardei gebaut, Mais oder türkischer Waizen häufig in Steyermarkt, Krain, Tirol, Ungarn und in der Lombardei; Plenten in Tirol und Mailand; Haidekorn in Kärnten, Krain und Tirol.

Von den Küchengewächsen trift man alle Arten in sämmtlichen österreichischen Provinzen an.

Gewürze, als Saffran von vorzüglicher Güte im Lande unter der Enns, ferner doch minder gut in Mähren und Ungarn. Senf besonders im Lande unter der Enns. Die übrigen Gattungen Gewürze als: Pfeffer, Fenchel, Enzian, Salbei, Lavendel u. d. gl. sind in allen

allen Theilen der Monarchie häufig anzutreffen.
Handelskräuter nemlich: Hanf und Flachs
in Niederösterreich, Steyer, Krain, in den
Niederlanden, in Böhmen, Mähren, Schle-
sien und Ungarn. Toback im Lande unter der
Enns, in Gallizen und in den ungarischen
Provinzen. Farbenkräuter im Lande unter der
Enns, in Niederlanden und Ungarn. Zicho-
rien besonders im Lande unter der Enns, und
allen übrigen Ländern. Speik in Steyermark
Kärnten und Tirol. Der Weinstock im Lande
unter der Enns, etwas in Böhmen und
Mähren, von vorzüglicher Güte in Steyer-
mark, Krain, Tirol, in der Lombardei und
Siebenbürgen, vor allen aber besonders in
Hungarn.

Obstbäume von jeder Gattung in den
meisten österreichischen Ländern, vorzüglich Ae-
pfel in Tirol, Limonien, Pomeranzen eben
daselbst, und in der Lombardei.

Waldbäume nemlich Laubhölzer, als Ei-
chen, Buchen, Birken, Erlen, Ahorn, Wai-

den

den u. d. gl. in den meisten Theilen der Mo,
narchie. Der Mandelbaum, Linbaum und
Krumholz aber sind in Ungarn anzutreffen.
Von den Nadelhölzern kommen Fichten, Tan,
nen, Lerchen, Föhren u. d. gl. in allen ge,
bürgigten Ländern vor; der Zermbaum ist be,
sonders in den höhern Gegenden von Steyer
und Tirol zu Haus.

Da die österreichischen Provinzen häufige
Wälder enthalten, so sind auch als eine na,
türliche Folge die verschiedenen Forst = Produk,
te häufig anzutreffen; als Gummi, Pech,
Harz, Wagenschmier, Kohlen vorzüglich in
Steyermark, Kärnten, Tirol, Böhmen und
Ungarn, Terpentin, oder Loriet aus den
Lerchen besonders in Obersteyer, Kärnten und
Tirol; Kienruß, Potasse, Knoppern und
Maßfrüchte in Böhmen, Ungarn, u. s. w.

III.

III.

Produkte
aus dem
Thierreich.

Würmer, als den Regenwurm, Blutigel u. d. gl. häufig überall. Erdschnecken, desgleichen Austern im Littorale.

Insekten, als Schmeterlinge von gemeiner und vorzüglicherer Art in allen österreichischen Staaten. Besonders den Seidenvogel in Tirol, Ungarn, Slavonien und in der Lombardei. Andere geflügelte Insekte überall häufig, Bienen besonders in Böhmen, in Gallizien und Ungarn. Die geflügelte Wanze in Ungarn und Slavonien; die kolumbazischen Mücken im südlichen Ungarn; Heuschrecken eben daselbst.

Dann ungeflügelte Insekten von den meisten Gattungen mehr oder weniger in allen österreichischen Ländern. Krebsen besonders im

Lande

Lande ob der Enns, Kärnten, Vorderösterreich, in Böhmen und Ungarn.

Skorpione in Slavonien, Fische und besonders Bauchfloſſer als Karpfen, Weißfiſch, Bratfiſch und Hecht in allen Ländern der öſterreichiſchen Monarchie. Lovorreten beſonders in den Niederlanden, Salbling, Forellen, und Huchen im Lande ob der Enns, Steyermark, Kärnten, Tirol, Böhmen und Ungarn, Lachsforellen in Ungarn und Böhmen. Bruſtbäucher von verſchiedener Gattung, nemlich Barben, Grundeln, u. d. g. durchaus in allen Provinzen, vorzüglich aber in Böhmen und Ungarn ſehr häufig. Kahlbäuche als Aalen in Inneröſterreich, Tirol und Ungarn.

Eine Menge allerhand Seefiſche im Littorale und an der Nordſee, an der Küſte von Flandern.

Amphibien als ſchwimmende, den Hauſen in Ungarn, Lampreten in den Niederlanden, in Ungarn und Siebenbürgen. Schleichende als Nattern, Schlangen, Vipern, und

und Blindschleiche fast allenthalben, besonders in
Ungarn. Kriechende nemlich Frösche und Kröt=
ten überall; Eidexen desgleichen; Schildkröt=
ten vorzüglich in Krain und Ungarn, nebst den
dazugehörigen Ländern.

Vögel als Schwimvögel, Gänse, Enten,
in allen Ländern Oesterreichs, und in vorzüg=
licher Menge in Böhmen und Ungarn. Schwanen
in Ungarn und Slavonien, Wasserhühner,
Taucher, eben daselbst. Von Sumpfvögeln
oder Stelzenläuffern, Schnepfen besonders in
Böhmen und Ungarn, Nimmersatt in Ungarn,
Trapen in Niederlanden und eine besondere
Art in Ungarn; Rohrdommel, Koklasch und
Kübiz in Ungarn, den Kronvogel in Sieben=
bürgen. Reiger, Kranich und Störche vor=
züglich im südlichen Ungarn und dem damit ver=
einten Königreich Slavonien sehr häufig. Von
den Sperlingartigen als Tauben, Lerchen,
Amseln, Finken, Nachtigallen, Spazen,
Maisen, Zeisgen, u. d. gl. in allen Theilen
der Monarchie, Krammetsvögel vorzüglich in
Steyer

Steyer, in Böhmen und Ungarn, Kanarien-
vögel besonders viele in Tirol. Von den
Hühnerartigen Vögeln kommen vor: als
gemeine Hühner in allen österreichischen Ländern, Fasanen im Lande unter der Enns, in
Böhmen und Ungarn. Berghühner, Auer,
Birk und Haselhühner in Steyermarkt, Kärnten, Tirol, in Böhmen, Ungarn und Siebenbürgen; indianische Hühner in den meisten
österreichischen Ländern; Wachteln überall.
Von Waldvögeln als Raben, Krähen, Heher,
Drossel, Baumhäker, Kukuk, Spechte und
andere Arten, befinden sich fast in allen Ländern; der Wiedehopf aber vorzüglich in Ungarn. Von den Raubvögeln kommen die kleineren Arten, als Falken, Habichte, Geyer
u. d. g. fast allenthalben vor. Adler aber vorzüglich in Innerösterreich, Tirol, Böhmen,
Gallizien, Ungarn und Siebenbürgen.

Vierfüßige Thiere und erstens hufige, als
Pferde zahme in allen österreichischen Ländern,
wilde vorzüglich in Ungarn. Esel in Tirol,
Un-

Ungarn und der Lombardei. Der gemeine
Ochs überall, vorzüglich in Innerösterreich,
Böhmen, Gallizien und Ungarn; Büffel in
Ungarn, Schaafe vorzüglich in Innerösterreich,
Böhmen, Mähren, Schlesien, Gallizien,
Ungarn und Siebenbürgen; Ziegen in allen
österreichischen Ländern, Steinbock und Gänse
im Lande ob der Enns, in Innerösterreich,
Tirol, Ungarn und Siebenbürgen. Hirsche
und Rehe in allen Theilen der Monarchie;
Schweine, nemlich zahme überall, vorzüglich
in Gallizien, Ungarn und Siebenbürgen;
wilde vorzüglich in den ebneren Gegenden von
Nieder und Innerösterreich, in Böhmen und
Ungarn. Zweitens zähige Thiere als Meer-
schweinchen in Ungarn, Flußotter besonders in
Ungarn und Slavonien, Biber im Lande unter
der Enns und Ungarn; Mäuse, Ratten,
Maulwürfe, Fledermäuse und Einhörner sind
überall häufig; die polnische Maus besonders
in Gallizien und Ungarn; das Murmelthier in
Tirol, Ungarn und der Lombardie; Igel in

In-

Innerösterreich, Tirol, Böhmen, Gallizien, Ungarn und Siebenbürgen; Marter und Iltis besonders in Innerösterreich, Tirol und Ungarn. Hasen häufig überall; Kazen desgleichen; Luxen besonders in Ungarn und Slavonien; Bären in Nieder und Innerösterreich, in Tirol, Böhmen, Gallizien, Ungarn und Siebenbürgen; Dachsen in Tirol, Gallizien und Ungarn, Füchse in Nieder und Innerösterreich, in Tirol, in Böhmen, Mähren, Gallizien, Ungarn und Siebenbürgen; Wölfe eben allda; Hunde von jeder Gattung häufig in allen Ländern, den türkischen Hund besonders in Ungarn, Slavonien und Kroazien; den spannischen Hund vorzüglich im Lande unter der Enns.

vier-

Vierter Abschnitt.

Von den Menschen in den österreichischen Staaten.

I.

Bevölkerung und phisisch und politische Verschiedenheit.

Die Anzahl der Einwohner aller österreichischen Staaten belauft sich auf 24,370,000 Köpfe, davon rechnet man für das Land unter der Enns, sammt der Hauptstadt. 1,250,000.

Das Land ob der Enns —	620,000.
Steyermarkt — — —	800,000.
Kärnten — — — —	290,000.
Krain — — — —	450,000.
Triest und Görz — — —	150,000.
Tirol mit dem Bregenzerkreiß —	650,000.
Vorderösterreich — —	320,000.
Niederlande oder Burgundischer Kreiß.	2,000,000.
Böhmen — — —	2,800,000.
Mähren — — —	1,360,000.
Schlesien — — —	280,000.

e   Gal=

Gallizien   —   —   — 3,300,000.

Ungarn mit Kroazien und Slavonien 7,100,000.

Siebenbürgen   —   — 1,600,000.

Die Lombardei   —   — 1,400,000.

Mithin kommen im Durchschnitt über 2183.
Menschen auf eine Quadrat Meile, doch ist
diese Bevölkerung in einigen Provinzen stär-
ker, in andern geringer, wie aus dem Vergleich der Quadrat Meilen mit dem Volks-
stand der einzelnen Länder ganz leicht zu er-
sehen ist.

Zur Evidenthaltung des Populazionsstan-
des dient ein wohlbestelltes Konscripzionssystem,
wo jährlich im Fruhjahr eine Revision gehalten wird; auch muß über den Totalstand
der Bevölkerung allen Dominien in den öster-
reichisch deutschen Ländern jährlich eine Tabelle
der Landesstelle eingelegt werden. Die seit
einigen Jahren auch in Ungarn eingeführt ge-
wesene Konscripzion und Numerirung der Häuser
wird so, wie in Tirol nun wieder aufgehoben.

Diese

Diese vier und zwanzig Million Menschen
werden erstens nach ihrer phisischen Verschiedenheit in Männer und Weiber abgetheilt,
diese letztere Gattung giebt es in den meisten
Provinzen etwas mehr als Männer.

Die zwote Eintheilung der Einwohner
geschieht nach den verschiedenen Nazionen, als
da sind: Deutsche im ganzen österreichischen Kreis,
in einem Theil von Böhmen und Mähren, in
Schlesien und in einem kleinern Theil von Gallizi-
en, Ungarn und Siebenbürgen. Flamender in den
Niederlanden. Slaven, welche an der Zahl
die stärksten sind, bewohnen den südlichen Theil
von Innerösterreich, sind ferner in Böhmen,
Mähren, Gallizien, Ungarn, vorzüglich mit
Kroazieu und Slavonien; eine Art derselben
sind die Jlirier an dem ungarischen Littorale.
Ungarn sind die Haupteinwohner des eben so
benannten Königreichs; Wallachen, Griechen
und Zigeuner sind auch daselbst und in Siebenbürgen, endlich bewohnen Italiener die
Lombardei.

e 2 Die

Die Eintheilung in Rücksicht der politischen Verschiedenheit geschieht nach der Würde oder Bestimmung der mancherlei Menschenklassen, in Adel, Geistliche, Soldaten, Beamte, Gelehrte, Gewerbsleute, die fast 2/7 in Bauern, die ohngefähr 4/7 aller Einwohner ausmachen und in Müssiggänger, mithin bleibt 1/7 als die Zahl der übrigen Stände.

II.

Körperbau und Sprache.

In Ansehung des Körperbaues trift man in den österreichischen Staaten eine Menge Varietäten an, die häufige Vermischung mit anderen Nazionen macht, daß man das eigentliche fast ganz vermißt, und alles was man sagen kann, ist, daß der Mensch in den österreichischen Staaten überhaupt wohl gebaut ist; die mittlere männliche Grösse beträgt im Durchschnitt bei 5 Schuh 3 bis 4 Zoll. Der gemeine Mann in allen Ländern ist der Sonne und Witte-

rung

rung sehr blos gestellt, und darum ist seine
Gesichtsfarbe eine Mischung von roth und
gelbbraunlichten, besonders in den südlichen
Ländern, die sich mehr schonen können, sind
weisser, und haben vorzüglich in einiger Ent-
fernung von grösseren Hauptstädten ein schönes
Kolorit; da hingegen die Gesichtsfarbe des
Städtlers mehr blaß ist. Blonde Haare sind
am häufigsten; der Körperbau ist bei dem gemeinen Manne überhaupt stark; doch sind die
slavischen Nazionen, besonders in den südlichen
Gegenden Innerösterreichs minder fleischig als
die Deutschen; vor andern zeichnet sich der edle
Ungar durch die Schönheit seines Baues, eines
lebhaften Kolorit, Simetrie im äussern Umriß,
und Festigkeit aus; das Frauenzimmer ist im
Durchschnitte nicht minder gut gebaut, nur
etwas kleiner. Als Mängel des Körperbaues
kann man die Kröpfe am Hals ansehen, die vorzüglich in Obersteier, Kärnten, Tirol, in einem
Theil von Böhmen, und in einem kleinen Strich
von Ungarn sehr gemein sind.

e 3 Es

Es herrschen mehrere Sprachen · in den
österreichischen Staaten, wovon die Haupt-
arten die Deutsche, Slavische, Ungarische,
Wallachische, Französische und Italienische
sind. Deutsch wird nach verschiedenen Mundarten gesprochen; die österreichisch-deutsche
Provinzial Mundart weicht sehr von dem
Hochdeutschen ab, und ist in Niederösterreich,
in dem nördlichen Landesstrich von Innerösterreich und in einem Theil von Tirol, dann
in einem kleinen Strich von Böhmen, Mähren und Ungarn, obschon mit verschiedenen
Abänderungen, herrschend.

Der schwäbisch-deutsche Dialekt ist in
einem Theil von Tirol und in den Vorlan-
den, der Sächsische in einem Theil von Böhmen; eine eigene deutsche Mundart haben die
Sachsen in Siebenbürgen, und die Schlesier,
welche leztere doch ziemlich gut sprechen; eben
so befleißt sich auch in den Hauptstädten der
feinere Theil auf eine gute und richtige
Mundart.

Sla-

Slavisch wird in den meisten Provinzen zwar in verschiedenen, doch einander ziemlich ähnlichen Mundarten gesprochen, nämlich im südlichen Innerösterreich Krainerisch und das sogenannte Windische. In Böhmen die eigentliche Landessprache Böhmisch, welches auch nebst einer Abart desselben, dem Hanakischen in Mähren gewöhnlich ist; In Gallizien ist Pohlnisch auch eine Abänderung des Slavischen die herrschende Sprache, endlich wird Kroatisch eben als ein sehr verwandter Dialekt des Slavischen, so wie das eigentliche Slavonische von den Kroaten und Slavoniern in Ungarn und den damit vereinten Provinzen gesprochen; Ungarisch ist die Landessprache in Ungarn, und einem Theil von Siebenbürgen, die eine eigene Hauptmundart ausmacht, und bloß mit der Finnländischen, Lapländischen, und mit der Sprache einiger tartarischen Völker in Asien einige Aehnlichkeit hat. Es kommen aber auch viele fremde, meistens sehr abgekürzte Wörter darin vor. Das Wallachische ist eine Abart

e 4 der

der altlateinischen Sprache mit sehr vielen
griechisch und slavischen Wörtern vermischt,
und ist vorzüglich in einem Theil von Siebenbürgen gewöhnlich. Französisch wird aber nicht
rein in den Niederlanden gesprochen, und
Italienisch ist nicht sonderlich gut im südlichen
Tirol, und etwas besser in der Lombardei
herrschend. Uibrigens hört man alle Europäischen Sprachen vorzüglich in Wien reden,
wo Fremde von allen Nationen so häufig zusammen kommen, als in keinem andern Orte
der Erde geschieht.

III.

Temperament, Erziehung
und
Gemüthsart.

So viele Verschiedenheit man an den Menschen in den österreichischen Staaten in jeder
andern Rücksicht antrift, so viele Manigfäl-
tigkeiten herrschen auch in Ansehung des Tem-

pera-

peraments, und der Denkart. Indessen hat doch das kolerisch sanguinische mit darunter unverkennbarem Phlegma bei den Deutschen die Oberhand.

Der Niederländer ist kolerisch sanguinisch allein; der Ungar ist meistens blos Koleriker, und das herrschende Temparament bei den slabischen Nazionen und den Italienern ist das Kolerisch Melancholische, doch dürfen diese Angaben nicht als allgemeine Regeln betrachtet werden; dann man trift unter jeder Nazion alle Temperamenten bei verschiedenen Individuen an.

Die Erziehung ist meistens ein Geschäft der Eltern, und obschon mehrere eigene Erziehungsanstalten für Kinder beiderlei Geschlechts sowohl zu Wien, Klagenfurt, Prag, Brüßel, und den meisten übrigen Hauptstädten giebt, so werden doch die Zöglinge unter einem gewissen Alter gewöhnlich gegen eine kleine Vergütung an Privaten, nicht selten von der geringsten Klasse, bei derer Auswahl

man

man wenig häcklich ist, zur Erziehung überlassen, dann aber in dem festgesezten Alter in
dem Erziehungshaus selbst ferner ausgebildet.

.Unter den verschiedenen Erziehungs In-
stituten, die in der öster. Monarchie für Ci-
vil und Soldatenkinder, dann für Mädchen
fast überall bestehen, zeichnet sich vorzüglich
das Taubstummen Institut in Wien aus,
worin Gehör-und Sprachlosen eine trefliche
pantomimische Sprache, die Schreibkunst und
andere Künste und Wissenschaften gelehret
werden.

Sowohl für diese als für jene unter Aufsicht ihrer Eltern erzogene Kinder ist seit ungefähr 16. Jahren eine eigene Methode zum
ersten Unterricht in der Religion und den Ele-
mentarkenntnissen vorgeschrieben; und diese
sogenannte Normal Lehrart, die wirklich noch
mancher Verbesserung bedarf, ist auch fast in
allen österreichischen Staaten eingeführt, so,
daß kein anderer, als ein darnach unterrichtet und geprüfter Lehrer weder bei einer öffentlichen

lichen Schule angeſtellt, noch zum Privat-
Unterricht gebraucht werden ſolle; jedoch werden gemeiniglich bei der Prüfung und Anſtel-
lung ſo viele Nebenbetrachtungen in Erwägung
gezogen, daß nur allzuhäufig das heilſame
dieſer Einrichtung vereitelt wird. Dazu kömt
noch, daß gemeiniglich die Lehrer in den Tri-
vialſchulen ſehr ſchlecht beſoldet ſind, und daß
man ſie als nicht nur unbedeutende, ſondern
ſogar 'ſehr niedrige Menſchen betrachtet, die
dazu noch rohen und unwiſſenden Landpfarrern
oder Landbeamten gemeiniglich Preiß gegeben ſind.

Und dieſes ſcheinen auch nicht die unwich-
tigſten Urſachen zu ſeyn, daß vorzüglich die
Landſchulen gröſten Theils noch immer nicht
gut, aber doch über alle Erwartung beſſer als
in vielen andern Staaten beſtellt ſind.

Im ganzen genommen, kann man alſo
wirklich auf die Art der Erziehung, wie ſie
hier im allgemeinen gewöhnlich, keine Lobrede
halten, dann einer Seits beruht der Fehler in

der

der allzugroſſen Selbſtüberlaſſenheit der Kinder, und dem Leichtſinn der Eltern, anderer
Seits in den unrichtigen Siſtemen, die man
bei der Ausbildung zum Grunde gelegt. Den
erſtern Fehler begeht meiſtens der gemeine,
den letzteren der feinere Theil; daher ſind die
Folgen auf einer Seite, Mangel reiner mo-
raliſcher Begriffe, Grobheit, Aberglaube u. d. g.
auf der anderen Wizelei, ſuperfizielle Kenntniſſe, nicht ſelten Naturalismus ohne Siſtem
u. ſ. fort. Indeſſen trift man doch hin und
wieder mehrere Beiſpiele ſehr guter Erziehung
an, wo die Eltern, weder ihre Kinder ganz
dem Zufall oder rohen Dienſtvolke überlaſſen,
weder nach langwierigen falſchen Theorien,
ſondern ſie blos auf den Weg der Natur
leiten, und ihre Zöglinge nicht zu Bigoten oder
ſteifen Pedanten, noch zu ungeruffenen Frei-
denkern und Modewitzlingen ausbilden.

Der Karakter der verſchiedenen Nazionen, welche die öſterr. Staaten bewohnen,
iſt dem ohngeachtet im Durchſchnitte gut.
Und

Und der Oesterreicher würde noch trefflicher
seyn, wenn übel verstandene Aufklärung nicht
auch hier zur allgemeinen Modebeschäftigung
geworden wäre. Dann worinn besteht wohl
die Aufklärung unserer Zeiten? welche sind die
Wissenschaften und Künste unserer Koäven?
gemeiniglich beruht es darinn: daß Schriftsteller und Prediger die Kabalen der Religionsdiener aufdecken, und daß sie dieselben entweder lächerlich oder verächtlich zu machen sich
bemühen, aber welchen Nutzen hat eine solche
Aufklärung bishero verschaft? — Ist unsere
Kenntniß in nützlichen Wissenschaften dadurch
nur um ein Haar ausgebreiteter geworden? —
gewiß nicht: außer daß wir mehr halbgelehrte
Müssiggänger erhalten haben. — Ist unser
Herz edler? besser gemacht? — Auch nicht —
sind wir etwann glücklicher in anderer Rücksicht? Oder welches gute haben wir dadurch
erhalten? Ich, und ich glaube auch der eifrigste
moderne Volkslehrer, kann mir keines nennen.
Aber man kann wohl entgegen behaupten;

daß

daß wir in nützlichen Wissenschaften einen sehr
geringen Fortschritt gemacht. — Höchstens daß
unser Verstand auf beträchtliche Kosten des
Herzens nur sehr wenig gewonnen, und daß
wir unglücklicher sind als unsere Voreltern in
allen Jahrhunderten der Unwissenheit waren.
So sehr ich übrigens für wahre Aufklärung
im Gebiete der Künste und Wissenschaften
ganz eingenommen und vollkommen überzeigt
bin, daß solche die Menschen glücklicher und
die Staaten blühender macht, so wenig kann
ich eine unzeitige im Gebiete der Religion,
die nur ein Theil der wahren Aufklärung ist, prei-
sen. — Hat der scharffinnige Philosof einen
hellen Strahl der Wahrheit aufgefangen, so
soll er ja nicht so frühzeitig wieder mitthei-
len, und den größten Theil der blöden Sterb-
lichen damit halb oder ganz erblinden. — Es
giebt aber auch Religionsvorurtheile, die den
moralischen Begriffen ganz entgegen sind, und
solche kann man auch auf eine bescheidene Art
ausrotten, so lange diese sich aber mit Moral
ver-

vertragen, iſt es überflüſſig, ja ſchädlich ſie an-
zugreifen. — Die gegenwärtigen traurigen
Revoluzionen beſtättigen, was ein gewiſſer
Schriftſteller ſagt. — Nehmet dem Volk ſeinen Teufel, ſo wird es an den Obrigkeiten
ſelbſt zum Teufel werden.

Das Sittliche der deutſchen Einwohner
iſt beſonders bei dem Landvolk, auch bei vielen
Städten Redlichkeit, Offenherzigkeit, viele
Gaſtfreiheit und Arbeitſamkeit. Der Deutſche
haltet ſehr viel auf Ehre, aber ein Theil,
beſonders in den Hauptſtädten von einer gewiſſen Klaſſe beſtreben ſich auch nur blos vortheilhafte Begriffe von ſich zu erwecken, ohne daß
ihr Gewiſſen ſo delikat wäre, wirklich allzeit
ſo zu handeln als ſie gehandelt zu haben ſcheinen wollen. Im übrigen beſitzt der Deutſche
Oeſtreicher die beſte natürliche Anlage zu allen
Wiſſenſchaften, vielen Scharfſinn, Beſtändig-
keit, guten Geſchmack und Nachgiebigkeit mit
ſehr wenigem Stolz; das ganz eigenthümliche
ſeines Karakters iſt noch, daß er jeder frem-

den

den Nazion Gerechtigkeit wiederfahren läßt, keine ganz haßt, selbst wenn er weiß, daß er verachtet wird. Zuvertrauter Umgang mit dem andern Geschlechte ist nicht allein in den Städten, sondern auch auf dem offenen Lande sehr gemein, nur: daß nicht wenige Bewohner der Hauptstädte, so wie in anderer Rücksicht also auch hier ihre Ausschweifungen auf das höchste treiben.

Der Ungar zeichnet sich gleichfalls von Seite seines Karakters rühmlich aus, man tadelt zwar an dem gemeinen Mann Trägheit und Aberglaube mit Grund; doch ist er dabei aufrichtig, wohlthätig, gastfrei, getreu, denkt insgemein edel, und handelt rechtschaffen; er ist standhaft in seinen Entschlüssen, voll Patriotismus — doch nicht ohne Vorurtheil — und persönlich tapfer; der höhere Adel und überhaupt der aufgeklärtere Theil der Nazion besitzt diese Eigenschaften in einem vorzüglicheren Grade, und verbindet noch damit Uiberlegung, trefliche Anlage zu verschiedenen Wissenschaften und Künsten, und Gefälligkeit im

Um-

Umgang. Schade, daß Hochmuth, der bei
den minder Ausgebildeten in wahre Roheit
ausartet, und eine grosse Art von Eigensinn,
die der Ungar nicht selten den Niedrigen und
besonders den Fremden fühlen läßt, noch der
einzige wesentliche Flecken in dem Karakter
dieser sonst allerdings liebenswürdigen Nazion ist.

Die slavonischen Einwohner der österreichischen Staaten, wozu alle jene Nazionen gehören, die schon oben unter dieser Benennung
angeführt, müssen in Ansehung ihres Karakters jenen bei weiten nachstehen; sie besitzen
zwar auf einer Seite ein schmeichelndes Be-
tragen, sehr vielen Fleiß und Arbeitsamkeit,
sie sind anhaltend, zu einigen Wissenschaften
und Künsten sehr geschickt, auf der andern
Seite sind sie aber zum Theil tückisch, und
zurückhaltend, besonders gegen Fremde. — Eine
Folge ihres Mißtrauens — ferners sind sie
Freunde von Fröhlichkeit, Musick und Tänzen.

Der Flamänder ist arbeitsam, besitzt be=
sonderen Erfindungsgeist, ist sehr geschickt,

f   frei-

freimüthig, entschlossen und muthvoll, hingegen wieder voll Launen, ist unbändig und
stolz.

Der Mailänder zeichnet sich durch seine
Mässigkeit, Gutherzigkeit, Arbeitsamkeit und
Gastfreiheit eben so aus, wie er im Gegentheil Mißtrauen und Rachgierde mit den übrigen Italienern ganz gemein hat.

IV.

Nahrungsmittel, Kleider und Wohnung.

Die Nahrungsmittel theilen sich überhaupt
in Speisen und Getränke ein. Speisen werden entweder aus dem Pflanzen oder Thierreich genommen; die gewöhnlichste Speise ist
auch hier das Brod, welches von Roggen oder
Waizen unter verschiedener Gestalt bereitet wird.
In einigen Gegenden von Innerösterreich und Ungarn wird von dem gemeinen Volk auch Haberbrod,
in andern Orten Haiden, Reiß, Hirs und Erd-
äpfel

Apfelbrod genossen. Zu andern Speisen nimmt
man aus dem Pflanzenreich verschiedene Gattungen von Hülsenfrüchten, dann allerhand
Kohl, Wurzel und andere Gewächse, die auf
verschiedene Art zubereitet und genossen werden.
Obst speißt man gekocht und ungekocht: aus
dem Thierreich gebraucht man als Nahrungsmittel unter den Insekten, Krebse, von den
Amphibien Schildkröten, verschiedene Arten
Fische, worunter die Hausen, Schiele, Salb-
linge, Huchen, Aalen, Forellen, Hechte und
Karpfen die vorzüglichsten sind. Dann verschiedene Arten Feder- und anderes Wild, und
unter den zahmen Thieren, Ziegen, Schaafe,
Schweine, und Rindvieh, nebst den zahmen
Geflügel Gattungen.

In Rücksicht der Zubereitung weiß vorzüglich der Deutsche Geschmack und Abwechs-
lung seinen Speisen zu geben, und beobachtet
die meiste Reinlichkeit. — Der Ungar kömmt
in Ansehung des erstern dem vorigen ganz
gleich, nur Reinlichkeit vermißt man mehr:

Der

der Flamänder und Italiener hingegen vereinigt dieses mit dem auserlesensten Geschmack
und der angenehmsten Manigfaltigkeit; dagegen leben vorzüglich letztere mässig ; der Deutsche
und Ungar hingegen gerne frugal, wenn es
anders seine Umstände zulassen. Weder die
slavischen Nazionen und am allerwenigsten die
Wallachen wissen ihre Speisen nach gutem
Geschmack einzurichten; doch lebt der Böhm
am besten unter den übrigen.

Als Getränke bedient man sich vorzüglich
des Wassers, Weines, Bieres, Thees, Kaffees,
Schokolade, Punsch, Rosogli und Brand-
weins; des Weins besonders im österreichischen Kreis, in Ungarn und Italien, das
Bier in Böhmen, Mähren, Schlesien und
Pohlen, die übrigen Getränke sind auch überall
nicht selten zum grösten Nachtheil der Gesundheit sehr stark im Schwung.

Der Schnupf- und Rauchtaback gehört
endlich noch bei sehr vielen in die Klasse der
Bedürfnisse, mehr wegen dem allzuhäufig ein-

ge-

geführten Gebrauch, als wegen der Nothwendigkeit desselben.

Der Kopfputz und die Kleidung ist bei den
Deutschen, Flamändern, Böhmen und Italienern ganz auf französisch und englischen Fuß;
die Moden sehr veränderlich wie Ebbe und
Fluth, und der Luxus vorzüglich in dem Mittelstand überhaupt auf einen sehr hohen Grad.
Der Ungar hat allein eine eigene Landes-
tracht, wobei ihm vorzüglich sein kurzer Pelz
statt des Rocks, die langen Beinkleider, Csis-
man oder Halbstiefeln u. s. w. unterscheiden.

Dermal sind die Wohnungen fast bei den
meisten österr. Nazionen vorzüglich aber unter
den Deutschen wie auch in Böhmen ganz
wohl erbaut und eingerichtet; man weiß sehr
geschickt die italienisch und französische Manier
mitsammen zu verbinden, und den Gebäuden
sowohl Schönheit als Bequemlichkeit zu verschaffen; In Niederösterreich und fast in allen
Hauptstädten baut man gemeiniglich mit Bak-
steinen; wo diese härter zu bekommen oder

gar

gar nicht zu haben sind, wird mit andern
Steinen, und wo Holz genug zu haben ist,
mit selbem gebaut. Die Wohnungen der
Vornehmern in Ungarn sind nicht minder bequem und gut eingerichtet, hingegen wohnt
das Landvolk in einigen Gegenden dieses Kö=
nigreichs fast blos in sehr elenden Erdhütten.

Man zählt dermalen in der ganzen Monarchie über 1100. Städte und Vesten, 1664.
Märkte, und über 61,000. Dörfer, nebst einer
sehr grossen Anzahl einzelner Gebäude, die
sich vorzüglich in gebürgigten Gegenden befinden. -

Unter den Städten sind merkwürdiger im
Lande unter der Enns, Wien, die Hauptstadt der ganzen Monarchie und des Landes,
dann Neustadt und St. Pölten. Im Lande
ob der Enns, Linz, die Hauptstadt, und
Braunau. In Steyermarkt Gräz die Hauptstadt nebst Leoben und Mahrburg; In Kärnten die Hauptstadt Klagenfurt; In Krain
Laibach die Hauptstadt; die Stadt Görz und
die

die Stadt und der Hafen von Triest im Gouvernement dieses Namens; In Tirol Innsbruck die Hauptstadt, dann Trient und Brixen,
nebst Bozen und Roverede. In Vorderösterreich Freiburg der Hauptort, Rheinfelden,
Burgau nebst andern; In dem burgundischen
Kreis die Hauptstadt Brüssel, dann Löwen,
Gent und Antwerpen; In Böhmen die Hauptstadt Prag; in Mähren Ollmütz und Brünn;
In Schlesien Troppau; In Gallizien die
Hauptstadt Lemberg mit Czernowitz in der
Bukowine; In Ungarn die Hauptstadt Ofen,
dann Pest, Kaschau, Preßburg und viele andere; In Slavonien Essek; In Kroazien
Karlstadt die Hauptstadt, und Agram nebst
den Städten und Häfen Fiume und Zengg;
In Siebenbürgen die Hauptstadt Hermanstadt
und Kronstadt; Endlich in der Lombardei die
Hauptstädte Mailand und Mantua.

f 4   V.

V.

Eheſtand.

Beſonders in den Hauptſtädten ſcheint einigermaſſen der eheloſe Stand überhand zu nehmen; die häufigen Gelegenheiten zu Ausſchwei-
fungen, und einer ſehr freien Lebensart; auch
bisweilen Hinderniſſe in Rückſicht des Nah-
rungſtandes ſcheinen allerdings Urſachen davon
zu ſeyn.

Uebrigens wird der Eheſtand in den Geſetzen blos als politiſcher Vertrag betrachtet,
der aber dabei — vielleicht nicht mit dem beſten
Erfolg — mehr Begünſtigungen und Ausnahme wie jeder andere Vertrag hat.

Dann weder ein förmliches Eheverſpre-
chen noch eine vorhergegangene Schwängerung
iſt eine Verbindlichkeit zur künftigen Ehe.
Uibrigens iſt aber auch nach der erfolgten prie-
ſterlichen Einſegnung und förmlich geſchloſſe-
ner Ehe dieſes Band bei den katholiſchen Ein-
wohnern

wohnern unauflößlich; bei den Akatholiken und
Juden aber nur in einigen Fällen untrennbar.

Doch sind zur Schlüssung einer Ehe,
Münderjährige ohne Wissen ihrer Eltern und
Vormünder, Kristen mit Nicht = Kristen,
Blutsverwandte unter sich bis zum zweiten
Grad; die Mörder eines Ehegatten mit denen
die daran Theil nehmen; erwiesene Ehebrechen
mit ihren Zuhaltern; Militärpersonen ohne Er=
laubniß ihrer Obern; schon Verheyrathete bei
Lebzeiten ihrer Gatten, und der katholische
Klerus unfähig. Diese obigen Verhältniße so=
wohl, als auch ein vorgegangener Zwang oder
Irrthum in der Person machen eine Ehe un=
gültig. Vor Schlüssung derselben ist in den
österreichischen Staaten das 3malige öffentliche
Aufgebot oder Verkündung gewöhnlich. Es
werden auch über alle Ehen ordentliche Trau=
bücher geführt. Nur nach vorgenommenen
fruchtlosen Vermittlungen ist unter Katholiken
bei besondern Umständen eine Scheidung, aber
keine Aufhebung der Ehe möglich. — Uibri=
gens

gens erlangt das Weib alle Rechte des Man-
nes, sie kann mit ihrem übrigen Vermögen
ausser dem Heyrathgut frei schalten, so wie der
Mann mit dem seinen. In Ansehung der Kinder, so ist der Makel der unehlichen Geburt
ganz aufgehoben, Kinder, welche im 7ten Monat nach der Trauung oder im 10ten nach des
Vaters Tod gebohren werden, sind den eh-
lichen gleich zu halten, und überhaupt ist nur
der Vater allein berechtiget gegen die eheliche
Geburt eines Kindes einen Zweifel zu erregen,
auch solche Kinder tretten in die Rechte der
ehelichen, welche von zwey Personen, obschon
vor ihrer Trauung gebohren werden, wenn
sie sich nachgehends mitsammen verehelichen.
Unehelichen Kindern ist der Vater einen nach
dem Stand der Natur angemessenen Unterhalt
zu verabreichen schuldig, wenn dieses nicht geschehen, so bleiben dem Kinde seine Gerecht-
samme vorbehalten, u. m. d.

VI.

VI.

Krankheiten und Sterblichkeit.

In den österreichischen Staaten sind eigentlich keine Nazionalkrankheiten herrschend. Auch von der Pest ist man durch die geschicktesten und wirksamsten Mittel schon mehr als ein halbes Säkulum befreit geblieben; doch verursachten andere Epidemien erst im letztern Jahrzehen den Tod vieler Menschen. Die übrigen sonst gewöhnlichen Krankheiten sind vorzüglich Lungenkrankheiten; Wassersucht, Brand und Fieber folgen diesen am nächsten. Das ungarische Fieber ist vorzüglich übel berufen und den Deutschen fürchterlich, ist aber keine Nazionalkrankheit. Schlagflüsse sind auch nicht selten; der Skorbut ist unter den Ungarn nicht selten, besonders bei den Bewohnern feuchter Ebenen; und die Lustseuche ist vorzüglich in den Haupt- auch andern grössern Provinzialstädten, ja leider! schon hin und wieder auf dem

Lande

Lande nicht unbekannt. Bleichsuchten sind eben
so dem Städter, als Gelbsucht, aber nicht
häufig dem Landvolke eigen. Von Wahnsin-
nigen jeder Art hat man traurige Beispiele in
allen Ländern; Obersteier aber besitzt eine vorzügliche Menge nicht Wahn- sondern eine Art
von Blödsinnigen, die dort unter der Benennung
Tocker oder Dosten häufig vorkommen. In den
Niederlanden herrscht vorzüglich der Bandwurm;
Pocken sind eine allgemeine, aber keine mehr
so gefürchtete Krankheit.

Die Sterblichkeit ist in den Hauptstädten zwar grösser als auf dem Land, doch
überhaupt nicht sonderlich groß; man trift einige
Gegenden von Inner und Oberösterreich, dann
Böhmen, Gallizien, Ungarn und Siebenbürgen an, wo von 50, 60, auch 80 jährlich nur
einer stirbt; in Wien rechnet man unter 25 jährlich einen Todten; überhaupt kann man in Niederösterreich unter 28, in Innerösterreich unter
33, in Oberösterreich unter 36; in Niederlanden unter 24; in Böhmen unter 28; in Gallizien unter 30; in Ungarn mit Siebenbür-

gen eben so; in der Lombardei aber nur unter
25 sicher einen Todten annehmen.

VII.

Mittel die Gesundheit zu erhalten, und die menschliche
Lebensdauer zu befördern.

Die Mittel, durch welche von Seite der Regierung für die Gesundheit und Lebenserhaltung der Unterthanen gesorgt wurde, bestehen in der Einführung einer sehr guten Polizei und mehreren Sanitätsgesetzen : hieher gehören vorzüglich die scharfen Strafen auf den Zweikampf; die Einschränkung des Verkaufs aller Gifte; die Aufhebung aller Schande geschwächter Personen ; Verbot des Schwimmen und Baden in gefährlichen Wässern; der Verbot aller Wagstücke; die Errichtung vieler Kranken - Siechen - und Tollhäuser; die Anstellung geprüfter Aerzte, Wundärzte und Hebammen; Abschaffung der Quacksalber und Afterärzte;

die

die Verlegung der Begräbnisse ausser die
Städte und bewohnte Gegenden; die Aufsicht
auf die Fleischer u. d. gl. überhaupt die Sorge, welche die Polizei für gute Nahrungsmittel
zu tragen hat; und mehr andere hieher gehörigen Verordnungen.

Zwote Abtheilung.

Kultur, Gewerbe, Künste, Handlung und Wissenschaften.

Erster Abschnitt.

Landwirthschaft.

I.

Agrikultur.

Der Ackerbau wird in den österr. Staaten sehr ungleich betrieben. Auf einem guten Fuß steht es damit im Lande ob der Enns, wo besonders die Düngung mit Mergel eingeführet ist; In Obersteyer, Kärnten, Oberkrain, vorzüglich in Tirol, in den Niederlanden, und in der Lombardei. Mittelmäßig gut wird der Ackerbau im Lande unter der Enns, in den

übri-

übrigen Gegenden von Innerösterreich, in
Mähren, Schlesien und Siebenbürgen betrieben, und am schlechtesten sieht es damit in
dem größten Theil von Böhmen, in Gallizien
und vorzüglich in Ungarn aus; wo aber auch
in den meisten Theilen des Landes der Boden von so guter Beschaffenheit ist, daß er
sehr weniger Bearbeitung bedarf. ·Brachfelder
sind zwar fast noch überall gewöhnlich, werden aber in den Ländern, wo der Ackerbau
sonst gut betrieben wird, immer vermindert.
Im Innviertel und in einem Theil von Obersteyer trift man gar keine mehr an; besonders
ist es hier gewöhnlich die Gründe 3. Jahre
als Aecker, und andere 3. Jahre als natürliche Wiesen zu benützen.

Von den Getraidgattungen wird Waizen,
Korn, Gerste und Hafer in allen Ländern gebaut; überflüßig die erstern beiden Sorten in
den Niederlanden, in Böhmen, Mähren,
Gallizien, und Ungarn; Gerste ist nirgends
überflüßig, ja kaum hinreichend; Hafer hin-

gegen ebenfalls in obigen Provinzen nebst
Nieder - und Innerösterreich; türkischer Waizen wird überflüßig in Steyermarkt, Tirol
und Ungarn gebaut; Reis endlich nur in
Mailand und in dem Temeswarer Distrikt
in Ungarn.

II.

Viehzucht.

Der Wiesenbau, worauf sich die Viehzucht
hauptsächlich gründet, ist im ganzen genommen
nicht am besten bestellt; weder eine ordentliche
Pflegung, weder ein anständiges Verhältniß
wird in den meisten Ländern beobachtet; indessen findet man doch natürliche Wiesen
von vorzüglicher Güte im Lande ob der Enns,
in Obersteyer, Tirol, in Vorderösterreich, in
den Niederlanden, in Böhmen, Mähren,
Schlesien, in einem Theil von Gallizien, in
Ungarn, Siebenbürgen und in der Lombardei.

g   Künst-

Künstliche Wiesen trift man an im Lande
ob der Enns, in Steyermark, in Niederlan=
den und in Böhmen.

Gemeinweiden bestehen fast noch überall,
obschon ihre Zerstückung anbefohlen worden,
und solche auch in den minder gebürgigten
Gegenden beständig vermindert werden. — In
Bergländern ist ihre Aufhebung in mehr als
einem Betracht untauglich.

Die Rindviehzucht wird besonders in
Niederösterreich, in den obern Gegenden der
J. Oe. Provinzen, vorzüglich in Tirol, dann
in den Niederlanden, mittelmäßig in Böhmen,
Mähren und Schlesien, besser in den nördli=
chen Theilen von Gallizien, in Ungarn, Sie=
benbürgen, und in den nördlichen Gegenden
von Mailand betrieben. Büffel werden in
Ungarn, Slavonien und Siebenbürgen erzo=
gen; das steyerische und tirolische Vieh hat ein sehr
schmackhaftes Fleisch, eben so die Kälber da=
selbst, dann im Lande ob der Enns, und in
den Niederlanden.

In

Im Lande unter der Enns in der Gegend der Hauptstadt ist der Laktiz im Nuzen sehr beträchtlich; Käs, Butter und Schmalz werden überflüßig in Böhmen, Mähren und Ungarn erzeugt. Käse von vorzüglicher Güte bereitet man in Tirol, in den Niederlanden und in der Lombardei. Die Schaaf und Schweinzucht ist in Ungarn und Siebenbürgen ansehnlich; Federviehzucht ist beträchtlich in den Gegenden der Hauptstädte, dann in Böhmen; wo vor andern häufig Fasanerien angetroffen werden, und in Ungarn; die Kapaunen in Steyermarkt; und die Truthühner in Böhmen, sind berühmt.

Die Esel und Maulthierzucht wird im südlichen Tirol, und in der Lombardei stark betrieben.

Die Pferdzucht ist in den österreichischen Staaten nicht unwichtig, nur nicht überall nach Grundsätzen eingeleitet.

In Steyermarkt, im Gouvernement von Triest, in Böhmen, Mähren, Ungarn und Sie-

Siebenbürgen sind einige gute Gestütte angelegt. Im nördlichen Ungarn, in Gallizien und
Siebenbürgen ist die Pferdzucht sehr beträchtlich, eben so in den meisten übrigen Provinzen, als im Lande ob der Enns, in Innerösterreich, Tirol, in den Niederlanden, vorzüglich in Mähren und Schlesien, dann endlich in der Lombardei.

III.

Fischerei und Jagden.

Der Fischfang ist in allen Ländern der österreichischen Monarchie sehr beträchtlich, besonders die Hecht. und Karpfenfischerei in der
Donau, die Hausenfischerei im nemlichen Fluß
in Ungarn u. s. w. überhaupt sind alle Flüsse
der Monarchie und die anstossenden Meere
reichlich mit Fischen jeder Art versehen, und
es wird daher in allen Provinzen, vorzüglich
aber in den Niederlanden, in Böhmen und
Ungarn, ein sehr einträglicher Fischfang getrieben.

Die

Die Jagden nehmen in den österreichischen Staaten merklich ab; indessen sind sie
doch noch ansehnlich in Niederösterreich, in
Innerösterreich, in Tirol, in einem Theil
der Niederlande, vorzüglich aber in Böhmen,
Mähren, Gallizien, Ungarn und Siebenbürgen, wo alle Gattungen Wild angetroffen
werden. In Steyermarkt, Tirol und einem
Theil von Ungarn sind die Gemsjagden merkwürdig. Schwarz Wild darf nur in verschlos-
senen Thiergärten geheget werden; ausser selben wird es sowohl als Bären, Wölfe,
Füchse u. d. g. nemlich als schädliche Raub-
thiere betrachtet, die von jedermann erleget werden können.

⁕ IV.

Gartenbau.

Alle Gattungen von Kuchen und Gartenge-
wächsen werden in der ganzen Monarchie häufig gepflanzt, besonders in den Gegenden der
Hauptstädte. Der Knoblauch und Schalot-

ten-

tenbau in Ungarn, der Bau der Kohlgewächse im Lande unter der Enns und in den Niederlanden, der Rübenbau eben daselbst, der Erbsenbau in Gallizien und Ungarn, sind sehr ansehnlich, der Erdäpfelbau wird auch in den meisten Ländern sehr allgemein.

Die Pflanzung der Obstbäume ist abermals sehr beträchtlich in allen Gegenden. Tirol, Böhmen, Ungarn und die Lombardei, führt häufig Baumfrüchte von verschiedener Art in andere Länder aus.

V.

Bau der Handelskräuter.

Unter diesen nimmt der Weinbau in den österreichischen Staaten den ersten Platz ein; er wird sehr stark im Lande unter der Enns, in den südlichen Gegenden von Steyermarkt, Krain und Tirol, in Ungarn und in der Lombardei betrieben. Der ungarische Wein behauptet in Ansehung seiner Güte den Vorzug vor allen übrigen.

Auch

Auch in den Niederlanden, dann in einigen Gegenden von Böhmen und Mähren wird etwas Wein zur eigenen Konsumzion erzeugt.

Der Flachs und Hanfbau wird besonders in den Niederlanden, in Mähren Schlesien, Gallizien und in der Lombardei überflüssig betrieben. Die Erzeugniß dieses Produkts in den übrigen Ländern reicht kaum zum eigenen Bedarf hin.

Der Toback wird häufig in Gallizien, Ungarn, besonders in Slavonien, dann in Siebenbürgen gebaut. Der Hopfenbau ist vorzüglich in Böhmen gewöhnlich.

Im Temeswarerdiſtrikt wird häufig türkiſcher Pfeffer und im Lande unter der Enns wird Senf und Safran gebaut, dieser letztere aber von minderer Güte auch in den Niederlanden, in Mähren und Ungarn.

Süßholz baut man häufig in Slavonien; Zichorien im Land unter der Enns; Waid

im

im Preßburgerdiſtrikt in Ungarn, und nebſt vorigen Saflor und Krap in den Niederlanden.

VI.

Bienen und Seidenzucht.

Die Bienenkultur iſt in einigen öſterreichiſchen Ländern ſehr beträchtlich, nemlich nach folgender Ordnung.

In Gallizien, Ungarn, Siebenbürgen, in Mähren, Krain und Böhmen, dann zum Theil in Niederöſterreich, folglich iſt auch die Wachs und Honigerzeugniß in dieſen Ländern von Bedeutung.

Die Einführung des Sonnenblumenbau würde vielleicht ſowohl zur Oelerzeugung als zur Beförderung der Bienenzucht ſelbſt weſentlich beitragen.

Auch die Anpflanzung der weiſſen Maulbeerbäume, und die Erzeugung der Seide verbreitet ſich in den öſterr. Staaten immer mehr. In der Lombardei, im ſüdlichen Tirol und Görz iſt die Seidenerzeugniß am beträchtlichſten

sten, und wird davon sehr viel in andere
Länder ausgeführt; in Ungarn, Slavonien
und Böhmen wird der Seidenbau ebenfalls
ziemlich betrieben, doch reicht die jährlich ge-
wonnene Seide lange nicht zum eigenen Bedarf hin, und es wäre daher die mehrere Verbreitung des Seidenbaues sowohl in Ungarn
als auch in den übrigen österreichischen Ländern sehr erwünschlich.

VII.

Waldkultur.

Die merkliche Abnahme der Wälder, und da
man bei einer fortgesetzten unordentlichen Be-
handlung derselben ganz sicher den empfindlich-
sten Holzmangel voraussehen konnte: so fieng
man ungefähr in der Mitte dieses Jahrhunderts eine regelmässige Waldkultur zu denken
an; die meisten vorzüglich österreichisch-deut-
schen Länder erhielten Waldordnungen, die
Holzschläge wurden nach Grundsätzen regulirt,

und

und dadurch suchte man einem etwaigen Holzmangel nach Möglichkeit vorzubeugen; dieses
geschieht auch mit sehr gutem Erfolge jetzt in
den meisten Provinzen, vorzüglich im Salz-
kammergut im Land ob der Enns; überhaupt
ist den Kreisämtern die Sorge aufgetragen den
Aufnahm der Waldungen möglichst zu befördern.

So viele Waldungen sich auch in den
österreichischen Staaten befinden, so hat doch
die Monarchie im ganzen ehe Mangel als Uiberfluß an Holz; indessen sind die beträchtlichsten
Wälder in Niederösterreich, in Steyermarkt,
Kärnten, Krain und Tirol, in Vorderösterreich, in dem südlichen Theile des burgundischen Kreises, in Böhmen, Mähren und Schlesien, vorzüglich in Gallizien, Ungarn und
Siebenbürgen.

VIII.

VIII.

Bergbau.

Faſt in allen Theilen der Monarchie giebt es ſehr anſehnliche Bergwerke; daher wird auch der Bergbau im ganzen ſehr betrieben.

Die Einführung der Amalgamazion des Gold und Silbers aus Erzten oder anderen metalliſchen Vermiſchungen, die wegen ihres unvergleichlichen Vortheils bereits ſeit einigen Jahren ſehr allgemein wird, macht eben ſo in der Bergbaukunde Epoche, als der Name ihres einſichtsvollen Erfinders, und eines unſerer erſten Mineralogen des Hofraths von Born unvergeßlich.

Im übrigen machten lange fremde Reiſende den Vorwurf, daß bei den öſterreichiſchen Bergwerken meiſtens Beamte angeſtellt wären, die Theorie mit der Praxis ihrer Berufswiſſenſchaft wenig zu vereinbaren wußten, und daß man aus den meiſten Bergeinrichtun-

gen

gen Geheimniße macht, wodurch man die Gelegenheit benimmt, die sich vorfindenden Mängel zu verbessern.

So richtig, nun hin und wieder diese
Vorwürfe noch jetzt ihre gute Anwendung
haben können, so wird man doch schon größtentheils bei den Bergwerken Männer mit
reellen Kenntnißen angestellt finden; und Reisenden steht nun mehr als je alles offen was
sie nur sehen und wissen wollen.

In Rücksicht der Bergwerke selbst giebt
es Goldbergwerke in Kärnten, Tirol, Ungarn
und Siebenbürgen; Waschgold trift man noch
an in der Donau im Land unter der Enns;
dann in Steyermarkt, Tirol, Böhmen und
Ungarn in mehreren Flüssen.

Silberbergwerke sind im Land unter der
Enns, in Tirol, Böhmen, Ungarn und Siebenbürgen. Kupferbergwerke in Steyer', Kärnten und Krain, in Tirol, Vorderösterreich,
Ungarn und Siebenbürgen. Bleibergwerke im
Land unter der Enns, in Kärnten, Vorder-
öster-

österreich, Böhmen, Mähren, Ungarn und
Siebenbürgen.   Zinnbergwerke in Böhmen.
Eisenbergwerke in allen Ländern des österreichi-
schen Kreises, vorzüglich in Steyermarkt, dann
im burgundischen Kreise, in Böhmen, Mäh-
ren, Gallizien, Ungarn und Siebenbürgen.
Ein sehr reiches Quecksilberbergwerk ist in
Krain.   Salzbergwerke sind im Lande ob der
Enns, in Steyermarkt, Tirol, Gallizien,
Ungarn und Siebenbürgen.   Endlich sind
Alaunbergwerke in Niederösterreich, Tirol,
Böhmen und Mähren.   Steinbrüche von
verschiedener Art giebt es in allen öster-
reichischen Ländern; vorzüglich wird schöner
Glanzmarmor im Lande ob der Enns und in
Ungarn, Alabaster im Land ob der Enns,
besonders in Tirol, in Ungarn und Sieben-
bürgen gebrochen.

IX.

IX.

Mittel zur Beförderung der Land=wirthschaft.

Der unverkennbare Einfluß, welchen eine wohlbestellte Landwirthschaft auf das Beste des Staates hat, veranlaßte, daß man vorzüglich in der zwoten Hälfte dieses Jahrhunderts mit allem Fleiße auf Mittel dachte dieselbe in Aufnahme zu bringen. In dieser Absicht wurden schon im Jahre 1766. in allen deutschen Ländern ökonomische Gesellschaften errichtet; hieher gehört ferner die anbefohlene Zerstückung grösserer Bauerngüter in kleinere. Die Aufhebung der Leibeigenschaft; die Einschränkungen, und nun die gänzliche Aufhebung der Robathen und des Zehends gegen eine sehr mässige Vergütung im Gelde. Dann die Beschränkungen der Jagdbarkeiten. Insbesondere die Landwirthschaft begünstigende Verfügungen sind weiters: Die beständige Evidenthaltung des

Markt=

Marktpreises von den Feldfrüchten, wornach
die Ein- und Ausfuhr bestimmt wird. Die
Steyerbefreiung für den Anbauer der Gründe.
Die Abschaffung des Vorkaufes. Die anbefohlene Vertheilung der Gemeinweiden. Die
Bewilligung, daß kein Zehend von den auf
Brachen gebauten Feldfrüchten darf abgenommen werden. Die Einschränkung des Vieh-
austriebs auf Weiden, mit Ausnahme der
Alpen zur Beförderung der nützlichen Stall-
fütterung. Die Erlaubniß, daß jeder Grund-
besitzer roth Wild u. a. auf was immer für
Art von seinen Gründen abtreiben, schwarz
und Raubwild aber überall ausser in einge-
zäunten Thiergärten erlegen kann, und mehr
andere Begünstigungen in dieser Rücksicht.
Dann die Prämien, welche auf den ausge-
breiteteren Anbau einiger Garten und Handelskräuter gesetzt wurden. Der Verbot der Hopfen
Ausfuhre u. d. g. Die Prämien, welche in einigen Ländern zur Begünstigung der Pferde,
Seiden und Bienenzucht ausgesetzt. Andere
Ver-

Verordnungen, welche vorzüglich die Pferdzucht
betreffen. Die Errichtung eines Thierspitals
in Wien. Die Anlegung einiger Schäfereien
von paduanischen Schaafen. Verschiedene Begünstigungen der Schaafzucht. Der Verbot
Wälder in Wiesen und Aecker zu verwandeln.
Beschränkung des Vieheintriebs in die Wälder. Verschärfter Verbot wider die Schwen-
dungen. Die Aufstellung geprüfter und er-
fahrner Waldförster. Die jährlich anbefohlene Einlage der Tabellen über die Benutzung
des Grund und Bodens, und über den Vieh-
stand, und eine Menge anderer Theils be-
folgten, theils unbefolgten Verordnungen.

Zwei-

Zweiter Abschnitt.

Gewerbe, Manufakturen, und Fabriken.

I.

Polizeihandwerke.

Die Gewerbe werden insgemein in Polizei
und Komerzialhandwerke eingetheilt.

Polizeihandwerker sind: Anstreicher, Bäcker,
Bierbrauer, Bierschenken, Brandweinbrenner,
Brodsitzer, Brunnenmacher, Essigbrauer, Feder-
viehhändler, Faßbinder, Fischer, Fleckfieder, Fleisch-
räucher, Fuhrleute, Gärtner, Greißler, Hechel-
macher, Holzhändler, Käßflecher, Kaffeesie-
der, Kohlenmesser, Korbmacher, Kränzelbin-
der, Kräuterhändler, Kuchenbecker, Leistschnei-
der, Maurer, Müller, Obsthändler, Perücken-
macher, Parasolmacher, Pfefferküchler, Pfad-
ler, Putzhändlerinnen, Riemer, Sattler,
Schifer, Schlächter, Schlosser, Schneider,
Schokolademacher, Schornsteinfeger, Seiler,
Saitenmacher, Störken- und Pudermacher,
Senftenträger, Siebmacher, Steinmetzer,

h   Stroh-

Strohwaarmacher, Stukaturer, Tapezierer, Tischler, Töpfer, Traiteurs, Trödler, Vogelsteller, Viesierkrämer, Wagner, Weinschenken, Wildhändler, Winterschuhmacher, Ziegelbrenner, Ziegeldecker, Zimmerleute, Zischmenmacher, Zuckersieder, u. m. a.

Bierbrauerei wird von allen Erbländern am stärksten in den Niederlanden getrieben; im Lande unter der Enns findet man die meisten Biergattungen, worunter sich das Horner auszeichnet. Brandtweinbrennerei ist in Niederland, Böhmen, Mähren, Gallizien und Ungarn sehr beträchtlich; Siebmacher haben vorzüglich in Krain ihren Sitz; Wagner trift man in den Niederlanden die geschicktesten an; so auch Tischler. Die übrigen Professionisten findet man in allen Ländern vertheilt.

II.

II.

Komerzialgewerbe.

Zu diesen zählt man Bandmacher, Bleich-
meister, Boymacher, Brokatmacher, Bronz-
arbeiter, Büchsenmacher, Buchbinder, Drechsler, Dratzieher, Färber, Feilenhauer, Flor-
macher, Galanteriearbeiter, Gelbgiesser, Glasmacher, Glasschneider und Schleifer, Glo-
kengiesser, Goldarbeiter, Goldschläger, Gürt-
ler, Hackenschmiede, Handschuhemacher,
Hufschmiede, Kammmacher, Hutmacher,
Kartenmaler, Klemperer, Knopfmacher, Kompositionsarbeiter, Kozenmacher, Kristallschnei-
der, Kupferschmiede, Kirschner, Lakirer, Le-
derer, Leimsieder, Leinwanddrucker, Leinwe-
ber, Messerschmiede, Nadler, Nagler, Nest-
ler, Papiermacher, Pergamentmacher, Pfan-
nenschmiede, Piquemacher, Plätner, Plüsch-
macher, Posamentierer, Röhrmacher, Ringel-
schmiede, Sagmeister, Schleifer, Schnallen-
macher, Schnürmacher, Schwertfeger, Sei-

denzeugmacher, Sensenschmiede, Silberarbei-
ter, Spinner, Sporer, Spitzklöpler, Stahl-
arbeiter, Steinschneider, Sticker, Strumpf-
würker, Taschner, Tapetenmacher, Tapezierer, Tüchelmacher, Tuchmacher, Tuchscherer,
Uhrgehäusmacher, Wachsleinwandmacher,
Walkmeister, Wattamacher, Weißgärber,
Wollenzeugmacher, Zeltschneider, Zeugschmiede,
Zinngießer, Zitz und Kattundrucker, mit einigen andern.

Bandmacher sind in den Niederlanden,
wie auch im Lande unter der Enns sehr häufig;
Buchbinder eben allda. Drechsler findet man
überhaupt in den Erblanden sehr geschickte, eben
so Galanteriearbeiter, und vorzüglich viele
Glasmacher in Böhmen. Einige Wiener-
gelbgießer sind besonders geschickt, und die
Wienerhüte sind vorzüglich berühmt; auch in
Niederlanden und Böhmen werden gute Hüte
gemacht. Kompositionsarbeiter haben vorzüglich in Wien ihren Sitz. Lakirer findet man
die geschicktesten in den Niederlanden, eben so
　　　　　　　　　　　　　　　　auch

dermal in Wien. Die treflichſten Leinwanddrucker werden eben allda gefunden. Leinwe-
ber giebt es in den öſterreichiſchen Staaten
in ſehr beträchtlicher Anzahl, vorzüglich in
Böhmen. Eben das nemliche findet in Anſehung der Nagelſchmiede ſtatt, welche vorzüglich im Lande ob der Enns, in Krain,
und Böhmen ihren Sitz haben. Schleierwe-
berei in Niederlanden und Böhmen iſt ſehr
anſehnlich. Seidenzeugmacher ſind beſonders
im ſüdlichen Tirol und in der Lombardie.
Spinnerei wird vorzüglich in Niederland und
Böhmen betrieben. Die Karlsbaderzinngieſſer
in Böhmen ſind wegen ihrer Geſchicklichkeit vorzüglich berühmt.

Die Wienerſticker ſind auch allgemein
rühmlich bekannt, darunter iſt Marianne Ru-
land und Karl beſonders geſchickt. Auch
Strumpfwirker ſind häufig in den öſterr. Ländern, beſonders in Niederöſterreich, Niederland und Böhmen. In Böhmen und Mäh-

ren

ten werden unter allen Erbländern die meisten
und besten Tuchmacher angetroffen.

Unter obigen sind einige freie Gewerbe,
die jedermann treiben darf, als Glockengiesserei,
Leinwanddruckerei, Leinweberei, Plätnerei,
Strickerei, Spinnerei, und Spitzklöplerei.
Die meisten der bisher angeführten Polizei
und Komerzialgewerbe haben unter sich eine
gewisse Verbindung, welche Innung oder Zunft
heißt; das nemliche findet auch bei einigen
Kunstgewerben statt, als bei den Jubellieren,
Uhrmachern, Buchdruckern, Chirurgen, und
die unter den Künstlern vorkommen werden.
Diese Zünfte haben gewisse Zunftartickeln;
bei ihren Zusammenkünften soll ein landesfürstl.
Kommissär zugegen seyn; sie haben auch sogenannte Laden, wozu jedes Individuum zu gewissen Zeiten einen Beitrag leistet. Es darf
kein Lehrjung ohne Prüfung aufgenommen,
und ohne pfarrlichen Attestat über den erhaltenen Religionsunterricht, frei gesprochen, oder
zum Gesellen gemacht werden, dieser muß aber

ehe

ehe bei einem Meister arbeiten, um selbst solcher
werden zu können. Um das Meisterrecht sowohl als um Aufnahme als Bürger, wird
bei der Grundherrschaft oder Magistrat,
öfters auch bei der Landesstelle angesucht,
bei deren Ertheilung blos auf persönliche Fähigkeit des Bittstellers soll gesehen werden. Es
muß aber von den Meisterrechtskanditaten eine
Probe, die dermalen minder kostspielig, und
besser zum Verkauf als vorhin geeignet kann
gemacht werden. Uiber die Ladgelder muß
ordentliche Rechnung geführt, und der Landesfürstlichen Stelle jährlich zur Einsicht vor-
gelegt werden. Endlich muß von den Dominien jährlich eine verläßliche Tabelle über den
Stand der Gewerbe und Manufakturen der
Landesstelle eingelegt werden, u. m. d. gl.

III.

III.

Fabriken und Manufakturen.

Diese haben beinahe mit den Gewerben fast gleiche Verfassung, blos daß dem Fabrikanten oder Manufakturisten noch frei steht, ein öffentliches Waarenlager zu errichten, obschon auch die meisten Professionisten in Wien eigene Verschleißgewölber haben.

Die Anzahl der Fabriken hat sich erst unter Josephs Regierung so beträchtlich vermehrt, obschon vorzüglich in den Niederlanden auch ehemals schon beträchtliche Fabriken bestanden haben. Der dermalige Stand der Manufakturen und Fabriken ist in den österreichischen Staaten.

Alaunhütten im Land unter der Enns, Steyer, Böhmen und Mähren. — Argenthage oder versilberte Kupfergeschierfabrik in Wien — Bandmanufaktur, seidene, im Lande unter der Enns, vorzüglich die Luzische in Wien; dann in Steyer, Tirol, in den Niederlanden, in Böh-

Böhmen und Mailand; leinene Band M. besonders im Lande unter der Enns und in Niederland; Wollene Band M. im Land unter der Enns und in Gallizien. — Battistmanufaktur in Niederland, Böhmen und Schlesien — Baumwollspinnerei im Land unter der Enns, Baumwollenzeugmanufakturen—sind in Wien, in den Niederlanden, und in Böhmen etablirt. — Bergtholsgadner Holzwaaren werden im Land ob der Enns häufig verfertiget. —Berggrünfabriken sind in Niederösterreich, Tirol, Böhmen und Ungarn. — Berlinerblaufabrik im Land ob der Enns — Beuteltuchmanufaktur im Land ob der Enns, Blatbinder in Böhmen, — Blaufarbfabrik, im Land ob der Enns, in Niederland und Böhmen, — Blechfabrick in Niederösterreich, in Steyermarkt und Böhmen, — Bleiplattenfabrik in Wien, — besonders die Vanderische und in Ungarn, — Bleiweißfabrik im Land unter der Enns, und Kärnten — Blondenmanufaktur in Wien, — Blumenmanufakturen mehrere in Wien, vorzüglich jene der von Sternstein, — Brieftaschen

manufaktur in Wien, — Bronzfabrik in Mailand, — Katunmanufakturen, die vorzüglichste
die Friesische und Grechtlerische, nebst anderen
im Land unter der Enns und in Steyermark,
dann in Niederland, Böhmen und Ungarn,
Cichorienkaffefabrik in Wien, — Damast-
manufaktur die Franz Ballerische in Böhmen, — Dantesfabrik in Wien, — Dia-
mantenschleiferei in Vorderösterreich, Niederland und Böhmen; —Dosenfabriken sind mehrere
in Wien, — Dinntuchmanufaktur die v.
Braunische in Wien. — Eisendrathfabriken,
die Fürst Schwarzenbergische in Steyermark
zu Murau, dann in Tirol, Niederland und
Böhmen, Eisengußwerke in Niederösterreich,
Steyermark, Tirol und in den Niederlanden, Eisenhämmer vorzüglich in Innerösterreich, in Niederösterreich, Tirol, Niederland,
Böhmen, Mähren, Gallizien und Ungarn, —
Eisenwaarenfabrik in Niederösterreich, Inner,
Ober und Vorderösterreich, in Niederland,
Böhmen, Mähren und Ungarn. — Erdge-
schier

schirrfabriken, vorzüglich in den Niederlanden,
wo gutes Fajence, und in Ungarn zu Holitsch
wo schönes Majolikgeschirr verfertiget wird,
dann andere Geschirrfabriken in Nieder und
Inneröfterreich, besonders in Triest, in Böhmen, Mähren und Ungarn. — Fächerfabrik
ohne sonderlicher Bedeutung in Wien, und
bessere in den Niederlanden, — Farbholz-
schneiderei in Wien, — Fingerhutfabrik und
Feldspiegelfabrik, beide im Land unter der
Enns, Fischbeinreiferei in Wien, Böhmen,
und Mähren, — Feilenfabrik im Land unter
der Enns und in Steyer, — Feuergewöhr-
fabrik in Niederösterreich, in Steyer, Kärnten, und in Niederland, Flormanufaktur in
Wien und in den Niederlanden, Frankfurter-
schwärzfabrik, die Mannsfeldische in Wien,
Galanteriewaarenfabriken von jeder Art vorzüglich in Wien, wie auch in den Niederlanden, — Glashütten besonders in Böhmen, — Glaßschleiferei in Niederland und
Böhmen, — Gold und Silberspitz Manufaktur im
Land unter der Enns und in Niederland, —

Granatenfabriken in Vorderösterreich und Böhmen, — Gypsbrennereien im Land unter der Enns, — Handschuhmanufaktur in Wien, — Hemdbesetzmanufaktur in Wien, — Hut und Kopffedermanufaktur in Wien und Niederland, — Hutfabrik in Wien, Juchtenfabrik die Schirutschekische im Land unter der Enns, — Kamelotenmanufaktur, eine besonders berühmte zu Brüssel in Niederland, Kartenmanufaktur in Niederlanden und Mähren, — Metallene Knöpffabriken in Wien, — Kozenmanufaktur in Ungarn, — Kupferhämmer in Niederösterreich, Steyer, Tirol, Böhmen Ungarn und Siebenbürgen, — Ledermanufaktur sehr berühmte in den Niederlanden, dann in Wien und Gallizien, — Leinwaarenmanufakturen die vortreflichsten in den Niederlanden, dann in Niederösterreich, Böhmen, Mähren, Schlesien, Ungarn und Mailand, — Liqueursbrennerei vorzüglich im Deutschen und Ungarischen Littorale, dann in Ungarn, — Lionische Waarenfabrik im Lande unter der Enns, —

Ma-

Manschestermanufaktur in Niederösterreich, in
Niederland und Mähren, — Mussellinmanu-
faktur in Krain, — Messingfabrik im Land
unter der Enns, Steyer, Kärnten, Tirol,
in Niederland und Böhmen, Musselinmanu-
faktur in Niederösterreich und Mähren, —
Nähnadelfabrik in Wien und in den Niederlanden, Niederländer Spitzmanufaktur, vorzüglich in den Niederlanden, dann in Wien, —
Oelbereitung wird in Tirol, Niederland, Gallizien und Ungarn stark betrieben, — Orientalische Waarenfabrik, die von Eisenbergische
in Wien, Papiermühl in Niederösterreich, in
Steyermarkt, vorzüglich in Niederland, in
Böhmen, Gallizien, Ungarn und Siebenbürgen,
Papiermanschefabrik im Land unter der Enns,
in Niederland und Böhmen, — Pappendeckel-
manufaktur in Böhmen und Niederland, Per-
lenfabrik in Wien, Pfeifenfabrik in Niederland, — Porzelanfabrik eine sehr berühmte in
Wien, — Potaschensiedereien in Wien, in
Tirol, Niederland, Böhmen, Mähren, Gallizien

lizien, Ungarn und Siebenbürgen, — Pulver,
mühlen fast in allen Ländern, Rund Trieb,
stahlfabrik die Rolische in Tirol, Salmiak,
fabrik im Lande unter der Enns und in Nie,
derland, Sakmanufaktur in Wien, — Sal,
peterfiederei in allen Provinzen, — Salzfiede,
reien im Land ob der Enns, in Steyer,
Tirol, in Gallizien und Ungarn, Seefalz wird
in Triest, in Niederland und in der Lombar,
dei bereitet, Scheidwasserfabrik in Wien, Böh,
men und vorzüglich in Ungarn, Schleiermanu,
faktur in Fiume, — Schleifmühlen in Böh,
men, — Schmelztiegelfabrik in Niederöster,
reich, in Steyer, Niederland und Schlesien, —
Schminkfabrik in Wien, Schneidwerkzeugfabrik
in Wien, Schmukfabrik, falsche, in Wien
und Böhmen, — Schnallenherzlfabrik eben
daselbst, — Schriftgiesserei nebst andern, be,
sonders die v. Trattnerische in Wien, dann in
Böhmen, Schwefelhütten in Niederland, Böh,
men und Ungarn, — Segeltuch Manufaktur
in Triest, — Seidenmanufakturen besonders
in

in Görz, Tirol, in der Lombardei und in
Wien, wo vorzüglich die v. Hebenstreitische verdient genannt zu werden, — Seifenfabriken
in Niederland, Mähren und Ungarn, Sei-
fengeistfabrik in Wien, Seilmanufaktur in
Fiume, Siegellakfabrik, unter andern die Wart-
lische in Wien, dann in den Niederlanden, —
Spiegelfabrik von Wichtigkeit im Lande unter
der Enns, dann in Böhmen, Schlesien und
Ungarn, — Stahlfabrikatur in Kärnten, Ungarn und Steyermarkt, wo besonders guter
Preßzianstahl verfertiget wird, aus welchem der
fürstl. Schwarzenbergische Bergverwalter, Joseph Wiedermann, einen fast dem englischen
ähnlichen Stahl zu bereiten weiß, welche Stahl-
giesserei auch dermal zum Vortheil des Fürsten
zu Schwarzenberg in Murau betrieben wird.
In England, in Rußland und in jedem anderen Staate würde dieser Mann auch sicher
eine angemessene Belohnung erhalten haben! —
Stahlwaarenfabrik sehr berühmte in Wien,
dann in Steyermarkt, Niederland, und Böh-

men

men, Strumpfmanufaktur im Land ob der Enns, Taffet (elastische) Manufaktur in Wien, Tapeten Manufaktur im Land unter der Enns, Niederland und Mailand, Tabak=fabrik im Land unter der Enns, in Steyer=markt, Niederland, Böhmen, Gallizien, Ungarn und zu Fiume, — Tuchmanufaktur in Niederösterreich, Innerösterreich, vorzüg=lich in den Niederlanden, in Böhmen und Mäh=ren, dann in Ungarn und in der Lombardei, — Uhrenmanufaktur in Wien und Kostniß, — Uhrbestandtheilfabrik in Wien, Vitriolberei=tung im Lande unter der Enns, Steyermarkt, Tirol, Böhmen, Mähren und Ungarn, — Wachsbleichen im Land unter der Enns und in Fiume, — Wachsfabrik im Land unter der Enns und in Triest, — Wachsleinwandfa=brik in Wien, Niederland und Böhmen, — Wagenschmierfabrik in Wien, — Weineffig und Cremortattarifabrik im Land unter der Enns, Wollenzeugmanufaktur vorzüglich im Land ob der Enns, in Niederland, Böhmen und

und Mähren, — Zinoberfabrik in Krain und
Ungarn, — Zwirenmanufaktur vorzüglich in
Niederland, dann in Schlesien, Mähren und
im Lande ob der Enns. — Endlich sind Zu-
ckerraffinerien in Triest und Fiume, im Lande
unter der Enns, in Niederland und Böhmen.

Dritter Abschnitt.
Künste.

I.

Welche Verfügungen zur Aufnahme
und Beförderung der Künste bestehen.

Die Künste in jeder Art werden in allen
Theilen des österreichischen Staates sehr betrieben, vorzüglich verlegt sich ein grosser Theil
auf die Tonkunst, Zeichen- und Malerkunst
auch das Studium einiger lebenden Sprachen,
als der Französisch, Englisch und Italienischen,
ist sehr gemein. Uiberhaupt trift man von den
meisten Künsten die besten Meister an, welche
größtentheils in den österreichischen Staaten
gebohren sind, oder wenigstens darinn ihren be-
ständigen Wohnsitz erwählt haben.

Es ist ganz unstreitig, daß Oesterreich die
geschicktesten Künstler, und grosse Gelehrte in
jeder Rücksicht besitzt. Männer, die fähig wären
Meisterstücke zu liefern, die der Nazion Ehre
machen, und Nutzen bringen würden, wenn

nicht

nicht thätige Ermunterung so äusserst selten
wäre; ein Theil, derer Pflicht es seyn würde
durch Unterstützung geschickter Männer sich
nicht nur allein zu Wohlthätern derselben,
sondern zu Wohlthätern vielleicht eines grossen
Theils des Menschengeschlechtes zu machen,
vernachläßigen diese Berufspflicht aus Mangel eigener Kenntniße, oder aus einer
wirklich schmuzigen Sparsamkeit bei be-
kannten Uiberfluß. Ein anderer Theil sucht sich
nur Opfer für seinen Ergeiz zu erkaufen; ver-
schwendet Unterstützung auf intrigante Leute,
nicht selten an niedrige Speichellecker, die seinen
Leidenschaften Weyhrauch streuen, und läßt den
wahren Künstler darben, oder seine Kenntniße, unter der Bemühung durch flüchtige Arbeiten seinen Unterhalt zu suchen, ersticken.
So geht es meistens grossen Genies, die darum
nicht kriechen, weil sie es zu thun unter ihrer
Würde hielten, und reelle Kenntniße mit Recht-
schaffenheit für die beste persönliche Empfeh-
lung halten; und glücklich sind sie gemeinig-

lich

lich, wenn sie nicht noch unterdrückt, und Opfer der schändlichsten Kabalen werden. — Eine Akademie der bildenden Künste, dann der Baukunst, besteht in Wien, womit eine sehr wohlbestellte Kommerzialkunstschule vereiniget ist; andere gute Zeichnungsschulen sind fast in allen Provinzialhauptstädten mit den Normalschulen zum Theil verbunden, oder sie bestehen ohne denselben für sich. Für einige bildende Künstler sind auch jährlich Pensionen bestimmt, die aber weder beträchtlich sind, weder beobachtet man bei ihrer Vertheilung die besten Maaßregeln.

II.

Kunstgewerbe.

In diese Klasse gehören Buchdrucker, wovon sich in den österreichischen Staaten sehr viele und sehr ansehnliche Buchdruckereien befinden. In Wien sind die vorzüglichsten, die v. Trattnerische, die v. Kurzböckische, die Albertische

zeich-

zeichnet sich wegen ihren schönen Lettern und
Papier besonders aus. In Grätz ist die Wein-
gand und Ferstliche, in Klagenfurt die edle v.
Kleinmayerische, auch in Brüssel wo die Flaoni-
sche, dann in Gent und Antwerpen giebt es trefliche Buchdruckereien; Ferner in Prag, die
v. Schönfeldische, in Brünn die Traßlerische
nebst sehr vielen andern, die sich in allen Theilen der Monarchie befinden. Buchhandlungen
sind nicht selten mit den Buchdruckereien vereint, und befinden sich auch besondere in allen
kleinen Provinzialstädten. Der Schrämblische
Landkartenverlag in Wien verdient hier besonders angeführt zu werden.

Unter einer grossen Anzahl Kupferdrucker verdient vorzüglich Landerer in Wien eine Empfeh-
lung. Einen sehr geschickten Kunstdrechsler haben
wir an Krückel in Wien. Und unter den Galanterie-
Schlössern verdient Kellner in Wien gerühmt
zu werden.

Juweliers sind: v. Mack und Wiesingen
ebenfalls in Wien die berühmtesten.

Unter

Unter den musikalischen Instrumentmachern kommen vor Klaviermacher, die besonders gute Fortepiano verfertigen, Walter.

Orgelbauer, die vorzüglich geschickten Meister Christoph und Abbé Chrismann. Die Wiener Trompeten und Waldhorn sind besonders berühmt, wesentlich die von dem verstorbenen Starzer, und dem noch lebenden Kerner verfertigten. Theodor Loz hat sich unter den übrigen musikalischen Instrumentmachern durch Erfindung eines neuen Bassethorns u. m. d. rühmlichst ausgezeichnet. Alle diese befinden sich in Wien.

Unter den chirurgischen Instrumentmachern sind die geschicktesten Maillard und Fischer in Wien. Die mathematischen Instrumente von dem berühmten Vogtländer zeichnen sich in Rücksicht ihrer Güte besonders aus. Auch Brüssel hat einige geschickte Arbeiter hierinn.

Unter den Uhrmachern, vorzüglich Kleinuhrmacher haben Joseph Riedel, v. Lichtenstern Ignaz, und Augustin Heckel in Wien,

dann

dann Golnig in Prag die treflichſten Werke geliefert, die den beſten engliſch franzöſiſchen Uhren können an die Seite geſetzt werden. Fluſtes in Wien erfand Uhren, welche nicht dörfen aufgezogen werden, mithin das non plus ultra dieſer Kunſt.

Noch ein anderer treflicher Künſtler in ver- ſchiedenen kleineren mathematiſch und phiſikali- ſchen Kunſtwerken iſt Steiner in Wien. Ein au- ßer auſſerordentlich geſchickter Elfenbeinarbei- ter, und vielleicht der einzige Künſtler ſeiner Art in Europa, iſt Heß eben allda.

III.

Freie Künſte.

Es iſt ſchon im Eingang erinnert worden, daß die Philologie in gewiſſer Rückſicht ſtark betrieben wird. Uibrigens hat von den öſterreichi- ſchen Philologen, Popowitz eine deutſche, Tomſa und Pohl eine böhmiſche, Farkas v. Farkasdfalfa eine ungariſche, Lanutti eine ita-

i 4

lie-

lienische, und Sammer eine englische Sprachlehre
geliefert. Auſſer dieſen beſitzt Bolla im Griechi-
ſchen ſehr viele Kenntniſſe. Unter den Schreib-
meiſtern iſt Riedt in Wien rühmlich bekannt.

IV.

Schöne Künſte.

Hieher gehören unter den Tänzern Reßler und
Haſelbeck; der geſchickte Fechter Figger, und
der vorzügliche Bereuter Hyam, ſämmtlich in
Wien.

Architekten ſind die fürtreflichſten Hohenberg, Meuſel und Gerl in Wien. Reich.
von Vanderſchotten iſt vorzüglich in der Gar-
tenbaukunſt berühmt, und Stuwer ein bekannter
Feuerwerker.

Unter die beſten Schauſpieler gehören
Brockmann, Lang, Müller, Weidmann in
Wien, Miltos in Brüſſel; gute Aktrizen ſind
Sakko, die verſtorbene Katharina Jaquet,
Stephanie, Weidner, Joſ. Müller, Rouſſeul
und

und Adamberger; welche alle bei dem k. k. Hoftheater in Wien engagirt sind.

Die Tonkunst wird hier mit vielem Fleiß
betrieben, und es befinden sich die größten Meister davon in den österreichischen Staaten.
Unter den Kompositoren ist der in Wien verstorbene Ritter v. Gluck an ihrer Spitze. Ihm
folgen die gleichfalls verstorbene, Wagenseil,
Gaßmann, von den lebenden ist der allgemein
beliebte Haiden in Esterhaß, Salieri in Wien,
dann Mozart, Wranizki, Jos. Weigel ein
viel versprechender Anfänger, und Schneck eben daselbst, auch der k. k. Hofklaviermeister Stephan
verdient wegen seiner geistvollen und schönen
Klavier Sonaten hier einen vorzüglichen Platz.
Trefliche Meister auf einzelnen Instrumenten, oder in besondern Theilen der Tonkunst
sind berühmte Sänger Benuzzi, und Adamberger, Sängerinnen Vararesi, Langin,
Cavalieri, und Teuber. Grosse Meister auf
dem Klavier oder Fortepiano sind der vorzügliche Stephan, der bewunderungswürdige Mozart

zart, dann Kozeluch. Auch der im Julii 1788.
verstorbene Urban gehörte in die Klasse der
besten Meister, dessen geschickter Schüler Do-
minik Ruprecht auch allerdings hier angeführt
zu werden mit Recht verdient. Endlich unter
den Frauenzimmern Auerhamer und Huber.
Starke Organisten sind der fürtrefliche Al-
brechtsberger, von dem wir in Kürze ein sehr
gutes Werk über die Komposition erhalten
werden. Dann Haida und Bründel. Auf
der Harfe ist Müllerin und auf der Mandolin
Szaharadnizek sehr geschickt. Auf der Vio-
line sind vorzügliche Meister Hofmann,
Wranizki der Jüngere, und Fux in Wien,
Zißler und Wenzl in Ungarn. Auf dem Vio-
lonzello sind stark der ältere Weigel, Philipp Schindlecker und Seelinger. Auf dem
Kontraviolon Pischelberger und Börstel. Auf
der Trompete (und vorzüglich gute musikalische
Trompeter sind in Wien) Phil. Richter, Jos.
Maier und Szaharadnizek nebst andern. Auf
dem Waldhorn sind stark Rup und Eisen.

Auf

Auf dem englischen Horn Went. Auf der Flöte Probus, Gering und Kreit. Auf dem Hautbois Triebenser, Viktorini, und zwei Brüder Teimer; auf dem Klarinet zwey Brüder Stadler, Schleiß und Grießbacher. Auf dem Fagot Kaußner; auf dem Doppelfagot Loz; und auf der Pauke Manker und Eder.

V.

Bildende Künste.

Fürtrefliche Zeichner sind Kohl, Drechsler, Chevasieur in Wien, Ludwig Kohl in Prag. Schriftschneider der ältere Mannsfeld und Morgenroth. Unter den Freskomalern sind sehr geschickt der berühmte Maulpertsch, Altmann, und besonders Pichler sowohl in Blumen, als auch in der Architektur und Ornamenten. Trefliche Emaillienmaler sind Krug, Pfarr und Moser. Ehrich ist ein sehr geschickter Pastelmaler. Miniaturmaler haben wir mehrere grosse Künstler, nemlich den vorzüg-

lichen

lichen Figer und Bauer, dann Walter. Elisabeth und Johann Sollerer malen besonders
treffend. Unter den Oelmalern sind berühmt
die jüngere Grasse, Lampe, Weingart, Rosa,
Maurer, Fischer in Wien, Schmiedt in
Krems; die starken Landschaftsmaler Brand,
Wutki und Kasanova, dann der vorzügliche
Kasp. Sambach in Basrelief, alle in Wien.
Peter Wolf ein Schüler von Oelenheins verspricht
viel, und hat einige schöne Gemälde verfertiget. Starke Poussierer sind der ältere Grasse,
Kárate, Schmid und Böhm. Unter die geschicktesten Bildhauer gehören Zauner, Ro-
vaz, Beier, Hohenauer, Hentizi, Vogel,
Bügler, Hablainwille und Schurier. Unter
den Emailleurs ist Sanner. Unter den Graveurs Schell, und als Ziseleurs die drei Brüder Kolb rühmlich bekannt. Vorzügliche Münz
Graveurs sind Wirth, Vinazer und Donner.
Unter den Kupferstechern ist Schmuzer einer der
größten Meister in dieser Kunst, auf diesen
fol-

folgen der ältere Mannsfeld, Adam Schütz und Cl. Kohl. Endlich in der schwarzen Kunst oder sogenannten geschabenen Arbeit ist Jakobe, und nach ihm Laminger und Leithner sehr stark. Alle diese befinden sich in Wien.

Vier.

Vierter Abschnitt.

Gelehrte Verfassung.

I.

Mittel zur Beförderung der Wissenschaften.

Die Mittel, wodurch die Geisteskultur befördert, und die Wissenschaften in Aufnahm gebracht werden, sind nicht nur hinlänglich, sondern sehr beträchtlich, wenn nur auch ihre Anwendung immer nach besseren Maßregeln eingeleitet würde.

Ganz gut eingerichtete Gimnasien bestehen nicht nur in allen Haupt, sondern auch andern Provinzialstädten. Eine Militär Akademie ist im Lande unter der Enns und in Brüssel, eine Ingenieurschule aber in Wien. Zur Bildung tauglicher Lehrer bestehen bei jeder Hauptnormalschule auch Präparantenschulen, und ein Mädchen Pensionat hat Joseph der II.

in

in eben dieser Absicht in Wien errichtet. Zur
Ausbildung tauglicher Seelsorger bestehen für
alle Länder seit einigen Jahren etliche sehr wohl
eingerichtete Generalseminarien. Eine eigene
Thierarzneischule ist in Wien. Ein ansehnlicher botanischer Garten. Eine sehr prächtige
Bildergallerie. Ein herrliches phisikalisches,
und ein Münzkabinet ist gleichfalls in Wien;
welche zu öffentlichen Gebrauch bestimmt sind.
Ausser dem daß bei den meisten Lizäen und Universitäten öffentliche sehr wohl eingerichtete Bibliotheken bestehen; so ist die kais. Bibliothek
in Wien, welche für jedermann offen steht, eine
der berühmtesten in Europa; eine zwote ebenfalls ansehnliche ist die Universitätsbibliothek
daselbst.

In den Gymnasien wird Unterricht in
der latein- und griechischen Sprache und in
der Religion ertheilt; dann werden die An-
fänge der Mathematik, Naturlehre und Naturgeschichte, Geographie, Dichtkunst, Be-
redsamkeit und Geschichte gelehrt.

Li-

Lizäen sind in allen Hauptstädten, wo
keine Universitäten sind, worinn die Schüler,
welche bereits die Gymnasien verlassen haben,
in den höhern Wissenschaften als in der Philosophie, Matematik, Phisik, Medizin und
Rechtswissenschaft unterrichtet werden.

Alle Theile der Wissenschaften werden
auf den Universitäten gelehrt, wo eigentlich die
Eintheilung in 4. Fakultäten geschieht, nemlich in die Philosophische, dazu gehört vorzüglich die eigentliche Philosophie, die Geschichte,
Aestetik, Numismatik, Diplomatik, die Phisik,
natürliche Geographie, Naturgeschichte und die
Mathematik im ausgedehnteren Verstand. Die
Medizinische begreift die eigentliche Medizin
mit ihren Zweigen, die Botanik, Chemie,
Chirurgie u. s. w. die Juridische, dazu gehört das Natur, Staats und Völker-Recht,
das österreichische Staatsrecht, die Praxis der
höchsten Reichsgerichte, die Staatswissenschaft
und Staatenkunde. Dann die Theologische
nach dem ganzen Umfang dieser Wissenschaft.

Solche

Solche Universitäten sind 7. als in Niederösterreich zu Wien; in Vorderösterreich zu Freiburg; in Niederlanden zu Löwen; in Böhmen zu Prag; in Gallizien zu Lemberg; in Ungarn zu Pest; und zu Pavia in der Lombardei.

Die Kollegien werden einige Jahre her bezahlt; aber Unbemittelte werden mit Stipendien unterstützt, die sehr beträchtlich sind; dagegen sind die vorhin bestandenen Ritterakademien aufgehoben, und in Pensionate verwandelt worden. Auch wurde für die adelichen Stiftlinge ein eigenes Haus in Wien bestimmt, wo sie in den schulfreien Stunden Unterricht in verschiedenen Exerzizien und Wissenschaften erhalten, und wo mit selben die in den Schulen vorgetragene Wissenschaften wiederholet werden.

So nützlich nun diese Einrichtungen sind, so hilflos läßt man gemeiniglich den Studierenden am Ende des Unterrichts; zu einem Zeitpunkte, wo er sich erst am besten ausbilden könnte; wo er mit Unterstützung Zeit und Gelegenheit hätte sich gründliche nicht Schulgelehr

K   sam

samkeit zu erwerben, und so dem Staate ein
nützlicheres Glied werden dürfte, da hören die
Pensionen auf, und der junge oft sehr viel
versprechende Mann muß für seinen Unterhalt
sorgen, und Wissenschaften, wozu er die tref-
lichste Anlage hätte, vernachläßigen, sollte man
nicht Sorge tragen, daß auch bessere Talente
noch einige Jahre nach Vollendung ihrer Stu-
dien, Pensionen beziehen könnten. —

Der grosse van Swieten war unter
der Regierung Theresiens sehr der Errichtung
einer Akademie der Wissenschaften in Wien
entgegen, und so gute Gründe er dazu damals
mag gehabt haben, so wünschenswerth würde die
Errichtung einer solchen dermals seyn, und so
viele Ehre würde ihre Existenz der Nazion
bringen. Indessen sind ausser den k. k. öko-
nomischen Gesellschaften noch landesfürstliche
Akademien der Wissenschaften in Brüssel,
Mantua, und eine unter der gegenwärtigen
Regierung errichtete medizinisch = chiurgische
Akademie in Wien; unter andern Privatge-

sell-

sellschaften zeichnet sich die in Prag vorzüglich
aus, wovon der grosse Born Stifter ist.

Das gesammte Schulwesen, und was dahin einschlägt, untersteht der Direkzion einer
eigenen Hofstudienkommission in Wien, bei
welcher der verdienstvolle und gelehrte Freiherr van Swieten Präses ist.

Die Zensur ist in den österreichischen
Staaten ganz wohl eingerichtet, man gestattet Preßfreiheit ohne Muthwillen und Sit-
tenlosigkeit in öffentlichen Schriften zu dul-
den; und hätte man diese weise Mässigkeit,
wie jetzt auch vor einigen Jahren beobachtet,
so dörften zur Ehre der Nazion damals nicht
so viele elende Sottisen volle Skartelen er-
schienen seyn.

II.

Gelehrte.

Es ist vielleicht kein Theil der Gelehrsam-
keit, der nicht in den österreichischen Staaten,

betrieben wird, und die wissenschaftlichen Kenntnisse sind nicht allein allgemein, sondern wir
haben auch in jedem Fache einige sehr grosse
Gelehrte. Naturlehre scheint vorzüglich bei
einem grossen Theile zum Lieblingsstudium geworden zu seyn, nach diesem folgt Mathematik, und Belletrie ist ebenfalls beinahe Modebeschäftigung. Ich will nur einige berühmte
Gelehrte anführen, ohne das Verdienst vieler
andern, die ich wegen Enge des Raums nicht
benennen kann, auch nur im geringsten schwä-
chen zu wollen.

In den schönen Wissenschaften haben sich
ausgezeichnet. Aesteticker der gelehrte und men-
schenfreundliche k. k. Rath edler v. Haßlinger,
dessen schon lange angekündigten Werk man
wirklich mit vieler Sehnsucht erwartet —
und Mastalier. Trefliche Prosaisten sind der
Hofrath von Sonnenfels. In der Kanzelbe-
redsamkeit zeichnet sich der verstorbene Wurz
aus.

Dich-

Dichter haben wir eine Menge der geschickteſten. Ich nenne nur den erhabenen Denis, den ſehr angenehmen und gefühlvollen Maſtalier, den launigten originellen Blumauer. Eben ſo zeichnet ſich auch Chriſtoph Regelsperger als einer der beſten Dichter und ſolider Gelehrter rühmlichſt aus. Ferner Haska, Kezer, Rathſchky, Alxinger, Leon, Weyſegger, Gabriela v. Baumberg, Karoline von Greiner, Sartori, Sonnenfels, Berghofer, und Pezzl in Wien; Edler v. Kalchberg in Gräz; der berühmte Meißner und Karl Seibert in Prag; Hofmann in Peſt; Tekuſch in Preßburg und Seivert in Siebenbürgen. Für das Theater haben trefliche Stücke geliefert der verſtorbene Freiherr von Gebler, von Ayrenhof, abermals Sonnenfels, Alxinger und Stephanie.

Geſchichtſchreiber befinden ſich in den öſterreichiſchen Staaten einige ſehr fürtrefliche; ein Kompendium der allgemeinen Geſchichte hat Wolf in Wien geſchrieben. Wem kann die

für-

fürtrefliche Geschichte der Deutschen von dem
k. k. Hofrath Schmid unbekannt seyn? Roi-
ko's Geschichte des Kirchenraths zu Trient;
Danzmaiers Kirchengeschichte; von Kauzens
österr. Geschichte; Cäsars Staats- und Kirchengeschichte von Steyermarkt zeichnen sich
durch ihren vorzüglichen Werth aus; andere
sehr gute Geschichtschreiber sind die verstorbenen Tales, Hanschütz, Wagner, Khevenhüller, dann unter den Lebenden Premlechner
von Oesterreich, Pelzl von Böhmen. Ho-
mann in Ungarn schrieb eine Geschichte der
Päbste; Bell und Windisch haben nebst andern von Ungarn trefliche Geschichten geschrieben. Michaeler hat ein sehr gutes Werk über
die erste Gestalt und Bevölkerung von Tirol
herausgegeben. Ferner haben Linhart von
Krain, Sartori von Burgau, von Bienenberg
von Böhmen, Monse von Mähren, Griselini von
TemeswarerBannat, und andere wieder von anderen Ländern und Gegenden guteGeschichten geliefert. Einer der besten chronologischenSchriftsteller
ist

ist Jos. Helwig in Wien; Ekhel k. k. Rath
und Professor in Wien ist einer der geschicktesten Numismatiker wie die Verstorbenen Frö-
lich, und Kell es waren; und der gelehrte
Piarist Gregor Gruber hat seine vorzüglichen
Kenntnisse in der Diplomatik und Heraldik
zureichend an Tag gelegt; der verstorbene
Heitenbach war ein sehr berühmter Diploma-
tiker.

Geographen haben wir verschiedene auser-
lesene Männer, unter welchen Leopold Gruber
Vogels geographisches Werk von Oesterreich,
dann den Auszug aus dem berühmten Büschin-
gischen Werke unvergleichlich verbessert. Ferners de Luca hat einige gute Beiträge zur
vaterländischen Geographie geliefert. Ausser
diesen haben Weiskern von Oesterreich unter
der Enns, Kindermann von Steyermarkt,
Roschmann von Tirol, der verstorbene von
Valvasor von Krain, und der gleichfalls verstorbene
Freiherr von Hohenek vom Lande ob der Enns,
Schaller von Böhmen, von Windisch und

Korabinsky von Ungarn, Taube von Slavonien, und der gegenwärtig in Rußisch-Kais.
Diensten befindliche, jedoch in Steyermark
gebürtige Benedikt Hermann, sehr brauchbare
geographische Werke geliefert. Der berühmte
Georg Freiherr von Mezburg hat eine nütz-
liche Postkarte von den k. k. Staaten; Kindermann von Steyermark und Kärnten einige
schöne Stücke, Wussin, v. Wenzelli, und Krieger von Ungarn, auch Major Huber und andere haben sehr genaue und schöne Landkarten
gezeichnet und herausgegeben.

Die spekulative Philosophie wird mit vielem Fleiße getrieben. Maier hat einige gute philosophische Abhandlungen geschrieben, ferner Ger-
lach und Storchenau. Einer der vorzüglichsten
der philosophischen Männer ist der berühmte
Graf Max. von Lamberg in Brünn, welcher in
verschiedenen Schriften seinen grossen Geist
sehr rühmlich gezeigt hat. Das Natur- Staats-
und Völkerrecht hat der berühmte Freiherr von
Martini mit der ihm vorzüglich eigenen Klug-

heit

keit und Einficht bearbeitet. Auch Zeiller in
Wien hat fich mit feinen Vorlefungen über
felbes fehr rühmlich ausgezeichnet. Uiber die
Staatskunft hat Sonnenfels ein trefliches Werk
geliefert. Unter den vielen Matematikern, die
fich in den öfterr. Staaten befinden, find vorzüglich berühmt in der reinen Mathefis der
verftorbene Scherfer, der fürtrefliche Refaer,
dann Baron Mezburg, Unterberger, der unvergleichliche Liesganig, welcher einige Grade des
Mittagskreifes in Oefterreich und Ungarn ge-
meffen. Vega ift als ein ftarker Kalkulator
bekannt, dann Hergöt in Prag. In der Aftro-
nomie der große Hell, k. k. Hofaftronom in
Wien, Firmüller in Kremsmünfter, Zallin-
ger in Innsbruck, Strmad in Prag, Taucher,
Weiß und Madaraffi in Ungarn, dann ift auch
Kafpar Sambach in Wien ein gefchickter
Aftronom. In der Hidraulik und Hidroftatik
haben fich ausgezeichnet, Abbé Tobias Gruber, der verftorbene Fremaut; groffe Mecha-
niker find der unvergleichliche Graf v. Thunn,

wel-

welcher sich durch | einige herrliche Erfindun-
gen ausgezeichnet. Abbé Walcher, Frater Da-
vid, und der verstorbene Bregune. Die Phisik hat auch in den österreichischen Staaten
sehr zugenommen, und wir haben mehrere
Männer der ersten Klasse in dieser Wissenschaft,
als den berühmten Freiherrn von Herbert,
Domherr in Linz, Abbé Gußmann, der berühmte Ingenhouß. Pilgram hat über die Wet-
terkunde ein unvergleichliches Werk herausgegeben; ferner sind Biwald in Grätz, der verstorbene Scherfer, und Kehl in Wien, Mako
'n Ungarn starke Phisiker. Der unvergleichliche Jaquin ist bekanntermassen einer der fürtreflichsten Chemiker und Botaniker, dann
Märter in Brüssel ebenfalls ein guter Botaniker. In der Mineralogie und Bergbaukunde
sind berühmt der unsterbliche Hofrath von
Born, der berühmte Hofrath von Peithner,
Haquet, Skopoli, Haidinger, Baron Sper-
ges, Stüz, Thesauriatsrath Müller in Ungarn,
von Ruprecht in Siebenbürgen, von Menz in
Gal-

Gallizien, Bergrichter Ploier und Wülfen
in Kärnten. Andere geschickte Naturkündige
sind Well, Jos. Maier in Prag, der fürtrefliche Baron von Meidinger in Wien, Mi-
lan in Prag, und mehr andere. Als ökonomische Schriftsteller zeichneten sich der unvergleichliche Wigan, und der k. Rath von Schäf-
fersfeld aus.

Oesterreich hat mehrere sehr berühmte
Aerzte aufzuweisen. Wem kann der verstor-
bene van Swieten als einer der größten Me-
diziner unbekannt seyn? andere grosse Aerzte
waren der verstorbene Stoll, sind noch Baron
Störk, Baron Kranz, Leber, Quarin,
Plenk, Schoselein, Reinlein, Stunzern in
Wien, auch Kirchhof ein Schüler von Stoll
ist ein fähiger, obschon minder bekannter Arzt.
Der berühmte Barth in Augenkrankheiten,
Lebmacher und Steidele in der Entbindungs-
kunst, Arnold, Prohaska und Plenciz in
Prag, dann hat ein trefliches Werk über die
Apothekerkunst der geschickte erst unlängst

ver-

verstorbene Kreisphistkus zu Bruck an der
Muhr, Steyrer, von Murau in Obersteier
gebürtig, geschrieben. In der Chirurgie sind
berühmte Männer von Brambilla, Leber ,
Plenk, Hunczovsky, Steidele u. a.

In der Rechtskunde haben vorzügliche
Kenntnisse gezeigt: Im römischen Rechte Til-
ler in Graz; im deutschen Privatrecht Breindl,
im österreichischen Staatsrecht, von Schröter,
und in der österr. Rechtsgelehrsamkeit überhaupt Donner, Sonnleitner und Scheidlein
in Wien und Neupauer in Gräz; über die
österreichische Gerichtsordnung haben von Keeß,
Rizi, Födransperg in Wien, und Neuhold in
Graz, brauchbare Kommentärs geliefert. Hupka
hat über das peinliche Recht, Schwabe über
das österreichische Landadelsrecht, Freiherr
von Pakassi über das Gesandtschaftsrecht,
und Orlandini und Heinrich von dem österreichischen Kriegsrecht geschrieben. Das österreichische Kirchenrecht hat Cäsar und Pehem
fürtreflich bearbeitet.

Als

Als vorzügliche Theologen sind endlich
bekannt, Rosalino, Giftschütz und Bertieri
in Wien, Lauber in Mähren, und Kofler in
Steyermarkt, ausser vielen andern. Auch hat
Landrath Eibel einige gute Abhandlungen in
diesem Fache geliefert.

Fünf-

Fünfter Abschnitt.

Handlung.

I.

Von der österreichischen Handlung überhaupt.

Die Handlung wird in den österr. Staaten zwar sehr lebhaft betrieben; ist aber demungeachtet noch vieler Vervollkommung fähig. Die Schiffahrt fängt erst an zu keimen; man hat aber frohe Aussichten für selbe in die Zukunft. Durch das neue Josephinische Zollsystem ist der ausländische Handel zwar in verschiedenen Stücken beschränkt, hingegen der innere merklich lebhafter geworden; dieses Zollsistem hat die Existenz vieler Fabriken bewirket, die aber zum Theil weder in Ansehung der Güte der Waaren, weder in Rücksicht des Preises mit den Ausländischen eine vortheilhafte Konkurrenz halten können. Der

Ver-

Verbot vieler fremden Waaren, folglich der
Zwang allein kann noch die Abnahme einiger
innländischen bewirken. Indessen nehmen andere Fabriken und Manufakturen auch wieder
beträchtlich zu, und können mit Recht allen
ausländischen ihrer Art den Vorzug streitig
machen.

Zur Beförderung des österr. Handels sind
verschiedene Verfügungen getroffen worden,
als die Vorschrift, wie die Handlungsbücher
zu führen; die Errichtung der Wechselgerichte
in sämmtlich - deutschen Staaten. Die Verordnung, wodurch gesezwidrige Handelsverträge
abgeboten und bestimmt werden. Die neue
Zollordnung, wo verschiedene entbehrliche Waaren einzuführen verbotten wurden. Die Aufhebung des Zunftzwangs bei verschiedenen Gewerben. Die Begünstigung für fremde sich
hier niederlassende Fabrikanten, nemlich die beständige Freizügigkeit für manche, auch thätige
Unterstützung u. m. dgl.

                              Die

Die österr. Länder selbst werden in Betracht des Handels in solche eingetheilt, welche dem neuen Zollsisten unterliegen, und in solche, die es nicht angeht. Zur erstern Klasse gehören, Nieder- und Innerösterreich, Böhmen, Mähren, Schlesien und Gallizien; zur zwoten aber Tirol und Vorderösterreich, die Niederlande, Ungarn mit den dazugehörigen Provinzen, Siebenbürgen und die Lombardei.

II.

Innerer Handel.

Der inländische Handel oder der wechselseitige Waarenverkehr der österr. Länder gegeneinander besteht dermalen also. In das Land unter der Enns wird eingeführt aus dem Lande ob der Enns, Mühlsteine, Salz, viel Holz, Fische, Kälber, Töpfergeschier, Schießpulver, Eisenwaaren, Holzwaaren, Papier, Karten, Mousselin, Manschester, Wollenzeuge

und

und Strümpfe. Aus Steyermarkt: Gesundheits-
wässer, Porzellänerde, Feuersteine, Eisen,
Kapaunen, Ochsen und Kattun. Aus Kärn-
ten: Gallmei, Blei, Bleiweiß und Tuch.
Aus Krain, Görz, und Triest: Queckſilber,
Zinober, Fajance, Liqueurs, Oel und Oel-
ſeife, und raffinirten Zucker. Aus Tirol:
Schleifſteine, Marmor, Kupfer, Kaſtanien,
Obſt, Käſe, Seide, Meſſing, Tepiche und
Handschuh. Aus Vorderöſterreich: geſchliffene
Granaten. Aus den Niederlanden: Menſchen-
haar, Zwirn, Spitz, Käs, Tuch und Strümpfe.
Aus Böhmen: Gesundheitswäſſer, Porzellän-
erde, Farbenerde, Alaun, Zinn, Gallmei,
Perlen, Hopfen, Knoppern, Fiſche, Schmalz,
Federn, Federvieh, Haſenbälge, Wild, mu-
ſikaliſche Inſtrumente, Glas, Granaten, Ta-
backpfeifen, Zinn und Karlsbader Waaren,
Spiegel, Papier, Bücher, Schleier, Muſ-
ſelin, Barchet, Zwirn, Leinwand, Wachs-
leinwand, Wachs, Hönig, Strümpfe, Wollenzeug, Hüthe und Tuch. Aus Mähren:

l   Flachs

Flachs, Hanf, Wachs, Hönig, Butter,
Schmalz, Schweine, Steingeschier, Leinwand, Kattun und Tuch. Aus Gallizien:
Wachs, Hönig, Wolle und Rindvieh. Aus
Ungarn: Farbenerde, Gold, Silber, Kupfer,
Potasche, alle Gattungen Getraide, Flachs,
Hanf, Knoppern, Taback, Fisch und
gedörtes Obst, Käse, Butter, Schmalz,
Seide, Hausen, andere Fische, Häute
und Rauchwerk, Schildkröten, Krebse, Ochsen, Pferde, Schweine, Schaafe, allerhand Wild- und Federvieh, Fajance, Ta-
bakpfeiffen, Glas, Brandwein, Wein, or-
dinäre Leinwand und Seife. Aus Slavonien und Siebenbürgen kommen fast die nemlichen Handlungsartickel; aus der Lombardei
wird eingeführt; Käse, Seide, lionische Waaren und Seidenwaaren.

Die inländische Einfuhr in das Land ob
der Enns besteht: aus dem Lande unter der
Enns, Safran, Senf, Wein, Porzellán,
Galanterie und Messingwaaren, Kattun, Hüthe,

lei-

leinene Bänder, Bücher und Seidenwaaren.
Aus Steyermarkt: Eisen, Stahl und Kapau-
nen; aus Kärnten; Blei und feines Tuch; aus
Triest und Görz : Queckſilber, Zinober, Li-
queurs, Oel und Oelſeifen; aus Tirol, Käs,
Wein, Obſt und Seiden; aus den Nieder-
landen: feine Tücher. Aus Böhmen : Getraid,
Geſundheitswäſſer, Zinn, Glas, Galanterie-
waaren, Granaten, Zwirn, Kattun, feine
Leinwand und gemeines Tuch. Aus Ungarn
Farbenerden, Kupfer, Blei, Fajance, Wolle,
Wein, Ochſen, Schweine und Schaafe;
aus der Lombardei : Seiden und lioniſche
Waaren.

Steyermarkt erhält aus Niederöſterreich:
Saſran, Senf, Wein, Galanterie und lio-
niſche Waaren, Ziegel, Porzellän, Bücher,
Hüte, Kattun, Wollenzeuge undSeidenwaa-
ren. Aus Kärnten: feines Tuch, Blei, und
Gall mei. Aus Krain, Triest und Görz :
Queckſilber, Zinober, Oel, Wein, Obſt,
Liqueurs, Fajance, raffinirten Zucker, Oel-

seife, Schildkröten. Aus Tirol: Obst, Wein,
Tepich, Handschuh. Aus Vorderösterreich:
geschliffene Granaten, und Uhren. Aus den
Niederlanden: Zwirn, Spiz, Käs und feines
Tuch. Aus Böhmen: Glaß, musikalische In-
strumente, Zwirn, Leinwand, Tuch und
Strümpfe. Aus Ungarn: Farbenerden, Kupfer,
Blei, Wolle, Fische, Ochsen, Schweine,
Wild, Wein, gemeine Leinwand, Fajance.
Aus der Lombardei: Seidenwaaren.

Kärnten, Krain und Görz erhält ausser
den eigenen Landesprodukten fast die nemlichen
Waaren wie Steyermarkt aus den übrigen
österr. Ländern.

In Tirol werden eingeführt aus dem
Lande unter der Enns Porzellán nnd Galan-
teriewaaren. Aus Innerösterreich Queckfilber,
Gallmei, Blei, Eisenwaaren; aus Böhmen
Hopfen, Leinwand; Zinn und Tuch.

Die Niederlanden erhalten blos Galanteriewaaren von Wien, und Wein und
Kupfer aus Ungarn.

Nach

Nach Böhmen wird aus andern österr. Ländern eingeführt, als Blei, Safran, Senf, Wein, Porzellän, Galanterie, Messing, Stahl und Seidenwaaren, aus dem Lande unter der Enns. Aus dem Lande ob der Enns Salz Wollenzeug und Eisenwaaren. Aus Innerösterreich Queckfilber, Eisen, Stahl, Zinober, Blei, Fajance, Liqueurs, Oel und Seife. Aus Tirol Käs und Wein. Aus den Niederlanden Käs, Spitz, Zwirn und Tuch. Aus Mähren Potasche und Knoppern. Aus Gallizien Rindvieh. Aus Ungarn Eisen, Potasche, Wein, Taback, Ochsen und Schweine, und aus der Lombardei Käs und Seidenwaaren.

In Mähren und Schlesien werden nebst den böhmischen Natur und Kunstprodukten die vorbenannten Artikel eingeführt.

Gallizien erhält aus dem Lande unter der Enns, Wein, Kattun, Bänder, Seiden, Galanteriewaaren, Hüte, Porzellän und Bücher. Aus Innerösterreich Queckfilber, Zino-

ſ 3   ber

ber, Blei, und Eisenwaaren. Aus Böhmen musikalische Instrumenten und Zinn; aus Mähren Leinwand und Tuch; aus Ungarn Wein und Fajance.

Ungarn bezieht an Natursprodukten nur Senf, Safran, und Wein aus Niederösterreich, und Salz aus Siebenbürgen; hingegen werden fast alle Kunstprodukte aus den übrigen Ländern dahin eingeführt.

Siebenbürgen erhält aus Ungarn Getraid, Käs, Wein, Wolle, und verschiedenes Schlachtvieh, und hat die übrigen Einfuhrsartikel in Rücksicht der Kunstprodukte mit Ungarn gemein.

In die Lombardei werden blos Galanteriewaaren aus Wien eingeführt.

Die österreichischen Länder, welche den neuen Zollverfügungen nicht unterliegen, werden zwar in Rücksicht der Handlung als fremde Staaten angesehen, genießen aber doch vor diesen wesentliche Begünstigungen, nämlich daß für ihre Natur- und Kunstprodukte zum Theil

ein

ein geringerer Zoll entrichtet werden darf.
Daß viele ihrer Natur und Kunstprodukte,
wenn sie als erbländische Erzeugnisse gehörig legiti-
miret sind, eingeführet werden dörfen; wo hingegen andere nemliche, aber ganz fremde
Waaren einzuführen völlig verbothen sind
u. m. d. Die ungarischen und tyrolischen
Waaren geniessen noch vorzüglichere Begünstigungen; die erstern besonders aber auch,
daß sie bei ihrer Einfuhr an keine gewisse
Zollstazion gebunden sind.

III.

Aeussere Handlung.

Der wechselseitige Verkehr mit fremden Staaten ist jetzt mehr als jemals in den Ländern,
welche der Zollordnung unterliegen, beschränkt,
besonders in Ansehung der meisten Kunstprodukte, vorzüglich mit denen man im Lande
selbst hinlänglich oder überflüssig versehen ist.
Die rohen Naturalien hingegen können fast
durchaus gegen verschiedene Zollgebühren ein-

ge-

geführt werden. Um die innländischen von
den ähnlichen verbothenen ausländischen Fa-
brikaten leichter zu unterscheiden, und dem
Schleichhandel soviel mögliche Hindernisse zu
legen, so ist die Stemplung der meisten
innländischen Waaren bei Konfiskazions
und sonstiger Schwärzerstrafe befohlen, und
eingeführt worden. Die Ausfuhr ist nur
von Asche, rohen Gold, Silber, dann von
Flachs, Hopfensätzlingen, Haderlumpen, Ha-
senhaaren, Klauen, Schaaffüsseln, und sehr
wenig andern Artikeln ganz verbothen, überhaupt aber wird sonst die Ausfuhr besonders
der Kunstprodukte sehr begünstiget.

Frankreich, England, Holland, die
Schweitz und einige deutsche Reichsstädte verlieren bei dieser Handlungsbeschränkung wesentlich. Der Waarenzug geht jetzt geminiglich aus
dem österr. Litorale nach Italien besonders nach dem Kirchenstaat, Venedig, Neapel und Genua, wohin die meisten Naturprodukte
und Kunstartikeln, die ich schon eben genannt,
aus-

ausgeführt werden, vor dem Ausbruch des
Krieges auch stark nach der Levante. Gleichfalls werden verschiedene Artikel nach anderen
als Karlsbader und Galanteriewaaren nach
allen Theilen der Erde, Leinwand nach Portugall, Glas nach Amerika, Spiegel, Quecksilber, und Hüte nach Spanien; und Eisen und Glaßwaaren, Bücher, Zwirn, Hüthe,
Tuch, Granaten, Strümpfe u. d. gl. nach ganz
Teutschland; Stahl nach England, Kupfer-
stich nach Frankreich, dann Zinn — Eisen —
Stahl — Holz — Messing — Galanterie
und Glaswaaren, Tuch, Spiegel, Porzellán,
Queckfilber, orientalische Waaren und Seidenwaaren nach der Türkei; Eisenwaaren,
Wein u. ä. A. nach Rußland, endlich Eisen
und Stahlwaaren, Bleche, Blei, Leinwand
und Glaß nach China ausgeführt.

Unter den fremden Staaten sind Toskana, dann Rußland gemäß eines Handels-
vertrags von 12ten November 1785 und Pohlen zufolge eines ähnlichen Vertrags von 11ten
März 1775 am meisten in Rücksicht der Hand-

lung begünstiget; die mit der Pforte bestandenen Verträge sind durch den Krieg aufgehoben worden.

Dermalen werden in die österr. Staaten noch eingeführt. Aus ganz Teutschland Töpfergeschier, Mühl und Schleiffsteine, Salz, Getraid, Klee und Leinsaamen, Flachs, Hanf, Süßholz, Waid, Apotecker — Berchtolsgadner — und sehr wenige Nierenbergerwaaren, dann Pferde. Aus Pohlen Getraid, Wachs, Honig, Rauchwerk, und Pferde. Aus Rußland Flachs, Hanf, Badian, Thee, Juchten, Caviar, und kostbare Rauchwerke. Aus der Levante Alaun, Salmiak, Borax, Granaten, Perlen, Senesblätter, Knoppern, Baumwolle, Reiß, Kaffee, Gewürze, Zucker, Thee, Taback, Indigo, Zibeben, Bexhorn, Datteln, Rebarbara, Weinbeer, Süßesholz, Bezoard, Schaafwolle, Seiden, Ziegenhaar, Kammelhaar, Wachs, Honig, Ochsen, Büffel, Pferde, Schweine und Schaafe. Aus Italien Meersalz, Baumöl, Reiß, Citronen,

Li-

Limonien, Pommeranzen, Feigen, Mandeln, Kastanien, Bücher, Seide, Theriak, Austern, Schaafe und Murmelthiere. Aus Frankreich Flintensteine, Papier und Bücher. Aus Spanien Röhre, Taback, Balsam, Wolle, Schaafe. Aus England einige Stahlwaaren, Bücher und Leder. Aus Amerika Zucker, Apothekerwaaren, Indigo, Reiß, Taback, Kaffee, Kakau, Oel, Vanille, Wachs, Seiden und Wolle. Aus Ostindien und China Kobolt, Porzellän, Stuhlröhre, spanische Röhre, Zimet, Pfeffer, Rhebarbar, kostbaren Thee, Telanchin, Seide, Samet und Zitz u. s. w.

Der Transitohandel ist in Ansehung verschiedener Artikel, welche in den Erblanden selbst überflüssig sind, einigermaßen mehr, überhaupt aber durch die Menge von Weg — und Roß — und andern Mäuten von verschiedener Benennung zimlich erschweret; dem Tirolertransitohandel ist man zwar jetzt mehr, aber noch immer mit wenigem Erfolg, bemüht

wie-

wieder aufzuhelfen. Die Seestädte am adriatischen Meere haben nach Wien noch den beträchtlichsten Transitohandel; nach diesen kommen die Niederlanden, die Lombardei, Vorderösterreich, hierauf Ungarn, und dann die übrigen Länder.

IV.
Handlungsbilanz.

Sehr wahrscheinlich haben die österr. Staaten noch dermalen im ganzen genommen eine vortheilhafte Handelsbilanz, besonders mit Spanien, auch dermalen mit Frankreich, mit dem deutschen Reiche und Pohlen. Beträchtlich aber kann dieser Vortheil doch in Rücksicht des baaren Geldes keineswegs seyn.

In Betracht des Handels der einzelnen Länder verliert Niederösterreich besonders das Land unter der Enns wegen der allzugrossen Konsumzion. Dieser Verlust aber wird durch den Zusammenfluß des Geldes wegen der Anwesenheit des Hofs und so vielen grossen

Adel

Adels ganz leicht wieder ersetzt. Steyermark
gewinnt bei seinem Eisenhandel, auch Kärnten,
aber merklich weniger; Krain etwas mehr,
Görz fast gar nichts, und Triest würde wesentlich verlieren, wenn nicht der ansehnliche
Spedizionshandel einige Schadloshaltung wäre.
Tirol scheint wirklich mehr einen Passiv als
Aktivhandel zu führen.   Auch bei Vorderösterreich hat es die nemliche Bewanntniß. Hingegen
ist der Handlungsgewinn der Niederlande sehr
beträchtlich, der noch durch den ansehnlichen
Spedizionshandel vergrössert wird. Auch Böhmen gewinnt in seinem Handel, weniger Mähren, und im Verhältniß etwas mehr Schlesien
mit seinem Leinenwaarenhandel. Dagegen ist
der Gallizische Handel dermal noch auffallend
passiv, obschon er durch thätige Mittel leicht
könnte in bessere Aufnahme gebracht werden.
Die Handlung in Ungarn fängt zwar erst an
zu keimen, würde aber vor allen Ländern die höchste
Stuffe erreichen können, wenn nicht zum Theil
die Landesverfassung, zum Theil eine möglicher

aber

aber doch nicht beſtehende Verbindung mit
dem adriatiſchen Meere, und noch einige andere
Hinderniſſe ihrer Vervollkommung im Wege
ſtünden, indeſſen gewinnt doch Ungarn auch
ſchon ießt bei der noch ſehr eingeſchränkten
Handlung. Kroazien und Dalmazien verlieren merklich, nur könnte dieſem Lande ein vermehrter Tranſitohandel aufhelfen. Siebenbürgen gewinnt vorzüglich durch ſeinen Berg-
werksprodukteuverſchleiß; und die italieniſchen
Staaten des Hauſes Oeſterreich treiben einen
ſehr blühenden Aktivhandel.

V.

Handelsgeſellſchaften, Konſuls,

Meßen und Handelsſtädte.

In Wien iſt eine anſehnliche Zettelbank, dann
eine Leihbank, die aber noch in ihrer erſten
Kindheit iſt, hieher gehört auch das wohl eingerichtete Verſaßamt in Wien. Statt der in
Trieſt vorhin beſtandenen Aſſekurazions und

Wech-

Wechselbank ist im Jahre 1788 eine andere mit
der Benennung einer Assekuranzkammer und
mit eben derselben Begünstigung errichtet worden. Ferner ist auch hier eine eigene Handels-
börse. Die älteste Assekuranzkammer ist in
Antwerpen nebst noch einer kleinern; eine andere
ist in Ostende seit 1782, wo auch eine öffentliche
sehr ansehnliche Bank errichtet ist. Es sind schon
einige Handlungsgesellschaften entstanden, als
die Temeswarer Gesellschaft, die Vieleshoffi-
sche, die zu Prag 1763 errichtete u. a. sind
aber wieder eingegangen. Die Handlungsge-
sellschaft, welche unter Kaiser Karl dem sech-
sten 1722 entstand, und mit den vorzüglichsten
Freiheiten beschenkt wurde, auch schon bei
ihrem Entstehen einen Fond von 10 Millionen
Gulden hatte, und in vollem Glanz erschien,
würde ganz gewiß die ansehnlichste bei so vielen
günstigen Aussichten geworden seyn, so wie sie
schon der Gegenstand des allgemeinen Neides
war, wenn sie nicht bereits im Jahre 1727 aus

poli-

politischen Beweggründen wieder wäre aufgehoben worden.

Einzelne grosse Handelshäuser sind Fries
und Kompagnie in Wien, und Romberg in
Brüssel von der ersten Klasse. Ausser diesen
sind noch fast in allen österr. Handelsstädten
sehr berühmte Großhändler, derer Geschäfte sich
auf alle Theile der Erde ausdehnen.

Zur Beförderung des auswärtigen Handels sind in den meisten Ländern Generalkonsuls, Konsuls oder Vizekonsuls angestellt, und
diese werden in jene der Abend- und in jene der
Morgenländer eingetheilt, die ersteren unterstehen
dem Gouvernement in Triest, die letztern dem
Internunzius zu Konstantinopel, und ausser
diesen der geheimen Staatskanzlei in auswärtigen Geschäften.

In Deutschland sind Konsuls zu Altona,
Bremen, Hamburg und Lübeck. In Holland
ein Generalkonsul zu Amsterdam; in Dänne-
mark ein Gen. Konsul zu Koppenhagen, in
Rußland ein Gen. Konsul zu St. Petersburg

burg und in Cherson. In den türkischen Staa-
ten Generalkonsul zu Jassi in der Moldau,
Konsuls zu Alexandria, in Egypten Lepanto,
und Naxia in Archipel, Cipri, Patrasso in
Morea, Rhodus Ins. in Asien, Salonichi,
Sio, Seres, Smirna in Asien, und Standhio
Vizekonsuln zu Alepo in Sirien, Durazzo in
Albanien, zu Tripoli in Sirien, und zu Zea
im Archipel, zu Jaffa in Asien ist ein Agent.
In Italien sind Generalkonsuls zu Zante im
Venezian. Albanien zu Zara im Venez. Dalmazien. Zu Genua, Toskana, Kagliari, in
Sardinien, und zu Neapel. Konsuln sind zu
Ankona und Sinigalien im Kirchenstaat, zu
Zeffalonia in Venez., zu Livorno in Toskana,
in Malta, Niza in Piemont, Ragusa. Vizekonsul zu Zeffalonien; im Venez. zu Gali-
poli, und Manfredonia im Neapolitanischen,
zu Palermo, Mataro und Messina in Sizilien, zu Genua und zu Venedig. In Portugall Generalkonsuls zu Lisabon. Vizekonsuls zu Faro, Funchal, Porto Ferajo und

m   Se-

Setubal. In Spanien Generalkonsuls zu
Kadix und Alikante, Konsul in Alikante,
Vizekonsuls zu Agosta, Barzelona, Barleta,
Kartagena, Kordura, Denio, Majorka, Ma=
hon, Malaga und Valenzia. In Frankreich
Generalkonsuls zu Havre de Grace, Nantes
und Bourdeaux; Konsuls zu Bajonne, Calais,
Cetti, Dünkürchen, Marseille, Morlaix, Kor-
fika, Rochelle, Rouen; ein Vizekonsul zu
Toulon. In Großbrittanien ist ein General=
konsul zu London und ein Konsul zu Gibraltar
in Spanien. In Afrika auf der Isle de France
ein Generalkonsul für das Vorgebürg der guten
Hofnung und Ostindien. Ein Vizekonsul zu
Porto Santo, und 3 Agenten zu Algier,
Thunis und Tripolis. In Asien sind Gene=
ralkonsuls in Bengalen und Malabar, und
ein Konsul zu Kanton in Sina.

Die Konsuls haben das Recht der Nazion
zu behaupten, und über die Streitigkeiten der
Nazionalhandelsleute zu richten, ferners alles
zu

zu beobachten und einzuberichten, was auf den Handel einigen Einfluß haben könnte.

Von fremden Mächten sind Konsuls in den kaiſ. Staaten nemlich zu Trieſt von Dänemark, Frankreich, Genua, Malta, Modena, Neapel, Pfalz, Portugal, Preußen, Raguſa, Rom, Rußland, Sardinien, Toskana und Venedig. Zu Oſtende in Niederland von Dänemark, England, Frankreich, Rußland und Spanien. Zu Nieuport von Dänemark, England und Spanien.

In den k. k. Staaten sind verſchiedene beträchtliche Handelsſtädte, nemlich: in Niederöſterreich vorzüglich Wien, andere kleine Handelsörter sind Linz, Neuſtadt, Weidhofen, Röz und Krems. In Inneröſterreich ist hauptſächlich der Hafen zu Trieſt, dann die kleineren Handelsſtädte Graz, Pettau, Klagenfurt, Villach, Laibach, Görz und Aquilea. In Tirol ist Bozen eine berühmte Handelsſtadt, dann Hall. In Vorderöſterreich Frei-

m 2   burg

burg und Rheinfelden. In den Niederlanden
sind sehr ansehnliche Handelsplätze die Häfen
zu Ostende, Nieuport und Antwerpen, nebst
den Städten Brüssel, Brügg und Gent. In
Böhmen ist die Hauptstadt Prag auch die
Haupthandelsstadt. In Mähren ist kein berühmter Handelsort, eben so ist die freie Messe
zu Teschen in Schlesien wieder aufgehoben wor-
den. Lemberg, Brodi, Jaroslaw, Rzeszon
und Czernowiz sind ansehnliche Handelsstädte
in Gallizien. In Ungarn sind die beträchtlichsten Handelsplätze Pest, Raab, Oedenburg und
Debrezin. Peterwardein, Essek, Brod und
Semlin sind in Slavonien; die Häfen von
Fiume, Bukari, Zeng und Porto Re, dann
Karlsstadt in Kroazien und Dalmazien sind
Handelsstädte. Die Haupthandelsörter in
Siebenbürgen sind, Hermanstadt, Kronstadt,
Bistriz und Zamos Vivar. Mailand, Mantua,
Pavia, Cremona und Komo treiben in der Lom-
bardei den ansehnlichsten Handel.

Nur

Nur allein Bozen in Tirol hat jährlich
4 eigentliche Messen; die Messe zu Teschen ist
1782. wieder aufgehoben worden; andere
grosse Märkte werden gewöhnlich zweimal im
Jahre in allen obigen Handelsstädten gehalten.
Die Häfen Triest und Fiume sind von Kaiser Karl
dem VI. 1717. zu Freihäfen erklärt worden,
wo alle Waaren, ausser Salz, Eisen, Stahl,
Kupfer, Spiegel, Quecksilber, Salpeter,
Schießpulver, Taback, und Wein, mauth-
frei sind. So bald sie aber weiter geführt
werden, so unterliegen sie dem nemlichen Zollsistem.

Die nemliche Begünstigung genießt auch
der Freihafen zu Ostende seit 1781. in Niederland, und die Stadt Brodi in Gallizien.
Eben so haben die Häfen Bukari, Carlopago,
und Porto = Re am adriatischen Meere und Nieuport an der Nordsee verschiedene Befreiungen
erhalten; auch Antwerpen ist durch die hergestellte freie Schiffahrt auf der Schelde ungemein begünstiget.

Der

Der Ein - oder Ausfuhrzoll wird für verschiedene fremde Waaren entweder in den bestimmten Hauptlegstädten oder Legstädten, für
die meisten aber an den Kommerzialzollämtern
nach Maaßgab des Tarifs entrichtet. In
ersten beiden Fällen werden die Kisten, Päcke
oder Fässer bei der Einbruchsstazion versiegelt,
und der Innhalt angesagt, und müssen also
an die Haupt - oder Legstadt zur Eröfnung oder
Untersuchung gebracht werden; solche Hauptlegstädte sind in den österr. Ländern, die der
Zollordnung unterliegen. In Niederösterreich
zu Wien und Linz. In Innerösterreich zu Graz;
Pettau, Klagenfurt, Laibach und Görz; in
Böhmen zu Prag und Eger; in Mähren zu
Brünn; in Schlesien zu Troppau, und in Gallizien zu Lemberg, Brodi, Jaroslaw und Pod-
gorze. Legstädte sind ferner im Lande unter
der Enns zu Krems und Neustadt. Im Lande
ob der Enns zu Braunau, Riedt, Scharding
und Steier. In Steyermarkt zu Judenburg
und Zilli; in Kärnten, zu Villach; in Böh-

men

men zu Budweis, Jungbunzlau, Königgraz, Leipa und Leutmeriz, Neuhaus, Pilsen, Saz, und Teutschbrod; in Mähren zu Nikolsburg, Ollmüz und Znaim; in Schlesien zu Teschen; und in Gallizien zu Neuzamose, Stanislaw, Tarnow, und Czernowiz. Zollämter sind an allen Kommerziallandstrassen an den Gränzen der Provinzen. Auch in Ungarn sind als Hauptlegstädte 1784. bestimmt worden: Ofen, Pest, Preßburg, Kaschau, Agram und Temeswar, dann in Siebenbürgen, Hermannstadt und Klausenburg. Legstädte sind in Ungarn Oedenburg, Raab, Tirnau, Käsmark, Sigeth, Debrezin, Neusaz, Warasdin, Karlstadt, Fiume und Zeng. In Siebenbürgen aber Kronstadt, Dewa und Samoschniwar., Diese sowohl, als sehr viele Einbruchsstazionen, die sich an den Gränzen befinden, werden daselbst Dreissigstämter genannt; auch in Tirol, in den Niederlanden und in Mailand sind Zollämter eingerichtet.

m 4   Sech.

Sechster Abschnitt.

Strassen, Postwesen und Schiffahrt.

I.

Strassen.

Die Strassen sind meistens in sehr gutem Stande, besonders in Niederösterreich, wo sie treflich zum nicht geringen Vortheil und Bequemlichkeit der Reisenden hergestellt sind. Der Weg über den Semering, welchen Kaiser Karl der VI. mit großen Kosten durch das steilste und höchste Gebürg nach Steyermarkt machen ließ, verdient volle Bewunderung; eben so die durch den nemlichen Monarchen hergestellte Strassen über den Loibl in Innerösterreich nach Triest. Uiberhaupt sind auch die Strassen der innerösterreichischen Provinzen ungeachtet der steilen Berge sehr gut. In Tirol sind sie etwas mittelmässiger; besser in Vorderösterreich, und die auserlesensten Heerstrassen trift man in den österreichischen Niederlanden an, welche auch

mit

mit ungemeinen Kosten hergestellt sind und unterhalten werden. Zum vorzüglichen Nutzen
und Schönheit sind verschiedene derselben mit
Alleen von Fruchtbäumen besetzt. In Böhmen
sind nur die Hauptstraßen einigermaßen erträg-
lich; die Nebenwege bei schlechter Witterung
hingegen sehr elend. Besser sind die Straßen
in Mähren; und am übelsten sind sie in dem
größten Theil von Ungarn und Siebenbürgen
bestellt; obschon man hin und wieder an ihrer
Verbesserung zu arbeiten anfängt. In der Lombardei sind die Straßen zwar einigermaßen be-
quemer, aber bedürfen wirklich noch immer
vieler Verbesserung.

In den meisten österreichischen Ländern
trift man vorzüglich an den Hauptstraßen hin-
längliche nicht selten sehr wohl eingerichtete
Gasthäuser, auch meistens in den Orthschaften
die nöthigsten Handwerksleute an.

Noch vor wenigen Jahren war auch der
Preis der Lebensmittel sehr gering, nun aber
fängt er mit Anfang des Kriegs dermaßen zu
steі-

steigen an, daß man mit Grund sagen kann,
alle unumgängliche Lebensbedürfniſſe ſind ziemlich theuer.   Am theuerſten iſt es doch noch
in den Niederlanden, im Trieſter Gouvernement,
auch einigermaſſen in Vorderöſterreich, und
Kärnten.

II.

Poſtweſen.

Das Poſtweſen iſt in den öſterr. Staaten
durchaus wohl eingerichtet, und die Korreſpon-
denz in Rückſicht anderer Länder, vorzüglich
die Innländiſche ſehr wenig koſtſpielig. Die
öſterreichiſchen Poſten ſind faſt mit allen übrigen Europäiſchen in genauer Verbindung, und
in der ganzen Monarchie zum nicht geringen
Nutzen ſind wohlbeſtellte Poſten eingerichtet
und vertheilt.

In jeder Provinzialhauptſtadt iſt ein Ober-
poſtamt, und ſowohl dieſes als alle Unterpoſt-
ämter in Nieder- und Inneröſterreich, in
Böh-

Böhmen, Mähren, Schlesien, Gallizien,
Ungarn und Siebenbürgen unterstehen dem
Oberstpostamt in Wien, wovon das Oberstpost-
meisteramt das fürstl. Haus von Paar als
ein Mannslehen erblich besitzt. Tirol hat einen eigenen Obristpostmeister; und die Postämter im Innviertel, Vorderösterreich und
Niederland sind dem Reichsobristpostamt zugetheilt. Zu Ostende besteht eine eigene wöch-
entliche Seepost nach London, Hull, Yar-
mouth und Exon in England. Auch die eingeführten Diligencen, die wöchentlich oder monatlich nach allen Hauptländern Europens von
Wien abgehen, dienen zur nicht geringen Bequemlichkeit und Vertheil der Reisenden.

III.

Schiffahrt.

Obschon dermals noch die österreichische
Schiffahrt ganz in ihrer Kindheit ist, so sind
doch

doch die günstigsten Aussichten für selbe in die Folge.

Bei der Menge an allen Gattungen Schifbaumaterialien, bei der bequemen Lage der österr. Staaten an zwo Meeren, und da selbe von einer Menge der beträchtlichsten Flüsse in allen Theilen durchströmmt werden, so braucht es wirklich nicht viel, daß durch eine ausgebreitete Schiffahrt der Wohlstand der Nazion um ein ansehnliches vermehrt werde. — Und wodurch könnte es auch wohl besser geschehen, als durch einen vermehrten Absaß der innländischen Kunsterzeugnisse, und durch Verführung derselben auf eigenen Schiffen.

Oesterreich ist mit allen hinlänglich versehen, was zum Schifbau noch nothwendig ist; besonders versteht sich dieses von der Seite am adriatischen Meere, wo die erforderlichen Materialien überflüssig und am leichtesten zu haben sind. Es werden auch jährlich eine Anzahl Schiffe im österreichischen Littorale wirklich erbaut; es sind auch auf dortigen Zim-

mer-

merwerften schon für Toskana einige Kriegs-
fregatten erbaut worden. Indessen fehlt es
an wohl eingerichteten Seeschulen, und an einer hinlänglichen Anzahl tauglicher Matrosen.
Doch haben wir auch von dieser Seite unter
der angehenden Regierung die günstigste Hofnung zu wesentlichen Verbesserungen. In
Triest besteht auch eine Seeschule.

Wie schon oben angeführt wurde, so hat
Oesterreich verschiedene Häfen an dem adriatischen Meere und an der Nordsee. Am ersteren
sind die Häfen zu Triest, Fiume, Bukari,
Zeng, Porto-Re und Karlopago, an dem
deutschen Meere sind die Häfen Ostende, Nieuport, und zu Antwerpen an der Schelde.
Triest hat an dem adriatischen Meere den be-
quemsten Hafen unter den übrigen. Die Küsten sind an dem österr. Littorale durchaus hoch,
die in einigen Beugungen kleine Meerbusen
machen; der Meeresgrund besteht aus Kalk-
felsen, Sand und etwas fetter Erde. Von
Ebbe und Flut ist kaum etwas zu spüren, und
das Ein- und Auslauffen ist ohne Gefahr.

Die beiden Häfen Oſtende und Nieuport an der Oſtſee, vorzüglich der erſtere iſt ſehr bequem, und kann viele Schiffe in ſich faſſen. An ganz Flandern iſt eine erhöhte Sandküſte, welche zwar das Land vor dem Eindringen des Seewaſſers treflich ſchützen, aber auch die Einfahrt in dortige Häfen ſo ſehr erſchweren, daß alle Schiffe ein = und ausgelotſet werden müſſen. Die Flutzeit iſt im Neumond um 11 Uhr 45 Min.; wo alsdann der Kompaßſtrich des Monds nord und ſüdlich iſt. Auch Antwerpen hat einen ſehr geraumen Hafen, in welchen man auf der Schelde durch 8 groſſe Kanäle kommen kann.

Auf der Flagge, welche die öſterr. Schiffe bisher geführt, iſt ein doppelter ſchwarzer kaiſerlicher Adler.

Auch die Flußſchiffahrt iſt in den öſterr. Staaten ſehr beträchtlich. Auf der Donau kommen jährlich bei 1800 bis 2000 Fahrzeuge mit Holz und verſchiedenen Viktualien in Wien an. Der Strudel und Wirbel in der Donau

bei

bei Grein im Lande ob der Enns ist jetzt minder gefährlich, hingegen ist es destomehr die
Schiffahrt auf der untern Donau wegen den
vielen Wasserfällen und Felsen, die besonders
um Orsowa die Schiffahrt unsicher machen.
Auch auf der Traun im Lande ob der Enns
ist die Salzschiffahrt von Bedeutung. Die
Flußschiffahrt in Innerösterreich ist bis jetzt noch
nicht sehr wichtig, wird aber dennoch auf den
Flüssen, Muhr, Sau, Drau und Laibach
betrieben. Die Rheinschiffahrt, wie auch die
auf dem Bodensee ist sehr ansehnlich. Nur
daß ein paar sehr beträchtliche Wasserfälle im
Rhein bei Lauffen in Vorderösterreich eine
nicht unwichtige Hinderniß verursachen. Am
wichtigsten ist die Flußschiffahrt in den Niederlanden, wo die ansehnlichsten Handelsstädte,
als Brüssel, Brüge, Gent, Ostende, Sluis,
Nieuport, Damme, Ypern u. s. w. durch die
herrlichsten Kanäle und Wasserleitungen mitsammen verbunden sind.

Der

Der vorzüglichste schifbare Fluß ist in
Niederland die Schelde, welche bei Antwer-
pen eine Breite von mehr als 6000 pariser
Fuß hat; die Verbindung desselben mit der
Some ist von Laurent de Lionne projektirt
und ausgeführt worden; wodurch man von
Antwerpen bis in das mittelländische Meer auf
Schifen kommen kann, ohne das altantische
Meer oder die Nordsee zu befahren. Auch die
Maaßschiffahrt ist beträchtlich.

Noch dermal ist die Schiffahrt auf den
Flüssen Böhmens von geringer Bedeutung,
und schränkt sich bloß auf die Moldau und
Elbe ein. Noch geringer ist sie in Mähren,
obschon die allerdings mögliche Schiffahrt auf
der March, und allenfalls die Verbindung
derselben mit der Oder dem Lande den wichtigsten Nußen verschaffen könnte. Auch Gallizien hat eine noch wenig bedeutende Flußschiffahrt. Selbst in Ungarn ist sie bei weitem
noch nicht so wichtig, als sie es ganz leicht seyn
könnte. Uiberhaupt würde dieses Land an

Reich-

Reichthum und Grösse ungemein zunehmen,
wenn auf die Handlung und Schiffahrt desselben mehr Augenmerk getragen würde. Möglich wäre allerdings eine Verbindung der Donau
unter Pest mit der Teiß, eine andere mit dem
Plattensee, welcher eben so mit der Drau als
diese mit der Sau durch Kanäle könnte in
Verbindung gesetzt werden. Ja selbst das
adriatische Meer scheint ungeachtet aller Hindernisse dennoch mit der Kulpa vereiniget werden zu können. Vielleicht würden die zwar
beträchtlichen Kosten durch die Vortheile einer
so wichtig und leicht vermehrten Handlung ersetzt werden, und das nothwendigste Resultat
würde ganz sicher der verbesserte Wohlstand
der Nazion seyn. Auch die Lombardei hat
eine gute Schiffahrt auf den Landseen und Flüssen, welche noch durch ein paar wichtige Kanäle vermehrt wird.

n   Sie-

Siebenter Abschnitt.

Münz, Maaß und Gewicht.

I.

Geldsorten.

Die grösseren Münzsorten werden in den österr. Staaten mit Ausnahme von Ober- und Vorderösterreich, den Niederlanden und der Lombardei, nach dem sogenannten 20 fl. Fuß durchaus geprägt.

Die Bücher und Rechnungen werden in Wien und den deutschen und ungarischen Staaten, auſſer obengenannten Provinzen, nach Gulden, Kreuzer und Pfennigen Kurrent geführt.

Ein Gulden hat 60 Kreuzer, und ein Kreuzer 4 Pfenninge. Die gewöhnlichen Münzen sind von Kupfer. Pfenningen, Halbekreuzer, Kreuzer und 6 Pfenningstücke in Böhmen. In den südlichen Gegenden Innerösterreichs sind kupferne Soldi gangbar, wovon 30

Stück

Stück 17 Kreuzern gleich sind. Gröschel sind
in Böhmen gewöhnlich, wovon 4 auf 3 Kreuzer gehen; eben diese sind auch in Ungarn gangbar, wo noch die sogenannte Ungarische 5. Stück
gleich 3 Kreuzern gewöhnlich sind; auch die
obengenannten 6 Pfenningstücke sind eine ungarische Münze.

Von Siebenbürgen hat man Groschen,
oder 3 Kreuzerstück; Fünfer, Siebner, Zeh-
ner, Siebenzehner, Zwanziger, halbe Gulden zu 30 kr. Gulden und Thaler zu 2 fl.
In Triest hat man auch Liri zu 20 Soldi,
wovon einer 12 Denari gilt, und in Gallizien sind vorzüglich die pohlnischen Gulden zu
15 kr. gangbar.

Goldmünzen sind Kaiser- und Kremnizer-
dukaten zu 4 fl. 30 kr. Doppeldukaten zu 9 fl.
Die Halbsouverains zu 6 fl. 40 kr. und Ganze
zu 13 fl. 20 kr. sind eigentlich niederländische
Münzsorten.

Die Tiroler und Vorderösterreichischen
Münzsorten sind um einige Prozent geringer.

n 2   So

Es gilt z. B. ein 7 kr. Stück in Tirol 7 1/2 kr. ein Siebenzehner 18 kr. und ein Zwanziger 21 kr. Die Münzen in Vorderösterreich sind nach dem 24 Gulden Fuß.

In den Niederlanden wird nach Flämmischen oder auch nach Brabänter Pfunden gerechnet; ein flämmisch Pfund hat 20 Fl. Schilling, ein Schilling 12 Grooten; ein Brabänter Pfund hat 20 Stüber zu 16 Brabänter Pfenning; es wird aber auch nach Gulden zu 20 Stüber á 16 Pf. Brab. gerechnet.

Die gewöhnlichsten Münzsorten sind von Silber Dukatons zu 2 fl. 32 kr. oder 3 fl. 10 Stüber Banko, desgleichen Halbe, Viertel und Achtel; dann Kronenthaler zu 2 fl. 16 kr wovon man auch Halbe und Viertel hat.

Von Gold einfache oder halbe Souverains und Doppelte oder Ganze zu 15 fl. 6 Stüber Banko oder 17 fl. 17 Stüber Kurrent. Das Banko, Permiß oder Wechselgeld ist 16 2/3 pr. Cent. besser als das Kurrent.

In der Lombardei rechnet man nach Liri, Soldi und Denari. Sonst hat ein Mailän-

der Dukaton von Silber im Werth 1 fl. 46 kr.
Eine Doppie in Gold 7 fl. 12 kr. und eine
neue Zechine 4 fl. 22 kr. Uiberhaupt sind
meistens fremde Münzen in diesem Lande gangbar.

Die Münzämter, wo diese Münzen geprägt werden, sind das Hauptmünzamt in
Wien, welches den Buchstaben A zum Zeichen
hat. Das Münzamt zu Graz hat den Buchstaben D ist aber aufgehoben. Das Münzamt zu Hall in Tirol führt den Buchstaben
F. Das Münzamt zu Günzburg hat den Buchstaben G. Das Münzamt zu Prag hat den
Buchstaben C. Die ungarischen Münzämter
zu Kremnitz mit dem Buchstaben B. zu Nagyba-
nien mit G. und das siebenbürgische Münzamt Karlsburg, welches den Buchstaben E
zum Zeichen hat. Nebst diesen wo Gold,
Silber und Kupfermünzen gepräget werden,
wird noch sehr viel von letzterer Gattung zu
Schmölnitz in Ungarn mit dem Zeichen
S. verfertiget. Ausser diesen sind noch
eigene besondere Münzämter zu Brüssel
und in Mailand. In allen Ländern, wo keine

Münzämter sind, befinden sich eigene Gold-
und Silbereinlöser oder sogenannte Münzpro-
bierer.

Ausser den obengenannten wirklichen Münzen giebt es auch in den österr. Staaten Papiergeld oder Bankozettel, die überall statt Baarem
ohne geringsten Verlust angenommen, ja sehr oft
gesucht werden. Derlei Bankozettel giebt es zu
5, 10, 25, 50, 100, 500 und 1000 fl. zusammen in einem Betrag von 20,000,000, welche alle unter
Fertigung des Wiener Stadtmagistrats und
unterm 1ten November 1784. ausgestellt sind.

Von den fremden in den österr. Staa-
ten zirkulirenden Münzen sind 10 und 20 kr.
Stück, dann Gulden und Speziesthaler von
den meisten deutschen Reichsfürsten und Reichs-
städten, ferner sind gangbar die französischen
Laubthaler zu 2 fl. 16 kr. Die französischen
Gulden, die spanischen Matten mit des Königs
Brustbild zu 2 fl. 3 kr. und die spanischen
Thaler zu 2 fl. 4 kr. nebst mehreren andern.

Unter

Unter den Dukaten sind nur nebst den
Innländischen die vollwichtigen Holländer zu
4 fl. 28 kr. gangbar, die übrigen ausländischen Goldmünzen werden als bloße Handels-
waaren betrachtet, und nur nach ihrem innern
Werthe angenommen.

II.

Geldumlauf, Reichthum und Wucher.

Die im Umlauf vorhandene Baarschaft in der
ganzen Monarchie beträgt zum wenigsten bei
120 Millionen Gulden.

Es giebt überall sehr reiche Partikuliers;
überhaupt ist auch der Adel sehr vermöglich.
So daß sich die Einkünfte der in den österr.
Staaten befindlichen Fürsten von 200,000 bis
800,000 fl. jährlich, verschiedener gräflichen
Familien von 80,000 bis 400,000. und von
mehreren andern Partikuliers von 20,000 bis
100,000 fl. erstrecken.

Ueber

Uiberhaupt sind die wohlhabendsten Einwohner in den Niederlanden, in Niederösterreich und in der Lombardei. Minder wohlha-
bend ist der gemeine Theil der Einwohner in
Ungarn, Gallizien und Böhmen.

Bis zum Jahr 1787 bestimmten die Gesetze, wie viel Zinsen von Kapitalien dürften
abgenommen werden; und so heilsam die Absicht dieser Verordnungen war, so wurde doch
nichts weniger als dem Wucher auch nur im
geringsten dadurch gesteuret; ja die Mittel wurden nur täglich mehr vervielfältiget, die Gesetze
zu vereiteln, und dem niedrigsten Eigennutze
Opfer zu verschaffen. In gedachtem Jahre
wurden nun alle obigen Verordnungen aufgehoben, und jedermanne der freie Handel mit seinem Geld so wie mit einer andern Waare gestattet. Dagegen aber andere Maaßregeln genommen, wodurch dem Wucher sollte Einhalt
gethan werden, nur leider, daß sie bisher meistens noch ohne gewünschter Wirkung blieben.

III.

III.

Wechsel.

Man wechselt von allen wichtigen Plätzen,
der österr. Monarchie sowohl gegen einander,
als auch nach den meisten Haupthandelsplätzen
in Europa, als nach Berlin, Frankfurt,
Lübek, Leipzig, Hamburg, Nürnberg, Kölln,
Amsterdam, London, Paris, Konstantinopel,
Rom, Florenz, Venedig, Genua, Mailand,
Kadix, Lisabon u. s. w. Der Uso ist gewöhnlich 14 Tage. In den Niederlanden
ist der Uso aus Holland, Frankreich,
aus den Norden und England 1 Monat. Endlich aus Italien, Spanien und Portugall 2 Monat. In Mailand ist der Uso von Holland 2 Monat,
aus England und Franreich 3 Monat, aus dem deutschen Reich und Italien 15 Tag, von Genua,
aber nur 8 Tag. Die Wechsel haben, 1, 2, 3,
in den Niederlanden bis 8 Respekttage, auffer
die auf Sicht gestellten, welche binnen 24 Stun-

den

den bezahlt werden müssen. In Mailand sind keine Respektage gewöhnlich.

IV.

Maaß.

Gegenwärtig sind die schon vorhin in Wien gewöhnliche Maaßen in den meisten österr. Ländern zum allgemeinen Handel gesetzmässig eingeführt.

Erstens unter den Längen-Maaßen sind die Geometrischen zu bemerken. Ein Wienerschuh enthält nach dem Pariser Maaß 140 Linien, ist also um 4 Linien kleiner als der Pariser-Fuß. Der Schuh wird wie gewöhnlich in 12 Zoll, jeder desselben in 12 Linien, und jede Linie wieder in 10 Punkte untergetheilt. 6 Schuh machen eine Wiener Klafter. Eine österreichische Meile enthält 4000 Wienerklafter, oder 9600 Schritt. Und ein Joch Ackerland begreift 1600 Quadrat Klafter.

Die

Die Elle ist eine Handelsmaaß und ihre Länge beträgt 2 Schuh 5 Zoll 6 Linien Wienermaaß oder 345 Linien Parifermaaß.

In den Niederlanden ist der Fuß um beinahe 11 Linien kleiner. Hingegen ist er in Mailand um 37 W. L. größer. Die Elle aber ist nur etwas über 22 Zoll 7 Linien lang.

Die zerstreuten Körper werden in Betref des Raums, den sie einnehmen, durch Mezen bestimmt, ein Wienermezen ist gleich 1,9471 Wienerkubikschuhe. In der Lombardei wird das Körnermaaß Staro genannt, deren 8 einen sogenannten Moggio ausmachen.

Flüssige Körper mißt man mit Eimer; die Größe eines Eimers beträgt 1,792 Wienerkubikschuh. Dieser wird untertheilt in 40 Maaß, jedes Maaß zu 4 Seidel. 10 Eimer nennt man ein Faß; 3 Faß heissen ein Dreiling, und 32 Eimer nennt man ein Fuder. In Niederland mißt man den Wein nach Ahmen zu 50 Schoppen. Und in der Lombardei nach Brenten zu 2 Kub. Schuh 96

Zoll. Eine Brenta wird in 96 Bokali untergetheilt.

V.

Gewicht.

Auch dieses ist ausser den Italienischen und Niederländischen Provinzen durchaus gleich=förmig. Und wird in das Handels=Gold und Silber=und in das Apothekergewicht eingetheilt.

Bei dem Handelsgewicht werden nach Pfund die übrigen Gattungen bestimmt. 100 Wienerpfund heissen ein Zenten, und sind gleich etwas über 122 Berlinerpfunden. Oder ein Pfund enthält 1:672. Asen holländisch Troys Gewicht. Ein Pfund wird in 2 Mark oder 16 Unzen, oder 32 Loth. Ein Loth in 4 Quintel, und ein Quintel in 4 Pfennigge=wichte untergetheilt. 20 Pfund nennt man ei=nen Stein; 275 Pfund oder bei dem Stahl 250 Pf. einen Saum.

Gold

Gold und Silber werden nach Marken
bestimmt; bei dem Gold wird die Mark in 24
Karat, jede in 12 Gräne eingetheilt. 1 Dukaten wiegt 60 Gräne. Eine Mark Silber hat
16 Loth, das Loth 18 Gräne.

Nach dem Apothekergewicht enthält das
Pfund 12 Unzen oder 24 gemeine Loth; eine
Unze hat 8 Quintel; ein Quintel 3 Skrupel,
jeden zu 20 Gran.

Das Brüßler Pfund ist geringer als das
Wiener, indem eines derselben nur 9608 Assen
gleich ist. Zu Mons und Namür ist es um
ein geringes schwerer. In der Lombardei ist ein
doppeltes, nemlich das schwere und leichte Gewicht gewöhnlich. Das erstere ist um beiläufig 36
von 100 schwerer und das letztere fast um 42 pr.
Cent geringer als das Wiener.

VI.

Zeitrechnung.

Die in den österr. Staaten gewöhnliche Zeitrechnung ist die Gregorianische verbesserte; und

nach

nach dieser sind auch die sogenannten Kalender oder Jahrbücher eingerichtet. Der Tag,
der sich um Mitternacht anfängt, wird in allen
Deutschen, Pohlnisch und Ungarischen Erbländern in zwe mal 12, hingegen in den Ita-
liänischen Provinzen in 24 Stunden in einem
fort eingetheilt. Die Kalender haben wichtigere
Verbesserungen erhalten, und sind von Aberglau-
ben und Unrath gereiniget. Unter den besten
Provinzialallmanachen zeichnen sich besonders der
österreichische Toleranz Both, der Taschenka-
lender zum Nutzen und Vergnügen, und der
österreichische Staatskalender von Rath de Luca
aus. Die wichtigsten Epochen, welche auf die
österr. Monarchie Beziehung haben, werden
ausser der allgemeinen Christlichen Zeitrechnung
ohnehin in der am Ende beigefügten Staats-
geschichte angeführt.

Dritte

Dritte Abtheilung.

Religions- und politische Verfaſſung.

Erſter Abſchnitt.

Religionsverfaſſung.

I.

Herrſchende Religion.

Die herrſchende Religion iſt in den öſterr. Staaten die Katholiſche, die von dem zweiten Jahrhundert an zum Theil in einigen der dermaligen öſterr. Ländern Anhänger hatte, und ſich immer mehr in die übrigen verbreitete. Andere Religionsverwandte, als Griechen, Proteſtanten, Reformirte, Sozinianer und Juden, werden nicht nur blos geduldet, ſondern ſie genieſſen noch ſehr anſehnliche Begünſtigungen.

Jo-

Joseph der II. verschafte der österr. Kirch-
Freiheiten, die jene der Französischen übertref-
fen. Er beseitigte soviel möglich jeden fremden Einfluß, welcher dem Staate nachtheilig werden könnte, und war bemüht sowohl den
Gottesdienst nach der reinen Lehre Jesu Christi
einzurichten; als auch die Religion von Miß-
bräuchen zu reinigen. Zu diesem Endzweck
wurden verschiedene Verordnungen erlassen,
als; daß keine päbstliche Bulle vor Erhalt
placiti regii darf kund gemacht werden; daß
keine Dispensbewilligung oder was immer ohne
landesfürstlicher Erlaubniß in Rom darf angesucht werden. Die Kassirung der Bullen
in Cœna Domini und Unigenitus, dann
eine Lekzion in den Breviarien Georgs des VII.
von Entthronung der Regenten; und noch
einer andern Stelle in der Lekzion nocturni
secundi in festo St. Benonis. Der Verbot der Einfuhr fremder Breviarien und dergleichen. Aufhebung aller Verbindung des
Regularklerus mit fremden Klöstern und Ge-

neral-

neralen zu Rom; der Verbot Gelder für
Messen u. d. gl. in fremde Länder zu schicken;
die Verordnung, durch welche die menses pa-
pales aufgehoben wurden; der Verbot Innländer in das deutsche Kollegium nach Rom
zu schicken; die Wiederzustellung der Macht:
daß Bischöfe in Ehesachen u. d. gl. selbst di-
spensiren dörfen, ohne daß man sich nach Rom
verwenden darf.

Ferner verschiedene Verordnungen in Rücksicht des Gottesdienstes selbst: nemlich die
neue Pfarreinrichtung und Vermehrung derselben; Einstellung des übermässigen Aufpuzes in
den Kirchen; Verbot des Handels mit ge-
weihten Sachen;. Verordnung über die Art
und Zahl der abzuhaltenden Prozessionen; Ab-
stellung der Privatandachten in den Häusern;
Vorschrift die abzuhaltenden Predigten und
den zu beobachtenden Gottesdienst selbst betreffend; Einführung des kathechetischen Unterrichts; die Aufhebung der Bruderschaften, und
Einführung einer neuen unter der Benennung

O   der

der thätigen Liebe des Nächsten, und so mehr andere hieher gehörige Gegenstände betreffend.

Eine besondere geistliche Hofkommission ist in Wien, und hat das gesammte Religions=wesen zu besorgen; ihr sind in den Provin=zen eigene geistliche Kommissionen untergeordnet.

II.

Klerus.

Der katholische Klerus in den österr. Staa=ten wird überhaupt in den Sekular und Re=gularklerus eingetheilt. Beide stehen unter Erz=und Bischöfen. Andere Würden des Se=kularklerus sind Domherren, Dechante, Pfarrer, und Kapläne; des regulirten Kleri aber Prä=laten, Aebte, Aebtissinen, Provinzialen, Pri=oren, Priorinen, Mönche und Nonnen.

Erzbißthümer sind 9. nemlich in Nieder=österreich zu Wien; in Innerösterreich zu Lai=bach; in Niederland zu Mecheln; in Böhmen zu Prag; in Mähren zu Ollmütz; in Gallizien zu Lemberg; in Ungarn zu Gran und Kolocza,

und

und in der Lombardei zu Mailand. Ferners
sind folgende Bischöfe in Niederösterreich zu
Linz und St. Pölten; in Innerösterreich zu
Leoben, Sekau, Gurk, Lavant und Triest;
in Tirol zu Brixen und Trident; in den Niederlanden zu Antwerpen, Brüg, Dornik,
Gent, Namür, Rüremond und Ypern. In
Böhmen zu Budweis, Königgraz und Leit-
meriz; in Mähren zu Brünn; in Gallizien zu
Lemberg und Przemißl; in Ungarn mit Kroazien und Slavonien zu Agram, Kreuz, Cza-
nad, Erlau, Fünfkirchen, Großwardein,
Munkats, Neusohl, Neutra, Rab, Stein
am Anger, Stuhlweissenburg, Waizen, We-
sprin, Zeng und Zips; in Siebenbürgen zu
Fogoraß und Rosenau; endlich in der Lombardei zu Como, Cremona, Lodi, Mantua und
Pavia. Hiezu kommen bei 800 Domherren,
und am übrigen Sekularklerus in allen Ländern noch fast über 40000 Köpfe.

Von dem Regularklerus sind aufgehoben
die Eremiten, Karthäuser, Kamaldulenser,
Pau-

Pauliner und Trinitarier; unter den Nonnen
die Karmeliterinnen, Klarisserinnen, und Fran-
ziskanerinnen. Uibrigens existiren noch unter
verschiedener Benennung über dreizehenhundert
Manns- und Frauenklöster und in selben bis
36000 Seelen.

Zur Bildung tauglicher Seelsorger, sind
wie ich schon oben erwähnte, eigene General-
seminarien in den meisten Provinzen errichtet
worden, worin die zum geistlichen Stand Lust-
tragenden nach vollendetem dreijährigen philosophischen Kurs aufgenommen, und durch 4
Jahre in den zu ihrer künftigen Bestimmung nöthigen Wissenschaften unterrichtet werden. Die ferneren auf den Klerus Bezug ha-
bende Gesetze sind, und zwar in Ansehung des
Sekularklerus: daß keiner ohne den ganzen
theologischen Kurs mit gutem Fortgange vollen-
det zu haben zum Priester darf geweiht werden; die Abschaffung der blos von Messelesen
lebenden Geistlichen; die Errichtung der Prie-
sterhäuser für die, welche endlich zur Seelsorge

un-

untauglich werden; und folglich für die Zukunft die Aufhebung des tituli mensæ, daß ohne
Konkurs oder ohne vorgegangener Prüfung
keine Pfarr, ja keine Lokalkaplanei darf verge-
ben werden; die Bestimmungen der Pflichten der
Seelsorger in Rücksicht auf die Besetzung der
Kranken; des geistlichen Unterrichts; der ge-
nauen Führung der Tauf-Sterb- und Trauungs-
protokollen. Insbesondere sollen Prediger ihre Predigten schriftlich verfassen, und dem Volke mehr
moralische als dogmatische Wahrheiten vortra-
gen. — Kenntnisse der pflichtlichen Lehre ist
auch unstreitig dem Volk nützlicher; und wenn
es schon nicht vollkommene Besserung bewirkt,
so macht es doch das Maaß moralischer Uibel
geringer; und wie kann man Gott mehr ver-
herrlichen, als wenn man sein Volk durch faß-
liche aus ihrer engen Sphähre hergenommene
sittliche Begriffe mässiger und geselliger macht. —
Die Einkünfte der alten Pfarrer verbleiben,
und jene der neuen werden wohl angemessen
eingerichtet. Durch andere Verordnungen

O 3 wurde

wurde die Aktivität der sogenannten Apostolischen Notarien aufgehoben; die Domherrnstellen sollen nur den wenigstens 10 Jahre in der Seelsorge sich Ausgezeichneten verliehen werden; die Bischöfe haben unter sich eigene Konsistorien, wo die geistlichen Gegenstände behandelt werden; jeder Bischof muß dem Landesfürsten einen besondern Eid der Treue ablegen; wenn es die Umstände erfordern, Visitazionen vornehmen, u. m. dgl.

Die Verfügungen, welche vorzüglich den Regularklerus angehen, beziehen sich: auf nicht weitere Verbreitung, sondern viel mehr Einschränkung _auf den gestifteten Stand; der Verbot die Aufnahm einiger Novizen betreffend; die Bestimmung, daß die Profeß vor dem 24 Jahr nicht darf abgelegt werden; der Verbot, daß Kandidaten nicht über eine bestimmte Summe in die Klöster bringen dörfen; die Aufhebung der Provinzialkassen und die Errichtung eines besondern Religionsfonds; ferner daß die Stift oder Klöster Individuen künftig bloße Nutz

nießer

nießer sind, ohne Eigenthümer ihres Vermögens
zu seyn, folglich mit selbem nicht willkürlich
schalten können. Die Aufhebung der Exem-
zion der Klöster von der bischöflichen Macht;
Verbot aller Klöster Sammlung mit Ausnahme
der barmherzigen Brüder; die Gesetze, welche
die innere Klosterzucht betrift, und Einschränkung der oftmaligen Strenge derselben eine
Folge davon. Die Aufhebung der Klosterkerker;
die Obern werden von den Klosterindividuen
und die Provinzialen von den Klosterobern gewählt; die ersteren bestättiget der Provinzial,
die letzteren müssen dem Ordinarius und der
Landesstelle bekannt gemacht werden.

Uiberhaupt wurde der gesammte Klerus
unter dieser letzteren Regierung in allen weltlichen
Sachen der weltlichen Gerichtsbarkeit untergeordnet, und zwar so, daß unadeliche Geistliche in Zivil-
fällen dem gewöhnlichen Ortsgericht, Adeliche dem
adelichen Gericht, in geistlichen Fällen aber allein
ihrem bestimmten Ordinarius unterstehen. Bei
Abhandlungen nach dem Tode eines Seelsor-

gers

gers besteht die Vorschrift: daß immer auch ein
bischöflicher Kommissär beigezogen werden soll,
welcher die geistlichen Protokolle und andere
hier einschlagende Briefschaften in seine Ver-
wahrung zu nehmen hat, obschon die Sperr,
Inventirung und sonstige Verrichtungen die
weltliche Gerichtsbarkeit besorget.

Diese und noch viele andere Verfügungen sind in Betracht des geistlichen Standes
getroffen worden. Edel und groß war allerdings die Absicht des erhabensten Monarchen;
und wenn nicht alles jenem reinen und treflichen
Vorhaben entsprochen; wenn wirklich ganz
widrige Resultate erfolgten, so war es gewiß
nur die Schuld derer, welche die landesfürstlichen Befehle in Ausübung zu bringen hatten,
oder die dabei ihr Interesse fanden, und die
sich vielleicht dadurch Ansehen verschaffen wollten, wenn sie die Gesinnungen des Monarchen
weiter ausdehnten; wenn sie einen Stand, dessen Ansehen nicht nur aus religieusen, sondern
auch aus politischen Ursachen geschützt werden
muß,

muß, ja den der Souverain selbst solches nur
vermehren, und ihn in den Augen des Volks
nur noch ehrwürdiger machen wollte, aus Pri-
vatabsichten herabzusetzen bemüht waren. Die
allzufühlbare Abnahme des Klerus; die Abnei-
gung, die dermals junge Leute vor Antrettung
des geistlichen Standes bezeigen, sind theils
Folgen der allgemeinen wirklich widersinnigen
Geringschätzung desselben, Theils wegen Mangel eines angemessenen Unterhalts, für die mindern Religionsdiener.

III.

Tolerirte Religionen.

Die in den österreichischen Staaten geduldeten
Religionspartheyen sind die nicht unirten Griechen, Protestanten, Reformirte, Sozinianer
oder Unitarier, und die Juden. Keine von
allen übrigen werden eigentlich tolerirt, sondern bei ihrer wirklichen Anwesenheit in den

Erb-

Erbländern blos als Reisende betrachtet, deren
Aufenthalt nicht beständig ist.

Die Begünstigungen, welche die Akatoliken als
Griechen, Protestanten und Reformirte durch das
Toleranzpatent erhalten, sind: daß sie eigene Pri-
vatbethäuser, und zu Administrirung der Sakra-
mente eigene Pastoren halten dörfen. Sie sind
zu allen Würden und Aemtern fähig; und
können auch zum Besiß unbeweglicher Güter,
jedoch nur dispensative gelassen werden. Bei
vermischten Ehen, wenn ein Katholik eine
Akatolikin heurathet, müssen die Kinder alle
katholisch; im Gegentheil aber nach dem Unterschied des Geschlechts nach der Religion ihrer
Eltern erzogen werden. Da aller Gewissens-
zwang aufgehoben seyn soll, so steht es auch
jedem frei zu einer andern christlichen Reli-
gionsparthei überzutretten; doch müssen sich derlei Katholiken ehevor eines 6 wöchentlichen
katholischen Unterrichts unterziehen, und können nur sodann ihre Religion verändern. Ich
könnte wirklich Thatsachen anführen, welche

die

die Einschränkung dieses Gesetzes räthlich machten.

Die nichtunirten Griechen haben einen Erzbischof zu Carlowiz in Slavonien, und Bischöfe in Ungarn zu Arad, Batsch, Neusatz, Ofen, Temeswar und Verschez in Siebenbürgen. Sowohl von den augsburgischen als helvetischen Konfeßionsverwandten sind eigene Konsistorien in Wien bestellt; ausserdem haben die Lutheraner Superintendenten für Nieder- und Innerösterreich zu Wien; für Ober- und Vorderösterreich zu Scharten in Tirol; für Böhmen zu Krzischlez; in Mähren, Schlesien und Gallizien zu Teschen; in Ungarn zu Modra, Dömölk, und Dobscho, endlich in Siebenbürgen zu Hermannstadt.

Reformirte Superintendenten sind in Niederösterreich zu Wien, in Böhmen zu Krobna, in Mähren zu Pegrowiz, und in Siebenbürgen. Der Personalstand der nicht unirten Griechen beläuft sich in den österreichischen Staaten auf 2'900,000.; der Protestanten

ten auf 340,000., und der Reformirten aber
auf 900,000. Köpfe.

Die Unitarier sind bloß allein in Siebenbürgen, woselbst sie auch einen Superintenden=
ten und ungefähr 135. Pastoren haben. Ihre
Anzahl überhaupt erstreckt sich beinahe auf
80,000.

Auch die Juden werden in den österreich.
Staaten, doch unter mehrerer Einschränkung
tolerirt, sie dürfen nemlich einen privaten aber
keinen öffentlichen Gottesdienst halten, sie dürfen sich katholische Dienstleute halten, wo sie
wollen Wohnungen miethen, sie können ihre
Kinder in die christlichen Schulen schicken, sie
können alle Künste und Gewerbe auf freie
Hand treiben, aber sie sind des Bürger - und
Meisterrechts unfähig, können auch Fabriken
errichten. Aber sie können keine Realitäten
besitzen, wohl aber auf selbe Gelder leihen. Es
ist nur einer bestimmten Zahl Familien erlaubt
sich unter verschiedenen Einschränkungen nieder=
zulassen. Fremde müssen sich allzeit gleich bei
der

der Landesstelle melden. Und alle müssen
überhaupt ein besonderes Toleranzgeld entrich=
ten. Sie müssen einen bestimmten Vor = und
Geschlechtsnamen annehmen, und mehr d. gl.

Die Anzahl der in den österr. Staaten
befindlichen Juden erstreckt sich über 290,000.
Seelen.

Zwei=

Zweiter Abschnitt.

Regierung.

I.

Gattung der Regierung.

Die Regierungsform ist durchaus in den österr. Staaten monarchisch; Doch ist der Souverain in den Niederlanden, in Ungarn und Siebenbürgen einigermaßen an gewisse Gesetze gebunden. Uibrigens herrscht er in den andern Ländern ganz unumschränkt. Die Landeshoheit erstreckt sich über alle auch fremde Besitzungen in den österr. Staaten; selbst über die blos pfandweis besitzende Länder.

Wenn der österr. Regent zugleich Kaiser ist, so wird er mit feyerlicher Pracht in Frankfurt am Mayn gewöhnlich gekrönt. Ferners soll er auch in Ungarn und Böhmen gekrönet werden; in den übrigen Ländern läßt er sich blos huldigen. Die [meisten Reichs-

klei-

Kleinodien befinden sich in der k. k. Schaßkam-
mer in Wien, nemlich der Erzherzoghut u. s
w. Die königl. ungarische Krone kam nun
den 21. Hornung 1790. zum siebentenmale nach
so vielen Entfernungen nach Ofen zurück.
Auch ein ähnliches dörfte vielleicht mit der
böhmischen Krone geschehen.

Dermalen ist das Oesterreich - Lothringi-
sche Haus im Besiße der österr. Länder.

Es hat mit dem ehemals bis 1740. regierenden Haus Habspurg eine gleiche Abkunft von
Ethiko, Herzoge der Allemanen, welcher im
Jahre 693. nach der christlichen Zeitrechnung
starb. Seine Nachkommen waren Ethiko II.
Graf Bego I. Graf Eberhart I. Graf Bego
II. Graf Eberhart II. Graf Eberhart III.
Graf Hugo I. hatte mit seiner Gemahlin
Adelheit 3. Söhne, wovon einer die Lothrin-
gische, der andere die Habspurgische Linie stiftete. Graf Eberhart war der Stammvater
des Lothringischen Hauses. Seine Nachfolger
waren: Albert Graf Elsaß, Gerhard I. Graf

zu Metz, Gerhard II. Graf in Elsaß, Gerhard III. Herzog in Lothringen starb 1070.
Theodorich Herzog in Lothringen, Simon I.
Matthäus der I. Simon II. Friedrich II. The=
obald I. Friedrich III. Theobald II. Friedrich
IV. hatte Kaiser Albrechts I. Tochter Elisabeth zur Gemahlin, Rudolph, Joannes,
Friedrich, Anton, Friedrich VI. Renatus II.
Anton II. Franz I. Karl II. Franz II. Niko-
laus Franz zu erst Kardinal, dann Herzog
starb 1670. Karl Leopold hatte zur Gemahlin Kaisers Ferdinand III. Tochter Eleonora.
Leopold Joseph Karl gebohren 1679. starb
1729. Franz Stephan geb. den 8. Dez. 1708.
vermählte sich den 12. Hornung 1736. mit
Marien Theresien Kaiser Karls VI. Tochter,
und starb als römischer Kaiser den 18. August
1765.

Guntrand I. der Reichsgraf zu Altenburg
Hugo des I. Sohn stiftete die Habspurgische
Linie. Seine Nachfolger waren Loncelin Gr.
zu Altenburg, Ratebot dessen Bruder Werner

I.

I. Bischof in Straßburg, das Schloß Habs-
purg erbaute. Werner II. Graf zu Habspurg.
Otto II. Werner III. Adalbert III. Graf zu
Habspurg und Landgraf in Elsaß starb 1199.
Rudolph III. Albert IV. Rudolph erster Kai-
ser und Stifter des österr. Hauses. Albert I.
Herzog zu Osterreich, und röm. Kaiser Albert.
Leopold III. Ernst der Eisenfeste, Herzog zu
Oesterreich. Friedrich III. röm. Kaiser. Maxi-
milian I. röm. Kaiser. Philipp König in Spa-
nien. Karl V. röm. Kaiser. Ferdinand I. Kai-
ser. Karl Erzherzog zu Oesterreich, Ferdinand
II. röm. Kaiser, Ferdinand III. röm. Kaiser.
Leopold der Große geboh. 1640. starb als
Kaiser 1705. Jos. I. röm. Kaif. Karl VI. röm. Kaiser, Vater Marien Theresiens, welche den 13. Mai
1717. geb. wurde, und den 29. Nov. 1780. starb.

Das Oesterreich-Lothringische Haus fängt
sich mit Kaiser Joseph II. an, geb. den 13.
März 1741. wurde Kaiser 1765. und starb
ohne Leibeserben den 20. Horn. 1790. Nach
Allerhöchstdemselben trat die Regierung als

P   Kh-

König von Ungarn und Böhmen an. Peter Leopold, Bruder Seiner höchstseeligen Majestät
und bisher Großherzog von Toskana, gebo-
ren den 4. May 1747., vermählt den 5. August 1765. mit Marie Luise königl. Prinzessin
von Spanien, geb. den 24. Nov. 1745. Aus
dieser Ehe sind dermal vorhanden Franz. Jos.
Karl geb. den 12. Hornung 1768. vermählt
den 6. Jenner 1788. mit Elisabeth Prinzessin
von Würtemberg, welche den 18. Horn. 1790.
im Kindbette starb.— Marie Theresie, geb. den
14. Jenner 1767. vermählt mit Prinz Ant.
von Sachsen. — Joseph Ferdinand geb. den 6.
Mai 1769. Maria Anna geb. den 21. April
1770. — Karl Ludwig, geb. den 5. Sept.
1771. — Alexander Leopold, geb. den 4.
Aug. 1772. — Joseph Anton, geb. den 9.
März 1776. — Marie Clementine, geb. den
24. April 1777. — Anton, geb. den 1. Aug.
1779. — Marie Amalie geb. den 15. Oktob.
1780. — Johann Baptist geb. den 20. Jnner
1782. — Raineri Jos. geb. den 30. Sept.
1783.

1783. — Ludwig Joseph, geb. den 14. Dez.
1784. — und Rudolph Johann, geb. den 8.
Jenner 1788.

Die Geschwistert Sr. Maj. des Königs
sind : Maria Anna geb. den 6. Okt. 1738.
starb zu Klagenfurt im November 1789., Marie Christine, geb. den 13. März 1742., vermählt mit Albrecht königl. Prinzen von Pohlen, und Herzog von Sachsen Teschen —
Marie Elisabeth, geb. den 13. Aug. 1743. —
Marie Amalie, geb. den 16. Hornung 1746.
vermählt mit Ferdinand, regierenden Herzog
in Parma. — Marie Karoline, geb. den 13.
Aug. 1752., verm. mit Ferdinand IV. König beider Sizilien. — Ferdinand, geb. den 1. Juni
1754., vermählt mit Marie Beatrix Erbprinzeßin von Modena. — Maria Antonia, geb.
den 2. Nov. 1755., vermählt mit Ludwig
XVI. König von Frankreich. — Und Maxmilian Erzbischof und Kurfürst von Kölln,
geb. den 8. Dez. 1756.

II.

Titel und Wappen.

Wenn die Kaiserwürde bei dem Hause Oesterreich ist, so wird sie gleich im Eingang des Titels angeführt, welcher überhaupt zimlich weitläufig ist; der Titel, den Kaiser Joseph II. führte, war:

Joseph der II. von Gottes Gnaden erwählter röm. Kaiser, zu allen Zeiten Mehrer des Reichs, König in Germanien, zu Jerusalem, Ungarn, Böheim, Dalmazien, Krazien, Slavonien, Gallizien und Lodomerien, Erzherzog zu Oesterreich, Herzog zu Burgund, zu Lothringen, zu Steuer, zu Kärnten und zu Krain; Großherzog zu Toskana, Großfürst zu Siebenbürgen, Markgraf zu Mähren, Herzog zu Brabant, zu Limburg, zu Luxenburg und zu Geldern, zu Würtemberg, zu Ober- und Niederschlesien, zu Mailand, zu Mantua, zu Parma, Plazenz, Quastala, Auschwiz

schwiß und Zator, zu Kalabrien, zu Paar, zu
Montferrat und zu Teschen, Fürst zu Schwa-
ben und zu Charleville, gefürsteter Graf zu
Habspurg, zu Flandern, zu Tirol, zu Hene-
gau, zu Kyburg, zu Görz und zu Gradiska;
Marggraf des heil. röm. Reichs, zu Burgau,
zu Ob er- und Niederlausniß, zu Pont a Mous-
son und zu Romeny; Graf zu Namür, zu
Provinz, zu Vaudemont, zu Blankenberg, zu
Zütphen, zu Sarwerden, zu Salm, und zu
Falkenstein; Herr auf der windischen March
und zu Mecheln ꝛc. ꝛc.

Der päbstliche Stuhl hat dem König von
Ungarn den kanzleimäßig gewordenen Titel:
Apostolischer, gegeben. Die Kinder des österreichischen Regenten heissen seit 1755. königliche Hoheiten.

Das Wappen des österr. Hauses ist aus
allen einzelnen Länder Wappen zusammenge-
setzt, folglich sehr ausgedehnt; man hat ein
kleineres, worinnen nur die Wappen der
Hauptländer und ein grösseres, worin alle ins-

ge-

gesammt vorkommen, und nach Rektifizirung desselben im Dezember 1780. folgends beschaffen ist.

Es besteht sammt den kais. Wappen aus einem grossen Deutschen Rückenschild, und aus dreien auf einander befindlichen französischen Schilden; der Herzschild enthält das vereinigt österreichisch-lothringische Wappen, der Mittelschild das eigentliche österreichische Länder Wappen; der Rand- oder Hauptschild die Wappen der andern Staaten, und der Rückenschild das kais. Wappen. Auf diesem leztern ist ein schwarzer doppelter Adler im goldnen Feld mit herausschlagenden rothen Zungen, welcher in seiner rechten Klauen Schwerdt und Zepter, in der linken aber den mit einem Kreuz gezierten Reichsapfel hält; den beiderseits von zween Greifen gehaltenen Schild bedeckt die kaiserl. Hauskrone mit zwey schwebenden Bändern; auf der Brust sind die 3. Schilde angebracht, welche unter dessen Kopf rechts mit der königl. Ungarisch-und links mit

der

der Böhmischen Krone bedeckt sind. Der
Haupt - oder Randschild ist fünfmal in die
Breite und sechsmal in die Länge herabge-
theilt, nebst dreien am Fußrand angebrachten
Spizen. Die Schilde der Hauptreiche nehmen vier erhabene Mittelstellen ein, nemlich
oben rechts ist das Ungarische, links das Böhmische; unten rechts das mit einem Herzoghut gezierte Burgundische und links das mit
einer spizigen Krone bedeckte Jerusalemische
Wappen.

Das königl. Ungarische Wappen ist ein
nach der Länge gespaltener Schild, rechts
von Silber mit 8. rothen Querbälken; im
linken rothen Schild ist ein silbernes Patriarchenkreuz, welches aus einer silbernen Krone,
die auf einem grünen dreihügelichten Berg steht,
emporraget. Um dieses Wappen befindet sich
ein Oberwinkel, rechts ein blaues Feld mit
3. gekrönten Leopardenköpfen wegen Dalmazi-
en. — An diesen stoßt links ein mit roth und
Silber geschachter Schild wegen Kroazien —

V 4 Un-

Unter den erstern ist ein blaues Feld mit
zween silbernen wellenförmigen Streifen, zwischen welchen ein Marder und ober denen im
blauen Hauptrand ein goldner Stern ist, wegen Slavonien. Unter der linken Hälfte des
ungarischen Schilds sind 3. goldne spizige
Kronen im blauen Feld wegen Gallizien; und
neben diesen wieder links ist das Wappen
von Lodomerien, nemlich im blauen Feld zween
roth und Silber doppelt quadrirte Querbalken.
Auf der linken Seite ist in einem Mittelschild
das königl. böhmische Wappen, nemlich im
rothen Feld ein rechts gekehrter zum grünen
geschickter silberner gekrönter Löw mit doppel-
tem Schwanz; rechts ober demselben ist im
blauen Feld ein Silber und roth geschachter
rechtssehender gekrönter Adler wegen Mähren.
— Im linken daran stossenden goldenen Feld
ist ein eben dergleichen gekrönter schwarzer
Adler, auf dessen Brust ein silberner halber
Mond ist, an dessen beiden aufgekehrten Spizen Kleeblätter, in der Mitte aber ein kleines
Kreuz

Kreuz ist, wegen Schlesien. — Unter dem vorigen Schild ist eine goldene Mauer mit Zin-
nen, und einem blauen breiten Schildhaupt
wegen Oberlausnitz — links von diesen ist
ein rother Ochs mit weissen Bauch und Fuß-
flecken auf einem grünen Platz im silbernen Feld
wegen Niederlausnitz.

Zwischen den ungarisch = und böhmischen
Wappen ist ein besonderer vierfach getheilter
Schild wegen der ehmalig spanischen Besitzungen, nemlich im obern rechten rothen Feld ist ein
goldenes Kastell wegen Kastilien, — links im
silbernen Feld ein roth gekrönter Löw wegen
Lion. — Unten rechts vier rothe Pfähle im
goldnen Feld wegen Aragonien — das linke
untere Feld ist schräg geviert, wovon im obern
und untern Theil 4. rothe Pfähle im goldnen
Feld, und beiderseits zween gegen einander
gekehrte schwarze Adler im silbernen sind, und
dies wegen Sizilien.

An den zwo Randseiten des österreichischen Mittelschilds ist rechts das Toskanische
Wap-

Wappen, als im goldnen Feld 5. rothe kleinere und oben eine grössere blaue zusammen
in einen Kreis gestellte Kugeln, in welcher
lezteren noch 3. silberne französische Lilien sind.
— Links am Rande ist das Siebenbürgische
Wappen, welches in der Mitte mit einem rothen Querbalken getheilt ist; in der obern blau-
en Hälfte ist ein aufwachsender schwarzer Adler rechts gegen eine Sonne sehend, links ist
ein halber Mond; im untern goldnen Feld
sind 4. und 3. untereinander gestellte rothe
Kastelle.

Im rechten Untertheil ist der Burgundische mit einem Herzoghut bedeckte rothe Mittelschild mit einem kleineren französischen 6mal
mit Gold und blauen Schrägbalken getheilt. —
Ober diesen rechts unter dem Toskanischen
Wappen ist ein goldner Löw im schwarzen
Feld wegen Brabant — links darneben ein
rother Löw im silbernen Feld wegen Limburg —
Unten rechts ist ein rother gekrönter Löw in
einem durch 10. blau und Silber Querstreifen

ge-

getheilter Schild wegen Luxemburg — und links von dieſem iſt ein ſchwarzer gekrönter Löw im goldnen Feld wegen Flandern.

In dem untern linken Theil iſt ein mit einer ſpizigen Krone gezierter ſilberner Mittel-ſchild mit einem gröſſeren goldnen Kreuz, an deſſen 4. Ausſchnitten eben ſo viele gleiche kleinere Kreuze angebracht ſind, wegen Jeru-ſalem. — Ober dieſen iſt rechts ein blauer roth eingefaßter Schild mit 7. goldenen Lilien wegen Neapel. — Oben links im blauen Feld ſind zwo goldene auswerts gekrümte mit 4. goldnen Kreuzen umgebene Barben wegen Baar. — Unter den Wappen von Neapel iſt im blauen Feld ein goldner links gekehrter gekrönter Löw wegen Geldern. — Und links im goldnen Feld ein rechtsgewandter ſchwarz gekrönter Löw wegen Jülich. — Völlig mitten im untern Theil ſind noch zween Schilde, de-ren der eine rechte in 2. Felder getheilt iſt; das rechte davon iſt Gold und Silber ein ſchwarzer Adler, im linken ſilbernen iſt eine auf-

ſte-

stehende blaue Schlange, in deren Mund ein
Kind ist, wegen Mailand. — Im linken
Schild ist ein grosses rothes Kreuz im Silber-
Feld, an dessen 4. Ausschnitten eben so viele
schwarze gegen einander sehende Adler sind
wegen Mantua. — Unter diesen beiden leztern
Schildern ist eine kleine Spize ganz in der Mitte,
in deren goldnen Feld 3. 2. und eine blaue
Lilie unter einander stehen wegen Parma. —
Ein gleicher spiziger Ausschnitt ist auch unten
am Rand zwischen den Wappen von Luxemburg und Flandern, welche der Länge nach in
der Mitte getheilt ist; Die rechte obere Hälfte hat im goldnen Feld einen schwarzen doppelten Reichsadler, im untern silbernen Feld
ist eine rothe dreieckigte mit eben so vielen
Thürmen an den Spizen versehene Mauer,
mit zwoen emporstehenden flachen Menschen-
Händen, wegen Antwerpen. — In der andern
Hälfte des Ausschnitts ist im goldnen Feld
ein rother Löw mit einem schrägen durch das
ganze Feld gezogenen rothen Balken, wegen

Na-

Namür. — Dann ist gleichfalls ein ähnlicher spiziger Ausschnitt zwischen den Wappen von Geldern und Jülich, welcher auch der Länge nach in der Mitte getheilt ist, rechts befindet sich im blauen Feld ein goldner Adler wegen Teschen, und links ein silbernes Rad im blauen Feld wegen Falkenstein.

Der Mittelschild ist dreifach in die Länge und Quere getheilt. Oben im Felde rechts ist ein silberner Panther mit Flammen aus allen Oeffnungen des Körpers im grünen Feld wegen Steyer. — Neben diesen in der Mitte ist ein getheilter Schild, in dessen rechten goldnen Seite drei schwarze Löwen übereinander gehen; im linken Theil ist ein breiter silberner Querstreif im rothen Feld wegen Kärnten. — Am linken obern Eck ist im silbernen Feld ein schwarzer gekrönter Adler mit einem halben roth und Silber doppelt geschachten Mond wegen Krain. — In der Mittelreihe sind rechts im goldnen Feld 3 liegende schwarze Hirsch-horn wegen Würtemberg. — Auf der linken

Sei-

Seite sind im goldnen Feld 3 schwarze übereinander gehende Löwen wegen der Landvogtei
Schwaben. — In der untersten Reihe ist
rechts ein gekrönter rother Löw im goldnen Feld
wegen Habsburg — neben diesen ist links im
silbern Feld ein rother gekrönter Adler mit göldnen Kleestengeln an den ausgebreiteten Flügeln
wegen Tirol — mehr links an diesen ist ein
schräg getheilter Schild mit zween rothen
Schrägbalken im silbernen, und einen goldnen
Löwen im blauen Feld wegen Görz — ganz
im linken untern Eck ist ein mit Silber und
roth 6mal schräg gestreifter Schild, der mit
einem göldnen Pfahl der Länge nach getheilt
ist, wegen Burgund. — Endlich ist ein spitzi-
ger Ausschnitt in der untern Mitte des Schil-
des mit einem silbernen Kreuz im obern goldnen
und untern blauen Feld.

Der Herzschild ist leztens in der Mitte
getheilt und mit dem Oesterr. Erzherzoghut bedeckt; im rechten rothen Feld ist ein silberner
Querstrich wegen Oesterreich — und im linken

gold-

goldnen Feld ist ein rother Schrägbalken mit 3 silbernen Adlern wegen Lothringen. — Um den ganzen Oesterreichischen Hauptschild hangen erst das St. Stephans, des Maria Theresiens, und das Ordenszeichen des goldenen Vliesses.

III.

Residenz und Hofstaat.

Die Residenz der Orsterreichischen Regenten ist Wien die Hauptstadt Niederöstereichs. Im Sommer haltet sich der Hof auch bisweilen zu Laxenburg, einem ansehnlichen Lustschlosse zwey Meillen von Wien auf. Schönbrunn ist ein zweytes näheres ausnehmend prächtiges Lustschloß mit einem sehr schönen Garten und einer Menagerie. Das Belveber mit der daselbst befindlichen auserlesenen Bildergallerie, der sogenannte Augarten, sind Erlustigungsörter inner den Linien der Vorstädte Wiens selbst.

Der

Der österr. Hofstaat ist zahlreich und
prächtig, und steht unter den 4. vornehmsten
Hofbedienten, als: dem Obristhofmeister,
Obristkämmerer, Obristmarschall, und Obriststallmeister.

Der Obristhofmeister hat den ersten Rang,
und legt dem Regenten selbst den Eid der
Treue ab. — Er hat die meisten Chefs der
Stellen und Garden ihren Subalternen vor-
zustellen. Ihm untersteht die Mobilien-In-
spekzion, die Hof- und Kammerkapelle, mit
den dazu gehörigen Kompositoren und Ton-
künstlern. Die Hofküche mit dem Obristkü-
chenmeister, Stäbelmeister und Silberkämme-
rer, die Mundschenken und Truchsessen; ferner die Hofbibliothek, Hofärzte, nebst den
Garden, als: der adelich deutschen Garde zu
Fuß, welche aus 60. Gardisten, theils Kapitains,
theils Ober- und Unterlieutenants, und dem
nöthigen Kommando und Staab besteht. Die
adelich-ungarische Garde zu Pferd im gleichen
Stand, die theils Ober- theils Unterlieute-

nants

nants find. Die adelich Gallizische Garde
besteht aus 40. Gardisten, welche Unterlieutenants sind, nebst dem nöthigen Kommando
und Staab. Dann die Leibgarde zu Fuß
von 100. Mann verdienter Unteroffiziers.

Unter dem Obristkämmerer stehen die
sämmtlichen k. k. Kämmerer, welche aus den
vornehmsten Familien gewählt sind, und zum
Zeichen einen goldnen Schlüssel mit zween
Quasten an der rechten Rocktasche tragen;
ferners die Leibärzte, Kammeralgüteradmini-
strazion, geheime Kammerzahlamt, Schazkam-
mer, das Physikalische- Naturalien- und
Münz-Kabinet, das Hoftheater, Schloß-
hauptleute, und die zahlreiche mindere Diener-
schaft, als: Kammerdiener, Kammerfouriers,
Heizer, u. f. w.

Dem Obristhofmarschall unterstehen die
Hofquartiermeisters und Hoffouriers.

Unter dem Obriststallmeister steht das
ganze Futteramt und Stallpersonale, die

Hoftrompeters; die Venerie, die Lauffer, Leiblakaien, Hofhandwerker, u. d. gl.

Auſſer dieſen iſt ein Obriſtjägermeiſter, ein Obriſtfalkenmeiſter, und ein Obriſthofbaudirektor mit ihrem unterhabenden anſehnlichen Perſonale.

Uiberhaupt übertrift der Pracht dieſes Hofs, der nur an wenigen Tagen des Jahrs, meiſtens aber den erſten Jenner eigentlich zu ſehen, jenen von allen andern Höfen.

Das Hofzeremoniel iſt ganz zwanglos. — Weder an eine gewiſſe Kleidung, weder an beſtimmte Gebräuche gebunden, konnte man den Monarchen täglich auf den ſogenannten Kontroleurgang, oder wo er auch ſonſt hinkam ohne alle Meldung ſprechen, ſogar ſchafte er die vorhin gewöhnliche Kniebeugung vor ihm ab — und ein gleiches haben wir auch mit Grund unter der gegenwärtigen weiſen Regierung zu erwarten. Auch in den Bittſchriften war die Kurteſie blos auf die Worte E u r e M a j e ſ t ä t im Eingange, und an S e i n e M a j e ſ t ä t in der Aufſchrift eingeſchränkt;

eben so war jeder weitläufige Schluß und die unnöthige Komplimente verbothen.

IV.
Erbämter und Ritterorden.

Verschiedene landsäßig adeliche Familien haben gewisse Hoferbämter in einigen Provinzen. Solche Erbämter zählt man 20., nemlich: Obristlandhofmeisteramt, Obristerbmarschallamt — Obristerbkämmereramt — Obristerbstallmeisteramt — Obristerbmundschenkamt — Obristerbtruchseßamt — Obristerbjägermeisteramt — Obristerbküchenmeisteramt — Obristerbsilberkämmereramt — Obristerbvorschneideramt — Obristerbstablmeisteramt — Obristerbfalkenmeisteramt — Obristerbpostmeisteramt — Obristerbthürhütter nur in Niederösterreich und Böhmen — Obristerbpanier, dergleichen ist nur in Niederösterreich und Böhmen — Obristerbkampfrichter ist blos im Land unter der Enns — Obristerbmünzmeister nur in Nieder-

öster-

österreich) — Ein Obristerbkaplan im Lande
unter der Enns, Tyrol und Vorderösterreich
— Ein Schwerdtträger in Gallizien — und
ein Landuntermarschall eben daselbst. Nur der
älteste der Familie führt den Titel Obristerb-
land 2c. 2c. Die übrigen aber lassen das Wort
Obrist aus.

Auch in Ungarn sind ansehnliche Erzäm-
ter aber nicht erblich, als: der königl. Statt-
halter. — Der Reichshofrichter. — Der Ban
von Dalmazien, Kroazien und Slavonien. —
Der Schazmeister. — Der Obermundschenk.
— Obertruchseß. — Oberstallmeister. — Ober-
kämmerer. — Oberthürhütter. — Und Ober-
marschall.

In Oesterreich sind folgende Ritterorden,
nemlich erstens: der berühmte Orden des goldenen Vließes, welchen Philipp Herzog von
Burgund am Tage seines dritten Beilagers
mit Isabella Prinzeßin von Portugall den 10.
Jenner 1429. stiftete. Durch Vermählung
des Erzherzogs Maximilian mit der Burgundischen

schen Erbprinzeßin Maria kam er 1477. an Oesterreich. Das Ordenszeichen besteht aus einem goldnen Vließ in Lamm Gestalt, welches an einer Kette aus lauter goldnen Gliedern hangt, die Feuersteine und einen geflammten Feuerstahl vorstellen.

Der zweite ist der königl. ungarische St. Stephansorden, welchen die Kaiserin Maria Theresia den 8. Mai 1764. zur Belohnung vorzüglicher Staatsdienste erneuert. Das Ordenszeichen besteht aus einem Patriarchenkreuz oder dem linken Theil des ungarischen Wappen in einem größern Ordenskreuz, welches an einer goldnen Kette mit abwechselnden Gliedern hangt, die aus Kronen, den verzogenen Namen der höchsten Stifterin und andern verschlungenen doppelten Krümungen besteht.

Der dritte ist der k. k. Marien Theresien Orden, zum Andenken des den 18. Juni 1757 bei Prag erfochtenen Sieges wurde er für verdiente Militärpersonen gestiftet, und von Kaiser Joseph II. 1765. erneuert und vermehrt.

Q 3　　　　　Das

Das Ordenszeichen ist ein 8spiziges schmales Kreuz, in dessen Mitte der österr. Querbalken im rothen Feld angebracht ist; dieses Zeichen hangt an einem breiten beiderseits roth gestreiften Band. Die Großkreuze tragen ein an der linken Brust auf den Rock gesticktes und von einem Lorbeerkranz eingefaßtes silbernes Kreuz auf rothen Grund mit der Innschrift: Fortitudini.

Diesem folgt der von der Kaiserin Elisabet gestiftet, und von Marien Theresien gleichfalls erneuert und vermehrte militärische Orden; mit welchen sowohl als mit den Marien Theresien Orden ansehnliche doch verschiedene jährliche Pensionen verbunden sind.

Endlich ist auch ein Damenorden von der Kaiserin Eleonora, Ferdinand des III. Gemahlin 1668. unter der Benennung des Sternenkreuz errichtet worden.

Dritter Abschnitt.
Staatsrecht.

I.
Grundgeseze.

Die Grundgesetze des österr. Staates sind
vorzüglich der Fridericianische Freiheitsbrief,
einige Bestättigungen desselben, dann Kaiser
Rudolph I. Hausordnung, Kaiser Karls V.
Verträge, und die pragmatische Sankzion
Karl VI.

Kaiser Friedrich I. hatte Marggrafen
Heinrich von Oesterreich den ersten ganz un-
widerlegbaren Freiheitsbrief zu Regensburg
1156. ertheilt. Die erste Bestättigung desselben gab Heinrich, ein Sohn Kaiser Frie-
drichs II. noch als röm. König 1228. und
dessen Vater der gemeldte Kaiser Friedrich II.
selbst 1245., welcher auch die Herzogthümer
Steyermark und Oesterreich zu einen Königreich erklärte.

q 4 Fer-

Fernere Beſtättigungen wurden Oeſterreich unter den nachfolgenden Kaiſern, als
von Kaiſer Rudolph 1283., vom Kaiſer Ludwig von Bayern 1330. vom Kaiſer Karl
IV. 1361., 1365., und 1368., von Kaiſer
Wenzl 1375. und 1386., von Kaiſer Sigmund 1418. und 1437., von Kaiſer Friedrich
II. im Jahre 1442 und 1453., von Kaiſer
Karl V. 1530, und von Kaiſer Rudolph II.
1599., endlich von Kaiſer Karl VI. 1729.
ertheilet. Nebſt den ſchon im Eingang angeführten Geſetzen, hat auch Ungarn verſchiedene Reichsgrundſätze; eben ſo die Niederlande, nemlich dieſe, die ſogenannte Joyeuse
Entrée, wovon die älteſte in dem Teſtamente
Herzog Heinrichs vom Jahre 1260. vorkömmt,
die Privilegien Kaiſer Karls IV. von 1349.
von Kaiſer Karl V. von 1530., und nebſt
andern das immerwährende Edikt von 1611.

Ohne eine Zergliederung der Vorrechte
und Grundſätze der einzelnen Staaten, aus
welchen die öſterr. Monarchie beſtehet, vorzu-
legen, will ich mich vielmehr nur auf das

wesentliche dahin einschränken, was die ganze
Monarchie selbst betrift. Gemäß diesen ist selbe ein Erbreich, welches nach Abgang der
männlichen Erben auch auf die Weiblichen
fallen kann; und dieses gemäß der durch Kaiser Karl VI. errichteten und von den meisten
Mächten garantirten pragmatischen Sankzion.
Der Regent, der ohne Leibeserben stirbt, kann,
wenn keine andere bestimmte Nachfolge vorhanden, seine deutschen Länder, an wen er
will, nach seinem Tod überlassen; auch in seiner Abwesenheit die Regierungsverwaltung,
wenn es ihm gefällig, besorgen lassen. Gemäß
der Hauptverträge wird der Erbregent im
16. Jahre seines Alters zum Regierungsan-
tritte fähig. Von einigen Ländern z. B. in
Niederlanden darf er nichts veräussern, auch
soll er daselbst ohne Einwilligung der Stände
keinen Krieg anfangen. Der Souverain besitzt im übrigen alle Majestätsrechte ohne einer Einschränkung, als wo ich schon erinnert
habe.

II.

II.
Verträge.

Oesterreich hat verschiedene Verträge mit fremden Mächten geschlossen, als: mit dem deutschen Reich 1648.; mit den vereinigten Niederlanden vom Jahre 1672., 1689., 1701., 1715., 1718., 1732., 1748. und 1785.; mit Preußen von 1742., 1745., 1763. und 1779.; mit Rußland von 1726., 1746. und 1785.; mit Pohlen von 1775.; mit der Pforte von 1739., 1779., und 1784.; mit Venedig von 1766. und 1776.; mit Sardinien von 1718., 1736., und 1743.; mit Spanien 1725., 1738. und 1748.; mit Frankreich von 1714.; 1735. 1755. und 1756.; mit England 1711., 1716. 1718., 1731., 1743. Auch mit Algier, Maroko, und mehr anderen europäischen größeren und kleineren Staaten sind noch verschiedene Traktate errichtet worden.

III.

III.

Prätensionen, Vorrechte, und politisches Verhältniß.

Oesterreich hat verschiedene Ansprüche, als: auf das französische Burgund, und die französische Niederlande, auf verschiedene Güter und Herrschaften in Elsaß, als Pfirt ꝛc. Auf die habspurgischen Güter in der Schweiz; und gegen Wiederlösung auf die Grafschaft Kyburg in Kanton Zürch; auf die Stadt Portenau im venezianischen Friaul, auf die ehemals zu Ungarn gehörigen Königreiche Dalmazien, türkisch Kroazien, Bosnien, Servien, die Wallachey, Moldau u. m. a.; auf den preußischen Antheil des Herzogthums Schlesien.

Die Ober- und Niederlausniz, die Sachsen dermals Lehensweise besitzt, fällt nach Abgang der regierenden sächsischen Familie wieder gemäß Vertrag von 1636. an Oesterreich.

Eben so fällt Würtemberg nach Absterben des herzoglichen Stammes nach einen

Ver-

Vertrag von 1599. hieher. Und in Folge des Friedens zu Aachen 1748. tritt auch Oesterreich bei Abgang des regierenden Mannsstammes in den Besitz von Parma.

Uibrigens ist die röm. deutsche Kaiserwürde schon seit 1437. mit Ausnahme der Jahre 1740. 1745. bei Oesterreich geblieben; gemäß welcher den Regenten dieses Hauses von allen Monarchen und Staaten in Europa der Vorzug anerkannt wurde; Oesterreich ist eine der herrschenden und ansehnlichsten Mächte in Europa: es hat nebst Frankreich die meisten Unterthanen und auch die meisten sicheren Einkünfte. Eine sehr beträchtliche stehende Kriegsmacht. Es hat die reichsten und prächtigsten Vasallen. Ohne in Rücksicht vieler übrigen Vorzüge, die es wegen seinen einzelnen Ländern hat, eine Erwähnung zu machen.

In den einzelnen Bezug auf das deutsche Reich gehören zu dem Haus Oesterreich die meisten Provinzen desselben; es hat wegen Böhmen eine Kurfürstenwürde, und das damit

mit verbundene Reichserzschenkenamt. Wegen
Oesterreich und Burgund die ersten Stimmen
im Fürstenkollegio auf der geistlichen Bank;
enthält sich aber vieler anderer Stimmen,
die ihm wegen den übrigen deutschen Provinzen mit Recht gebührten.

IV.

Landstände.

Die Landstände hatten ehemals vielen Antheil an der Regierung, und ansehnliche Vorrechte; dermalen ist aber ihre Gewalt sehr gering, und erstreckt sich etwan nur mehr in
einigen Ländern auf Geldangelegenheit; in den
meisten deutschen Provinzen aber ist noch die
Landschaft die adeliche Zivilgerichtsstelle in
erster Instanz. Die niederländischen Stände
haben ansehnliche Privilegien; Ihre Einwilligung ist zu neuen Auflagen nothwendig; sie
können auch die Steuer selbst reguliren, und
viel mehr andere. Besondere Prärogativen
hatten auch vorzüglich die ungarischen Stän-

de,

de, welche aber ebenfalls nach und nach sehr
eingeschränkt, unlängst aber von denselben neuerdings vindizirt worden.

In den meisten Ländern bestehen dermals
die Stände aus den Geistlichen — Herren —
Ritter — und Bürgerstand. Die niederländischen Stände sind: die Geistlichkeit, der
Adel und die Deputirten einiger Städte. In
Flandern hat der Adel keinen Sitz und Stim-
me unter den Ständen. Die ungarischen Stände
sind Prälaten, die Magnaten, oder Reichs-
baronen, nemlich die Erzbeamten, und die
theils erblich, theils gewählten Obergespänne;
dann die Ritter und Edelleute, welche entweder adeliche Güter oder adeliche Privilegi-
en besizen, und die königl. Bürger in den
Freistädten.

Noch in den meisten Ländern bestehen
Landtäge, derer Wichtigkeit aber nach dem
was schon oben gesagt wurde, zu beurtheilen
ist. In Ungarn soll er alle 3. Jahr gehalten
werden, unterblieb aber schon seit 1764.

V.

V.

Von dem Adel insbesondere.

Den Adel ertheilt der Landesfürst, dem es
auch als ein Majestätsrecht zukömmt. Auch
fremder von Regierern ordentlicher Staaten
ertheilter Adel ist hier vollkommen gültig,
jener von kleinerem, jedoch mit dem Palati-
natsrecht versehenen deutschen Reichsständen
verliehener Adel ist nur dann gültig, wenn
er entweder vor dem 176 — Jahr ertheilet,
oder wann hierüber insbesondere die Bestättigung bei dem Monarchen angesucht worden,
eben so wenig kann der Adel durch Adopzion
fortgepflanzt werden.

Auch hier giebt es verschiedene Grade
des Adels, welcher überhaupt in den hohen
und niedern eingetheilt wird. Zu dem ersten
gehören Herzoge, Fürsten, Grafen, Marque-
sen, Vikomtes, und Freiherren, zu dem leztern gehören die Ritter und Edelleute. In
Ungarn besteht der höhere Adel blos aus den
Erz-

Erzbeamten, und den Obergespännen oder
Grafen. Die übrigen daselbst begüterten Für-
sten und Grafen sind es als Titular deutsche
Fürsten oder Grafen.

Eine andere Eintheilung geschieht in den
nicht landsäßigen und in den landsäßigen Adel.
Die Vorrechte beider sind das Recht adeliche
Wappen und Titel zu führen; das Recht des
adelichen Forums, und die Befreiung von der
Aushebung zur Miliz; das Vorrecht zu gewissen Aemtern; die Stiftungsfähigkeit; andere Ritterordensfähigkeiten, u. m. dgl. Die
Rechte, welche Landmänner genießen, sind:
das Jagdrecht, Holzschlagsrecht, Bierbräu,
und Ausschanksrecht, das Recht, daß ihre
Güter in die Landtafel eingetragen werden;
das Recht ein Grunddienst und Sazbuch zu
halten; das Recht von den Unterthanen gewisse Dienste und Gaben zu fodern; und
das Recht der erblichen Gerichtsbarkeit; hier-
zu gehört endlich noch bisweilen das Berg-
Zehend- und Vogtrecht; dann das Recht der
per-

perſönlichen Gerichtsbarkeit über ihre unadeliche Unterthanen, und das Recht der Krimi-
nalgerichtsbarkeit.

Der ungariſche Adel behauptet
auch noch die Befreiung von Steu-
ern, Landesanlagen, und Einquartirung der
Soldaten, nebſt verſchiedenen andern; dafür
aber muß der ungariſche Adel zur Zeit eines
Kriegs ſelbſt zu Pferd in das Feld ziehen,
und nach Maaßgabe ſeiner Beſitzungen auch
Kriegsvölker ſtellen und unterhalten. — Eine
Einrichtung, die weder dem Staat in unſern
Zeiten beſonders nützlich iſt, und vielmehr dem
Adel ſelbſt weit nachtheiliger und koſtſpieliger
ſeyn muß, als eine jährliche Steuer wäre.
Die adelichen Güter ſind von zweierlei Art;
einige ſind Allodiale oder freieigene, andere
Stammgüter; die erſteren können veräuſſert
werden, doch können ſelbe die Frauensperſonen ſo lange nicht erben, als eine Manns-
perſon in auf- und abſteigender Linie vorhanden iſt.

ȝ   In

In Rückſicht der Stammgüter können Adeliche keinen für ihre Nachkommen nachtheiligen Vertrag eingehen; ſie können von der Familie nicht wegkommen, u. m. dgl., ſtirbt aber der Mannsſtamm aus, ſo gilt das Regredienzrecht der Frauensperſonen. Adeliche Wittwen erben nicht, beziehen aber einen beſtimmten Wittwengehalt.

Der Adel in der öſterr. Monarchie iſt größtentheils ſehr reich und prächtig, wie ich ſchon oben angeführt, und hierin übertrift er jeden in allen andern Staaten. Es behaupten zwar die Politiker einſtimmig, daß reiche Privaten dem Staate mehr nachtheilig als nüzlich wären. Dieſe Behauptung mag auch an ſich ſeine guten bedingten Gründe haben: Doch wenn der reiche Adel auch einen ſeinen Einkünften angemeſſenen Aufwand hat; wenn er von ſeinem Reichthum weiſen Gebrauch macht; wenn er ſich nicht auf das nöthigſte einſchränkt, und niedrige Oekonomie zu ſeinem Hauptaugenmerke macht, dann verdient er auch

wirk

wirklich unter die nüzlichsten Glieder
der Gesellschaft gerechnet zu werden; dann
macht er der Nazion Ehre, und ist als ein
würdiger Mittelstand zwischen den Regenten
und dem Volke zu betrachten.

Nur Pöbel in jeder Menschenklasse, Wu-
cherer und eigennüzige Besizer grosser Glücks-
güter sind schädliche Menschen, weil ihr Ver-
mögensstand wenigstens auf eine Zeitlang für
den Staat verlohrnes Gut ist.

Nicht nur daß verschiedene der ansehnlichsten deutschen Reichsfürsten und Bischöfe,
als: der Fürst Erzbischof von Salzburg,
die Fürstbischöfe von Freisingen und
Passau, dann der Erbstatthalter der vereinigten Niederlande und mehr andere, unter der
Landeshoheit des Hauses Oesterreich sehr ansehnliche Besitzungen haben. So haben auch
andere von dem vorzüglichsten Adel Deutsch-
lands ihren Aufenthalt in eben demselben,
und selbst der innländische Adel kann den Für-
nehmsten in Europa mit Recht an die Seite
gesezt werden. r 2 Die

Die ansehnlichsten in den österr. Erblanden begütert und befindliche Familien sind. Der Herzog von Sachsen Teschen Gemahl seiner königl. Hohheit der Erzherzogin Christine von Oesterreich, Gouvernante der Niederlande. Andere fürstl. Häuser sind: Arnberg Herzog, Auersberg, Bathiany, Belgiojoso, Colloredo, Czatorinsky, Dietrichstein, Esterhazy, Fürstenberg, Gavre, Graffalkowiz, Jablonowsky, Kauniz, Khevenhüller, Kinsky, Klari, Lichtenstein, zugleich Herzog zu Troppau und Jägerndorf in Schlesien, Lubomirsky, Lamberg, Lichnovsky, Ligne, Lobkowiz, zugleich Herzog zu Raudniz in Böhmen, Paar, Palm, Portia, Reuß, Salm, Schwarzenberg, zugleich Herzog zu Krumau in Böhmen, Stahremberg, Duc Tarouca, Duc d'Ursel und Waldeck. Nebst diesen befinden sich noch in österr. Diensten Fridrich Herzog v. Sachsen-Koburg, Fürst von Hohenlohe, zween Fürsten von Anhalt-Cöthen, der Fürst von Anhalt-Bernburg, und Prinz v. Würtemberg, nebst

an-

andern. Auch die unmittelbaren Reichsfürsten und Bischöfe zu Trident und Brixen; dann die Titular Reichsfürsten und Erzbischöfe zu Wien, Laibach, Prag, Olmüz und Gran, gehören hieher.

Endlich eine Menge andere der ansehnlichsten reichsgräflich und gräflich und freiherrlicher Familien.

VI.

Von den Bürgern.

Bürger giebt es blos allein in Städten und Märkten, diese sind entweder Landesfürstliche oder sogenannte Munizipal, nemlich Unterthänige. Die ersteren haben mehrere Vorzüge, machen auch in den meisten Provinzen einen Theil der Landstände aus.

Mann erhält aber in Oesterreich das Bürgerrecht nur für Fremde nach einen 10. jährigen Aufenthalt, und entweder durch einen Handel, durch ein Gewerb, oder durch

den

den Besitz einer bürgerlichen Realität, nachdem vorher das Bürgerrecht bei der Landesstelle oder dem Magistrat angesucht, der Bür-
gereid abgelegt, und die Taxe entrichtet
worden.

VII.

Von den Bauern, und Verhältniß der Unterthanen zu ihren Herrschaften.

Bauern sind, welche sich der Landwirthschaft
widmen, und zugleich auf dem offenen Lande
domiziliren, Unterthanen oder eigentliche Grund-
holden sind nur diejenigen, welche unterthänige Realitäten besitzen, und vermög dieses Be-
sizes dem Grundherrn gewisse Dienste zu
leisten oder Abgaben zu entrichten haben. Denn
persönliche Verbindlichkeit, oder vielmehr Leibeigenschaft bestand in Oesterreich zum Theil
schon ehevor nicht, zum Theil wurde es unter Josephs wohlthätiger Regierung, auch da,
wo sie noch bestand, ganz aufgehoben. Es
giebt

giebt auch sogenannte Freisassen, welche keine unterthänigen Gründe besitzen.

Der Unterschied der Bauern besteht nach der Wichtigkeit oder Ausdehnung ihres Besitzes. Daher sind einige ganze Bauern oder Ganzlehner, oder ganze Huben, andere Halblehner, Viertellehner, Kleinhäusler oder Keuschler und dergleichen.

Die Gründe, welche zu einer Bauernhube gehören, und nicht dörfen getrennet werden, heißt man Zulehens, die aber veräußert werden können, Uiberlehensgründe.

Es findet sich öfters in den österr. Staaten: daß ein und derselbe Unterthan mehrere Herrschaften hat, nachdem er verschiedene unterthänige, oder Realitäten von verschiedener Art besitzt, nemlich Grundherrschaft, Zulehensherrschaft, Lehenherrschaft, Bergherrschaft, und Zehendherrschaft.

Die Grundherrschaft ist die fürnehmste und erste, zu welcher der Unterthan wegen seines sogenannten Ruckfitzes die meisten Ver-

r 4   bind-

bindlichkeiten hat. Ehemals konnten die Dominien unbestimmte Frohndienste fordern,
diese wurden nachher in den meisten österr.
Ländern auf bestimmte eingerichtet, bis sie
endlich bei Gelegenheit des vom 1. Nov. 1789.
eingeführten physiokratischen Systems ganz in
Geld zu reluiren anbefohlen wurden; auch die
Verbindlichkeit einer bestimmten Gabe, welche
die Unterthanen nicht nur jährlich, sondern
vorzüglich bei gewissen Gelegenheiten, als bei
Veränderungs- und Sterbfällen u. dgl. entrichten müssen, soll künftig gegen dem aufgehoben werden, daß jeder Unterthan überhaupt
jährlich von dem in Geld berechneten Betrag
seiner Gründe 18. prcent. seiner Herrschaft zu
bezahlen hat. Im übrigen ist zwar das Ab-
fahrtgeld bei Unterthanen, die nur von einem
Erbland in das andere ziehen, aufgehoben
worden; bestehet aber allerdings noch in Ansehung derjenigen, die sich in die ungarischen
Provinzen oder in ein ganz fremdes Land begeben, und solche haben 10. prcent. ihres Ver-
mö-

mögens zurückzulassen, welches entweder dem
Dominio und dem Regenten, oder einem landesfürstlichen Ort allein, oder dem Regenten
allein zufließt. Den Grundherrschaften steht
ferner zu das Recht ein Grundbuch zu führen;
Gewähr zu ertheilen oder einem Unterthan den
Besitz zu versichern, und die Befugniß das
Pfandrecht zu ertheilen. Das Recht die Unterthanen abzustiften ist dermal sehr beschränkt;
Mißhandlungen derselben aber noch schärfer
ganz verbothen.

Die Realitäten eines Besitzes, welche
unter einer andern Herrschaft als jener des
Rücksitzes stehen, müssen auch bei selber nach
Maaßgab des wegen Einführung der neuen
Grundsteuer unterm 10. Hornung 1789. erlas-
senen Patents bei denselben versteuert werden;
eben das nemliche findet auch in Ansehung der
Berg- und Zehendherrschaft statt; welche besonders auch in vorigen Zeiten mindere Ansprüche auf den Unterthan als die Rücksitz oder
Grundherrschaft hatten, nemlich sie konnten
keine

keine Robath, oder wenigſtens nur unter gewiſſen Bedingniſſen begehren, u. d. gl.

Die Lehen in Oeſterreich ſind entweder
Ritterlehen, Hoflehen oder Beutellehen. Es
giebt auch Güterbeſitzer in Oeſterreich, die
einem Unterthan oder anderen ein Lehen ertheilen
können, und dieſe ſind Privatlehen, welche
jeder vorher von dem Regenten erhalten muß;
dann iſt die Landſäßigkeit mit allen öſterr.
Lehen verknüpft, und ſie kommen nach Abgang männlicher Erben auch auf die Weiblichen und deren Töchter. Es giebt zwar eigene Lehensgeſetze, wo aber dieſe nicht hinreichen, gilt das ſchwäbiſche Lehensrecht. Endlich darf kein öſterr. Unterthan zur Lehensem-
pfängniß auſſer Land gehen; dagegen darf jeder auswärtige Lehenherr in den öſterr. Staaten ein eigenes Lehengericht beſtellen, von welchem der Rekurs an das gewöhnliche Appella-
zionsgericht gehet.

Vier-

Vierter Abschnitt.
Politische - und Justizkollegien, und Justiz-
Verfassung.

I.

Eintheilung derselben.

Alle öfterr. Landeskollegien werden in jene
der auswärtigen, und der innländischen Geschäfte eingetheilt. Diese leztere aber sind Politische und Justizstellen; die Untergerichte,
welche meistens der Adel besizt, besorgen beides zugleich.

Es besteht eine Vorschrift: daß nur or-
dentlich geprüfte und taugliche Leute bei den
landesfürstlichen Aemtern eine Anstellung erhalten sollen, aber es giebt häufige Beispiele,
daß nur allzuoft das Gegentheil geschieht;
Empfehlungen und — — sind noch immer
Verdienste, die den gültigsten Anspruch auf
jede Anstellung oder Beförderung geben.

Nur

Nur jene Beamten, die 10. Jahre dem
Staate dienen, sollen eine kleine Pension, und
nach 40. Jahren erst den ganzen Gehalt als
solche erhalten. Das Unverhältnißmäßige fällt
noch mehr bei dem Umstand auf: daß nicht
ächter Verdienst belohnt, sondern nur Dürf-
tigkeit unterstützt wird, indem ohnehin reiche
Staatsbeamte, mindern Anspruch auf Pension als Mittellose haben sollen.

Auch die Gesetze theilen sich in Politische
und Justizgesetze, die Zahl derselben ist sehr
beträchtlich, und daher sowohl, als da manche selbst einander widersprechend scheinen,
rührt es, daß die meisten mit der erforderlichen Genauigkeit nicht befolget werden. Auch die Publikazion der Gesetze, welche nicht allein von den Kanzeln, sondern auch
von den Dominien veranlasset werden soll,
geschieht selten mit der nöthigen Pünktlichkeit,
wenigstens in so weit, als es einigermaffen
zum Nachtheil der Dominien gereichen könnte.
— Zudem werden die Geseze oft so falsch
                                         aus-

ausgelegt, von den Auffehern und Handha-
bern felbft öfters wefentlich überfchritten, daß
es wirklich zu wünfchen wäre, die Gefezge-
bung ergriefe Maaßregeln, wodurch einer fo
zweckwidrigen Amtirung gefteuert würde. Uibrigens wäre es auch fehr gut, wenn die Gefeze auf eine dem gemeinen Manne begreifli-
chere Weife, und nicht oft fo zweideutig und
dunkel verfaßt wären, daß fie felbft mehrmals
den untern Stellen unverftändlich, und zu
Zweideutigkeiten Anlaß geben.

Die meiften Landbeamten, von welchen
mehr als in einer Rückficht das Wohl und
Weh der Unterthanen abhängt, find gemeiniglich zimlich fchlecht befoldet, und wiffen oft
nicht, ob fie ihren Gehalt für die unzähligen
Nekereien oder kränkenden Erniedrigungen, denen fie manchmal von ihren Herrfchaften
felbft, oder minder felten von den Kreisbeamten ausgefezt find, beziehen, oder ob er Belohnung ihrer Arbeiten feyn foll; welcher
Mann, der Kentniffe und Ehrliebe hat, wird
sich

sich dann einer solchen Bedienstung widmen
wollen, mit der in jedem Betracht so viele
Unannehmlichkeiten verbunden sind; darum ist
es ganz natürlich, daß die Untergerichte öfters mit Männern besezt sind, die Nothwendigkeit oder andere Umstände zu ihrer Bestimmung brachten, und deren Kopf und Herz
oft in der mißlichsten Verfassung ist. —
Aber auch hier giebt es gute, — aber seltne
Ausnahme. —

II.
Politische Geseze.

Diese sind überhaupt jene, welche sich auf
die ganze innere Staatsökonomie beziehen und
sehr manigfältig sind. Im ganzen haben die
österr. Geseze im politischen Fache viele Vorzüge, besonders die Polizeigeseze, welche auch
wirklich würdig wären als Muster aufgestellt
zu werden. — Kein Staat kann sich so treflicher Polizeyeinrichtungen rühmen, als der

De

Oesterreichiſche. Die Geſeze erſtrecken ſich
überhaupt auf die öffentliche und Privatſicher=
heit. In ſoweit dieſe leztere mit der Juſtiz=
geſezgebung in Verbindung ſteht, kommt ſie
in der Folge vor; und in ſo ferne ſie auf der
Erziehung, Religion, Wiſſenſchaften und Ge=
ſundheit beruht, iſt ſchon ohnehin erwähnet
worden; dann auch dieſe ſind die eigentlichen
Gegenſtände der politiſchen Geſezgebung. Es
gehören ferner hieher die Geſeze, welche die
Fürſorge für unmündige, elternloſe Kinder,
die Verfügungen, wie ſich in Anſehung der
Waiſen mit ihrem Vermögen ſoll benommen
werden, ferner die Geſeze, welche dem Man=
gel der Nahrungsmittel ſteuern ſollen. Als
die Einführung des Armeninſtituts, woraus
Dürftige einige Hülfe erhalten; welche trefliche
Anſtalt wir vorzüglich dem würdigen Grafen
v. Buquoi zu verdanken haben; dann die Er=
richtnng einiger Siechenhäuſer, die aber noch
verſchiedener Verbeſſerungen fähig wären. So
wie man ſich auch in Rückſicht der immer mehr
                                                    zu=

zunehmenden Theuerung eine beffere Verfor-
gung der Siechen wirklich sollte angelegen
seyn laffen. Auch die so oft wiederholte Abschaffung der Bettler war bisher noch immer
von geringem Nuzen; man hat angetragen öffentlich Landesmagazine zu errichten; allein
nur in einigen Orten sind sie bisher zu Stand
gekommen; ferner gehört hieher, die treflichen
Vorsichten gegen tolle Hunde; die Aufhebnng
der Ehrlosigkeit für alle Hanthierungen, un-
eheliche Geburten, u. d. gl., die solche ehevor
mit sich gebracht; die unvergleichlichen Feuer-
anstalten; die Aufsicht auf richtiges Maaß
und Gewicht; Die politischen Geseze betrefen
auch die Handlung; durch einige wird die
Ein- und Ausfuhr gewiffer Waaren gestattet,
durch andere eingeschränkt; die bestimmten
Strafen auf den Schleichhandel; endlich verschiedene Finanzgegenstände, nemlich die Re-
gulirung der Steuer, und viel mehr andere.

III.

III.
Ziviljustizgeseze.

Die Justizgeseze theilen sich in Zivil- und Kriminalgeseze, beide, vorzüglich die ersteren, sind in Oesterreich sehr zahlreich.

Man hat eine Menge Verordnungen im Ziviljustizfache, die unter dem Titel des österr. Kodex gesammelten Gesetze, sind durch neuere meistens aufgehoben; und von diesen leztern sind die größte Anzahl noch in keine systematische Sammlung gebracht; es bestehet dermal auffer der Gerichtsordnung nur der erste Theil eines ordentlichen bürgerl. Gesezbuches.

Die Zivilgesezgebung ist in Ungarn noch verwirrter. Das röm. Recht hat nur in den österr. Staaten so ferne Gesezkraft, als innländische Gesetze nicht hinreichen; In einigen niederländischen Provinzen und einigen andern Ländern hat es gar keine Gesezkraft. Auch die Landesgewohnheit, wenn sie keinem positiven andern Gesez widerspricht, hat in den österr. Staa-

ſ

ten

ten Gesezkraft; wenn alle Bewohner in Ansehung gewisser Umstände eine freiwillige Gleich-
förmigkeit wenigstens dreimal beobachtet haben;
wenn von der Zeit der ersten Ausübung einer
Gewohnheit wenigstens 10. Jahre verstrichen
sind, ohne daß es in dieser Zeit von Jeman-
den wäre widersprochen worden. Doch können aus gleichförmigen Rechtssprüchen und
willkührlichen Gewohnheiten ebenfals keine
Verbindlichkeiten entstehen.

Privilegien werden von dem Landesfür=
sten ertheilt, und sie haben in so ferne volle
Wirksamkeit, als ihr Innhalt betrift; können
aber für den Besitzer entweder durch Wider-
rufung des Landesfürsten selbst, oder durch
ein Verbrechen, oder freiwillig, ausdrücklich,
oder durch Unterlassung stillschweigend erlö-
schen.

Die österr. Rechte sind nur einer erklä-
renden Auslegung fähig; in übrigen Fällen
muß die nähere Bestimmung bei dem Regenten angesucht werden. Die Geseze übrigens
ver-

verbinden nicht nur die wirklichen Einwohner
und alle Unterthanen des Staats, sondern
auch Fremde, in soweit sie mit den österr.
Staaten einige Verbindung oder einiges Recht
darin zu suchen haben. Beide, sowohl der
Fremde als auch der Unterthan, genießen in
gleichem Grad den Landesschuz. Aber der
Fremde hat noch einige andere besondere Be-
fugnisse; er kann so lange er als solcher betrachtet wird, nemlich innerhalb 10. Jahren
sich wieder hinweg begeben, wo es hingegen
dem Inngebohrnen verbothen ist, nach seiner
Willkuhr auszuwandern; Beide können von
andern erben, und sowohl beweglich als un-
bewegliche Güter erlangen. In Rücksicht der
Fremden aber gilt es nur in so weit, als Innländer auch im Gegentheil wieder in jenen
Staaten zur Erbschaft zugelassen werden.

Vor dem 24. Jahr sind die österr. Einwohner unfähig Verträge zu schließen, oder
mit ihren Vermögen frei zu schalten; Sie
unterstehen bis dahin der elterlichen oder

vormundschaftlichen Gewalt, und heißen Minoren; nach dieser Zeit, oder wenn sie von der Pupillarinstanz gegen Entrichtung bestimmter Taxen aus erheblichen Ursachen Nachsicht des Alters erhalten haben, steht ihnen der freie Gebrauch ihres Vermögens zu, und kann, da die Prodigalitätserklärungen aufgehoben sind, ihnen nicht eingeschränkt werden. — Eine Verfügung, die nicht wenige Familien ruinirt. — Weiber können in Oesterreich keine Bürgschaft leisten, selbst nicht für ihren Mann, ausser sie thun ausdrückliche Verzicht auf die Wohlthat dieses Gesezes, oder das Geborgte ist zu ihrem Nuzen verwendet worden, u. dgl.

Auch das rechtliche Verfahren selbst hat seine Vorschriften, nach welchen es muß eingeleitet werden; und diese sind durch die allgemeine Gerichtsordnung bestimmt. Die Prozesse sind zwar dadurch verkürzt worden, daß in jedem Rechtshandel nur 4. Sazschriften; beim in mehreren Fällen festgesezten mündlichen Verfahren hingegen so viele Reden zugelassen wer-

werden; nemlich die Klage, die Einrede, welche, nachdem der Beklagte in dem Gerichts-
bezirke, außer demselben, außer den deutschen
Erbländern, oder gar außer Landes ist, binnen 30., 45., 60. oder 90. Tagen nach Erhalt der Klage zu erstatten ist; hierauf erstat-
tet der Kläger seine Replik oder Schlußrede,
und der Beklagte seine Duplik oder Gegen-
schlußrede beim schriftlichen Verfahren in einer
jedesmaligen 14tägigen Frist: und dann wird
nach Inrotulirung der Akten das Urtheil gesprochen; findet sich ein Theil dadurch wider-
rechtlich beschweret, so kann er binnen 14.
Tagen, vom Tage des erhaltenen Spruches
bei dem Richter erster Instanz die Appellazi-
onsanmeldung und Beschwerde einlegen, der
sie dem Gegentheil um seine Appellazionsein-
rede zustellt, und dann beides sammt den Pro-
zeßakten an den Oberrichter einbegleitet; bestättiget der Oberrichter das erste Urtheil, so
hat es dabei sein Verbleiben, im übrigen
steht dem als dem Beschwerten noch der Re-

S 3   vi-

visionszug auf eben die Art offen, als schon
von der Appellazion gemeldet worden. Alle
Beweise, sie mögen sich auf Zeugen oder Ur-
kunden gründen, müssen in der Klage und Einrede beigebracht, in Ansehung der erstern aber
eigene Weisartikel beigelegt werden. In den
folgenden Sazschriften hingegen wird kein neu-
er Umstand mehr anzuführen gestattet, ausser
ein Theil bittet ausdrücklich darum, und es
hätte es ihm der Gegner bewilliget, oder er
hätte durch einen Eid, oder sonst hinlänglich
dargethan, daß er die Neuerung nicht vorsez-
lich verschwiegen habe.

Jährlich haben endlich die Untergerichte
eine verläßige Tabelle über alle angebrachte
und liegengebliebene Streitfälle dem Obergericht zur Einsicht zuzusenden, und hierdurch
sowohl als was schon oben erinnert worden,
sollten die Streitfälle verkürzt und vermindert
werden. Es wurde auch dem Untergerichte
aufgetragen, Streitigkeiten der Unterthanen
so viel möglich beizulegen; Allein einerseits
wird

wird durch mehrere Erstreckungen und andere
Kniffe der Prozeßgang nur um wenig verkürzt,
da zum andern bei gütlichen Vergleichen dem
Richter keine Taxen zufliessen — welche freilich dem Gerichtsherrn sollten verrechnet werden, was aber selten befolgt wird — so geschieht es wohl sehr oft: daß eigennützige Ge-
richtsverwalters nicht nur die gütliche Verglei-
chung sorgfältig vermeiden, sondern die Unterthanen vielmehr noch zu kostspieligen Streitigkeiten aufmuntern, besonders wenn sie etwan
noch gar mit einem nahen Landadvokaten im
guten Vernehmen stehen. Wie wohlthätig würde eine Verfügung seyn, die diesem Länder-
verderben Gränzen setzte; Auch die Maaßregeln, die man in Konkursfällen vorgeschrieben,
sind weitläufig und mangelhaft.

Es verdiente aber wirklich überhaupt ein
ansehnlicher Theil der Zivilgerichtsordnung und
eben so die Konkursordnung eine vollkommene
Umstaltung, da es Erfahrung gelehrt, daß sie

noch

noch wenig den reinen Abfichten entfprochen, die ihre Verfaffung veranlaffet haben.

Die Gerichtsköften find an fich zwar nicht fehr groß, aber doch immer für den Armen drückend genug, wenn er fie bezahlen muß. — Warum nicht bei manchem Untergericht die hiezu fähigen Partikuliers felbft ihre eigene Sache wie in Preuffen vertretten können; und wenigftens die Namensunterfchrift eines Rechtsfreundes auf ihren Sazfchriften haben müffen, ift wirklich auffallend! —

IV.

Kriminaljuftizgeseze.

Nicht alle Menfchen beobachten die Gefeze des Staates genau; Es giebt in jedem Lande nicht allein gute fondern leider auch böfe Menfchen, Stöhrer der öffentlichen Ruhe — Stöhrer der allgemeinen und Privatficherheit. Diefes hat es zur traurigen Nothwendigkeit gemacht, daß man Strafgefeze einfüh

ren,

ren , und Uibertretter darnach behandeln mußte. Auch hier haben wir nicht allein Gesetze
über Verbrechen und Strafe selbst, sondern
auch solche, welche das Verfahren mit wirklichen oder scheinbaren Verbrechern bestimmen.

Die österreichische neue Kriminalgerichts-
ordnung, welche unter Josephs II. Regierung
1788. herausgekommen, besitzt die unverkenn-
baresten Vorzüge einer weisen Gesezgebung;
wirkliche Verbrechen müssen weder unentdeckt
bleiben, noch Schuldlose, die Umstände in Verdacht brachten, Opfer werden. Für beides
ist gesorgt. Schwere Verbrechen muß jeder,
der davon Wissenschaft hat, ausser den nächsten Anverwandten, anzeigen; aber allzeit schrei-
tet das Gericht von Amtswegen ein; soll auch
fleißige Nachforschung halten lassen, ohne doch
dabei die häusliche Ruhe zu stöhren; selbst die
Gefangennehmung oder Untersuchungen sollen
bei wirklichem Verdacht mit Schonung und
Bescheidenheit eingeleitet werden. Die Erhebung der That soll schleunig, kurz, doch mit

mög-

möglichster Vollständigkeit geschehen, damit
einerseits die Strafe schnell auf das Verbrechen
folge, und andern theils Schuldlose nicht lange
das Unangenehme des Verhafts oder andern Nachtheil zu erdulden haben. Daher soll auch die Ver-
haftnehmung während Untersuchung nur eine
Versicherung der Person, und mit keinem andern Uibel verbunden werden; und so sollen
auch die Gefängnisse gesund, rein, und überhaupt der Erreichung dieses Entzwecks angemessen seyn. Es soll Ordnung, Anständigkeit
und Bescheidenheit in jedem Betracht beobachtet werden; der Richter selbst soll der eifrigste Vertheidiger der Unschuld seyn; und
darum wird dem Angeschuldeten kein weiterer
Vertretter zugelassen. — Stof zu vielen Ui-
beln, wenn der Kriminalrichter — was oft
der Fall ist — nicht philosophisch denkt. Auf
die Uiberzeugung der That folgt das Urtheil,
welches dem Verurtheilten, wenn es ehebor
von dem Obergericht bestättiget worden, kund
gemacht und gleich vollzogen wird, wenn er

nicht

nicht entweder selbst, oder seine nächsten Ver-
wandten den Rekurs ergreifen, dann in diesem
Fall wird die Vollziehung bis zur Erledigung
des Rekurses verschoben. — Auch wider Flüchtige findet bei schweren Verbrechen das Kriminalverfahren statt, und wird das Urtheil
durch 3. Tage an einem aufgerichteten Galgen
angeschlagen, und durch Zeitungsblätter kund
gemacht; kömmt aber der Flüchtige zurück, so
wird der peinliche Prozeß von neuem vorge-
nommen. Nur bei einem Aufruhr oder bey
überhandnehmendem Rauben, Morden, u. d. gl.
findet das standrechtliche Verfahren nach vorgegangener ausdrücklichen Bedrohung statt;
wobei zwar eine ordentliche, aber doch blos
mündliche, und nur allein die eigentliche That
selbst bestrafende Untersuchung veranlasset, auch
das Urtheil, welches auf den Strang ausfallt,
binnen 3. Stunden unnachsichtlich vollzohen
werden muß.

Die Verbrechen und Strafen selbst werden in Kriminal- und Politische eingetheilt;

auch

auch in Ansehung der leztern ist 1787. eine
eigene Verfahrungsart festgesezt worden. Das
Gesezbuch über Verbrechen und Strafe selbst
hat zwar in jeder Rücksicht Vorzug vor dem
theresianischen und noch ältern Kriminalgesez-
büchern, aber dabei noch immer wesentliche
Mängel. Bei Kriminalverbrechen soll nur die
Bosheit des Thäters, nach diesen aber auch
die Art des Verbrechens selbst der Maaßstab
der Strafe seyn; folglich können Kinder unter
12. Jahren, und Handlungen, bei welchen frei-
er Wille und bestimmtes Bewußtseyn man-
gelte, keine Kriminalverbrechen seyn. Alle To-
desstrafen sind aufgehoben, und nur bei Aufruhr und Tumult wird das standrechtliche
Verfahren und die Todesstrafe mit dem Strang
beibehalten. Die übrigen Strafen sind Gefängnisse von verschiedener Dauer, als Zeitli-
che im ersten Grad von 1. Monat bis 5.
Jahre, im zweiten Grad von 5. bis 8. Jahre.
Anhaltende im ersten Grad von 8. bis 12.
Jahre, im Zweiten von 12. bis 15. Jahre.

End-

Endlich Langwierige im ersten Grad von 15.
bis 30. Jahre, und im Zweiten von 30. weiter fort bis auf 100. Jahre. Verschärfungen
des Gefängnisses sind: öffentliche Arbeit, auch
das Schifziehen in Ungarn, Streiche, Ausstellung auf der Schandbühne, und die An-
schmiedung. Die Grade des Gefängnisses
werden durch eine etwas besser oder schlechte-
re Aezung, schwerere oder geringere Eisen bestimmt, Brandmarkung auf den Wangen findet nur gegen jene Statt, die zum lebensläng-
lichen Gefängniß verurtheilt sind; die geheime
Brandmarkung in den hohlen Leib wird auch
wider Fremde verhängt. Das Vermögen wird
nur im Laster der beleidigten Majestät, im
Landesverrath und Aufruhr konfisziret, Ver-
jährung aber bei Verbrechen jeder Art ist ganz
aufgehoben.

Auch der vorhin gewöhnliche abscheuliche
Gebrauch der Tortur ist bereits unter Marien-
Theresiens Regierung ganz aufgehoben worden.
Aber manche Kriminalbeamten und Bannrich-
ters

ters wissen bisweilen demungeachtet auf dem
Land ganz wohl die Streiche an den Plaz
der Daumschrauben u. d. gl. noch itzt anzu=
wenden. — Freilich wird so was alsdann
nicht in die Verhörsprotokollen eingerückt! —

Allerdings scheinen unsere Strafen ihren
Entzweck, nemlich entweder die Besserung der
Verbrecher, oder ein abschröckendes Beispiel
zu seyn, keineswegs zu erreichen. Ohne in
eine Wiederholung dessen auszuarten, was
schon gelehrte Männer öffentlich darüber ge=
sagt, scheint mir vielmehr die Moralität der
Verbrecher oft dadurch noch verschlimmert
zu werden, da verschiedene immer mitsamm in
einem Kerker sind, und auch den Tag hindurch
aneinander geschlossen ihre Arbeiten verrichten,
wo folglich der grössere Bösewicht den kleinern
mehr verführt. — Es giebt häufige Beispiele,
daß kleine Schurken erst in ihrem Verhaft zu
Grossen geworden sind — auch die Strafen
selbst sollen mehr der Beschaffenheit der Per=
sonen, und dem Entzweck der Strafen ange=
mes=

meſſen ſeyn. Wenn die Strafen blos Züchti-
gungen ohne weiterer Abſicht ſind, ſo iſt es
Rache, und die ſoll die Geſezgebung ja nicht
ausüben. Eine Gleichheit der Strafe wird
nur erreicht, wenn zugleich auf alle Situazi-
onen der Perſon und der Beſchaffenheit der
That geſehen wird. Es giebt häufige Fälle,
wo ein und dieſelbe Züchtigung ähnlicher Verbrecher nichts weniger als Gleichheit der Be-
ſtrafung war.

Verbrechen, worauf der höchſte Grad
der Strafe geſetzt iſt, ſind: das Laſter der
beleidigten Majeſtät; Landesverrath; Verfäl-
ſchung der Staatspapiere; Meuchelmord und
Raubmord. Mit langwierigem Gefängniß im
erſten Grade werden beſtraft: gemeiner Mord
und Zweikampf von Seite des Ausforderers,
und Menſchenraub. Anhaltendes Gefängniß
im zweiten Grad iſt beſtimmt, auf falſche
Münzprägung, Weglegung eines hilfloſen Kindes, und der deswegen erfolgte Tod deſſelben,
dann Brandlegung von nachtheiligerem Erfolg;

fer-

ferner werden Mißbrauch des obrigkeitlichen
Amts; Nothzucht; Betrug von grösserem Be-
lang, und Diebstahl mit sehr erschwerenden
Umständen, mit anhaltendem Gefängnisse im
ersten Grade bestraft; zeitliches Gefängniß im
ersten und zweiten Grad sind auf andere Verbrechen gesezt; als wirkliche und schriftliche
Majestätsbeleidigung, unerlaubte Münzprägung,
Hilfleistung zur Entweichung der Verbrecher,
Zweikampf, wenn entweder kein Theil geblieben, oder wenn der Uiberlebende der Ausgefor-
derte ist. Die Abtreibung, boshafte Ver-
wundung, Verstümmlung, Verläumdung, boshafte Entführung einer Weibsperson; unbe-
rechtigte Gefangenhaltung, Betrug, Diebstahl,
und zweifache Ehe nebst einigen andern.

Der versuchte Selbstmörder wird zwar
nicht eigentlich bestraft, aber doch so lang im
Gefängniß erhalten, bis er von den Pflichten
seiner Erhaltung überzeugt ist.

Die Strafen politischer Verbrecher sind:
Gefängniß zeitliches von 1. Tag bis 1. Monat,

nat, und Anhaltendes von 1. Monat bis 1. Jahr. Dann öffentliche Arbeit, Streiche, Ausstellung auf der Schandbühne, und Abschaffung aus einem gewissen Ort. Und nach diesem werden alle politische Verbrechen, nemlich Uibertrettungen der Sanitätsgeseze, kleine Diebstähle unter 25 fl., falsche Spiele, Verkauf einer Waare über die bestimmte Taxe; Pasquillen; und andere Verbrechen, die zum Verderbniß der Sitten führen, oder wodurch das Vermögen oder die Rechte der Mitbürger gekränkt werden, behandelt. Gotteslästerung wird mit dem Tollhaus, verbothenes Spiel mit dreihundert Dukaten, und Ehebruch nur allein auf Ansuchen des beleidigten Theils als ein politisches Verbrechen gestraft.

In den österr. Niederlanden bestehen noch die meisten alten Blutgeseze, und es sieht überhaupt mit dem Kriminalverfahren äusserst traurig aus. Landesverräther kann daselbst nicht einmal der Regent begnadigen.

t   V.

V.

Politische Landesstellen.

Die untersten politischen. Stellen sind: die
Werbbezirks oder Polizei Kommiſſariaten,
welche faſt allezeit von herrſchaftlichen Wirth-
ſchaftsbeamten beſorgt werden. Daher ja nicht
die größte Genauigkeit und Unpartheilichkeit in
den Geſchäften zu erwarten iſt.

Die Kreisämter, in Ungarn Komitats-
ämter, haben die Aufſicht über die Werbbezirke. In jedem der im Eingang benannten
Kreiſe beſteht ein ſolches Amt mit einem
Kreishauptmann, einigen Kreiskommiſſärs,
einem Arzt, Wundarzt, Hebamme, und dem
weitern Perſonale. Die Kreisämter haben
alle politiſchen Gegenſtände zu beſorgen; daher
ſind die Kreiskommiſſärs verbunden, jährlich
ihre beſtimmten Diſtrikte zu bereiſen, und ihre nach gewiſſen Fragen gemachten Bemerkungen dem Kreishauptmann zu übergeben; ohne
aber das Unvollſtändige und Unſiſtematiſche

Die-

dieser Fragen und Instrukzionen selbst zu rü-
gen; so pflegen einige Kreisbeamten entweder
sich bei den Herrschaftsvorstehern wohl be-
wirthen zu lassen, und folglich etwas durch
die Finger zu sehen, oder die Untersuchung
artet im Gegentheil in blosse Nekereien aus,
mithin scheint selten der vorgehabte Entzweck
genugthuend erfüllt zu werden; endlich werden
die Fragen manchmal von den Herrschafts-
beamten so willkührlich und unächt beant-
wortet, daß man sich ja nicht immer das
Verläßigste versprechen kann; den Kreisämtern sind jezt die Kreiskassen und Schulkom-
missariaten eingeschlossen.

Sämmtliche Kreisämter stehen unter den
höheren Landeskollegien, welche entweder Lan-
desregierung oder Gubernium heissen.

Gubernien sind für Steyermarkt, Kärnten und Krain zu Graz; für Triest und Görz
in Triest; für Tirol in Innsbruck; für Böhmen zu Prag; für Mähren und Schlesien
zu Brünn; für Gallizien zu Lemberg, und

t 2 für

für die Lombardei zu Mailand; Langesregie-
rungen sind im Lande unter der Enns zu
Wien, im Lande ob der Enns zu Linz, und
in Vorderösterreich zu Freiburg. In den Niederlanden ist ein Generalgouvernement und
das Kollegium des geheimen Raths, wobei
der Staatssekretär eine der wichtigsten Personen, der nicht nur in den Generalversam-
lungen die Protokolle unterfertiget, sondern
auch die wichtigste Korrespondenz führt. In
den besondern Provinzen sind Provinzialkolle-
gien. In Ungarn ist eine königl. Statthalterei,
und in Siebenbürgen ein Gouvernement.

Diese Kollegien haben die Besorgung über
die Vollziehung der landesfürstlichen Verordnungen im politisch - und geistlichen Fache;
weswegen sowohl eigene geistliche Kommißio-
nen, als auch besondere Polizeidirektorien damit vereiniget sind.

Auch die sogenannte Landschaft in jeder
Provinz, welches Kollegium aus dem Aus-
schuß der Stände besteht, sind politische Stellen,

len, in so ferne sie die Oekonomie, die Behebung der Landeseinkünfte, und die Revision der Rechnungen zu besorgen haben.

Sämmtliche Landeskollegien in den österr. Staaten, mit Ausnahme der Niederlande, Ungarn, Siebenbürgen und Mailand unterstehen der vereinigten böhmisch = und österr. Hofkanzlei in Wien. Sie hat für alle übrige Länder die Oberaufsicht, in Polizei, Toleranz, Finanz und Kommerzsachen. Theile derselben sind; die geistliche Hofkommißion; die Mildestiftungskommißion; die Studienkommißion; die Robathaufhebungskommißion, und die sämmtlichen Staatskassen, welche unter dem Artikel Finanz vorkommen. Für Ungarn und Siebenbürgen besteht eine eigene Hofkanzlei in Wien.

VI.

Justizstellen.

Die untersten Justizstellen sind entweder unadeliche, oder adeliche; die unadelichen sind die Magistrate landesfürstlicher

Oerter und die gewöhnlichen Ortsgerichte,
welche den Güterbesitzern gehören. Unter diesen stehen alle unadeliche Innwohner, wenn
sie nicht etwa Besitzer ständischer Gülten oder
Militärspersonen sind; folglich unterstehen auch
dermal der Klerus dem ordentlichen Gerichts-
stand.

Diese Ortsgerichte haben eigentlich den
Namen Untergerichte; und es soll zwar bei
jedem ein in Pflicht genommener und bestät-
tigter Rechtsverständiger als Justiziar seyn;
jedoch wird von dieser Regel sehr abgegan-
gen, und nicht nur Leute sind als Ortsrich-
ter hin und wieder angestellt, die weder auf
einer erbländischen noch auf einer auswärtigen
Universität über die Rechtswissenschaft geprüft sind; sondern die auch bei jedem Vor-
fall ihre gänzliche Unwissenheit im Rechtsfache
auffallend bewiesen haben. Folgen davon sind,
daß mancher Justiziar bei dem starken Gefühl
eigener Unfähigkeit genöthiget ist oft von den
Partheivertrettern selbst in ihrer Sache die
Urtheile verfassen zu lassen. — — —

Bei den Magistraten besonders in den Hauptstädten ist die Rechtspflege besser einge- richtet. Es fehlt aber auch nicht an Beispie- len sehr unordentlicher Vorgänge. —

Wenn der Gegenstand des Streites wich- tig genug ist, und sich ein Theil mit dem Spruch des Untergerichts beschwert findet, so kann er an das Obergericht appelliren, welchem das Ortsgericht untergeordnet ist.

Das adeliche Gericht in Zivilsachen sind die Landrechte und adelichen Justizadminiſtra- zionen, welche leztere gemeiniglich mit einem Kreisamt vereiniget sind ; dieser Gerichtsbar- keit untersteht nicht nur der Adel überhaupt und alle Besitzer ständischer Gülten, sondern auch die landesfürstlichen Ortschaften, Stif- ter und Klöſter, das Fiskalamt, landesfürſt- liche Lehensſachen, ſondern auch die Fidei- kommißgeſchäfte und die ottomaniſchen Unter- thanen.

Dergleichen adeliche Gerichte ſind in Wien, Linz, Gräz, Laibach, Trieſt, Inns-

t · 4 bruck

bruck, Freiburg, Prag; Brünn und Lemberg.
Adeliche Justizadminiſtrazionen ſind in Klagenfurt, Görz und Bozen.

In Ungarn ſind die unadelichen Gerichte
die königl. Freiſtädte, und die Herrenſtühle.
Adeliche Gerichte ſind in Ungarn die Diſtrik-
tualtafeln zu Günns, Tirnau, Debrezin und
Eperies, und in Kroazien zu Agram.

In Kriminalfällen unterſteht jeder adeliche und unadeliche nur mit Ausnahme des
Militärs dem bürgerl. Gericht entweder bei
einem Magiſtrat, oder wenn auf dem Lande
mit einem Zivil auch ein ſogenanntes Land-
gericht vereint iſt. Nur pflegen vor der Ver-
urtheilung jene entadelt zu werden, denen ſel-
ber eigen geweſen. Es iſt zwar ſchon lang
der Antrag: daß in jedem Kreiſe ein eigenes
Kriminalgericht ſollte errichtet werden, ſolches
iſt auch ſchon hin und wieder im Lande ob
der Enns, in ganz Böhmen, u. ſ. f. eingerichtet; und die ähnliche Verfügung wäre un-
ſtreitig auch in allen übrigen Provinzen der

bis-

bisherigen Verfassung bei weiten vorzuziehen;
dann obschon die Kriminalprozesse von eigens
beinahe in jedem Kreise aufgestellten Banrich-
tern formiret, und von eben demselben, doch
selten auch Kerkeruntersuchungen veranlaßt
werden, so werden doch die Gefangenen gemeiniglich von den Landgerichtsverwaltern im
übrigen so wenig Vorschriftmäßig behandelt, und mit selben so eigenmächtig und willkührlich umgegangen, daß die Absicht der
Strafgeseze gänzlich vernichtet wird, indem
sie oft aus leidenschaftlichen Absichten zu streng,
oft zu gelind behandelt werden; Ich weiß
Beispiele: daß nicht allein schwere Verbrecher
zu Privatgeschäften der Beamten verwendet,
sondern sogar Bothenweis in fremde Bezirke
und Länder geschikt wurden. — Noch mehr
verdiente das Kriminalverfahren in den Niederlanden eine wesentliche Verbesserung, indem einerseits Delinquenten allda von 7. un-
gelehrten Schöppen verurtheilt werden, und
nur der Kriminalprozeß von zween abwesen-

den

den dazu bestellten Advokaten revidirt wird,
andern theils der Grundherr die Prozeßunkö-
sten tragen muß, und solche daher nach Möglichkeit beseitiget.

Andere Justizstellen, denen nur in Ansehung gewisser Sachen Gerichtsbarkeit zusteht,
sind ausser den Militärsgerichten, von welchen
in der Folge vorkömmt, und Konsistorien in
blos geistlichen Sachen noch.

Die Berggerichte, welche erst unter Joseph II. 1781. neu reguliret wurden; dahin
gehören alle Streitigkeiten welche den Bergbau
betreffen, oder dahin einen unmittelbaren Bezug haben, was andere gerichtliche Verhandlungen, die nur die Bergbeamten selbst angehen, betrift, so sind sie von dem gewöhnlichen Richter zu besorgen. Berggerichte befinden sich im Lande ob der Enns zu Steyer;
In Steyermark zu Eisenärz für den Inner-
berger, und zu Vordernberg für den Vorder-
berger Bezirk; In Kärnten ist ein Bergericht
zu Klagenfurt; In Krain und Görz zu Jdria;

In

In Tirol zu Schwaz; In Vorderösterreich zu Freiburg, und in Böhmen zu Joachimsthal, Przibram und Kuttenberg, dieses auch über Mähren und Schlesien.

Dem Merkantil und Wechselgerichte sind alle Handlungs und Wechsel Geschäfte, dann jene Personen, die sich durch befugte Ausstellung eines Wechsels ausdrücklich demselben unterwerfen, untergeordnet. Derlei Wechselgerichte bestehen fast in allen ansehnlichen Handelsstädten der deutschen, gallizisch und italienischen Erbländern, und sind auch manchmal mit den Migistraten vereinigt. Die Fristen sind in Wechselgeschäften allzeit viel kürzer als sonst.

In den Niederlanden haben Wechselbriefe keine andere Kraft, als andere Schuldanweisungen.

Von allen diesen Untergerichten geht die Appellazion an gewisse Oberappellazionsgerichte, derer sind zu Wien für Niederösterreich, zu Klagenfurt für Innerösterreich und Tirol;

zu

zu Freiburg für Vorderöfterreich ; für Böh-
men in Prag; für Mähren und Schlesien in
Brünn; für Gallizien in Lemberg.　In den
Niederlanden wird von den Untergerichten an
die Provinzialhöfe von Brabant, Flandern,
Hennegau, Luxemburg und Namür appellirt.
Und in Ungarn ist die Appellazionsstelle die
königliche Tafel.

Nur allein die Wechselgerichte zu Triest
und Bozen haben　eben daselbst eigene zwote Instanzen.

Die Appellazionsgerichte haben die Macht
nicht　nur　die　ordentliche　Strafe　der
Verbrecher bei schon bestimmten Umständen zu
mildern, sondern sie können auch　nach Ver-
lauf der halben Zeit die andere Hälfte der
Strafe nachsehen.　Bei politischen Verbrechern ist die Befugniß der politischen Stelle
eingeräumt; ja es darf ohne kreisämtlicher
Genehmigung kein politischer Verbrecher weder aus einem Ort verwiesen, noch auf die
Schandbühne gestellt, noch　mit　Streichen
gezüchtiget werden.

Das höchste Tribunal über alle Unter-
und Obergerichte in den deutschen und pohlnischen Erbländern mit Ausnahme der Niederlande ist die oberste Justizstelle in Wien,
welche aus der Grundverfassung Oesterreichs,
daß von den Landesgerichten an kein auswär-
tiges Reichsgericht appellirt werden darf, ihren Ursprung hat. Der Revisionszug wird
also in allen Fällen dahingenommen. In den
Niederlanden ist der höchste Tribunalhof zu
Mecheln; und für Ungarn ist es die sogenannte Septemviraltafel zu Ofen.

Fünfter Abschnitt.
Staatsämter.

I.

Staatsrath.

Dieser wurde unter der Regierung Marien Theresiens schon im Jahr 1761. errichtet, und selbem die Besorgung des ganzen Innern der Monarchie übergeben. Der Staatsrath hat eigentlich keine Expedizion, aber die Kontroll und die allgemeine Aufsicht über die innern Staatsangelegenheiten nach allen ihren Theilen. Der Hof und Staatskanzler hat auch hier den Vorsiz; von den übrigen dabei angestellten Ministern und Staatsräthen soll keiner eine andere Bedienstung zugleich mit versehen.

II.

II.

Geheime Hof = und Staatskanzlei.

Die eigentlichen und auswärtigen Staatsangelegenheiten werden durch diese geheime
Hof = und Staatskanzlei besorget. Sie giebt
allen österreichischen Gesandten an fremden
Höfen ihre Instrukzionen, erhält ihre Berich-
te, und führt mit den am hiesigen Hof akkre-
ditirten Gesandten und fremden Ministern die
Geschäfte sowohl in Staatsangelegenheiten als
auch in Privatgeschäften der Unterthanen in
fremden Ländern. Ausser diesen werden von
hier aus die Korrespondenzen mit auswärtigen
Höfen besorgt. Die Dekreten der erhaltenen
geheimen Rathswürde, u. m. dgl. ansgeferti-
get. Dieses Departement steht unter dem
Hof = und Staatskanzler, nach welchem der
Staatsvizekanzler folgt. Es werden keine ordentliche Sizungen gehalten, sondern die Räthe übergeben ihre Voten schriftlich. Die
Niederländer und Mailändergeschäfte werden
eben-

ebenfalls hier behandelt, und haben ihre eigene der Staatskanzlei unnmittelbar unterste-
hende Departemente.

Oesterreich hält an allen grösseren Europäischen Höfen Gesandte, Ministers, Charges d'Affairs oder Residenten, welche die
nöthigen Staatsunterhandlungen zu betreiben
haben. Dergleichen sind nemlich: Gesandte
am königl. preußischen Hofe; bei der allgemeinen Reichsversammlung zu Regensburg,
sowohl einer von Seite Böhmen als auch ein
zweiter als burgundischer Gesandte; am chur-
sächsischen Hofe; ferner an den Höfen zu
Koppenhagen, Stokholm, Petersburg, War-
schau, Venedig, Turin, Neapel, Madrit,
Versaille, St. James; in Holland und Grau-
binden in der Schweiz; bevollmächtigte Ministers sind in Bayern, Mainz und oberrheinischen Kreis; in Malta, Portugal, in Rom;
im niedersächsischen Kreise; und bei dem her-
zoglich- sächsischen Hause Ernestinischer Linie;
beim schwäbisch- und fränkischen Kreise; in der
Tür-

Türkei zu Konstantinopel, und beim westphä-
lischen Kreise.

Endlich sind Residenten in Bremen, Köln,
Frankfurt am Mayn, und zu Basel in der
Schweiz.

Wechselseitig befinden sich an dem Hof
zu Wien nicht nur Gesandte von allen obigen Höfen, sondern auch andere Residenten,
Charges d'Affairs und Agenten, sowohl von
allen Reichsfürsten, als auch von minderen
reichsgräflich- und freiherrlichen Familien.

Mit der geheimen Staatskanzlei ist endlich auch das geheime Hofarchiv vereiniget.

III.

Staatsbeamte.

Wenn es schon zwar traurig ist, daß manche untere Stellen, ja selbst solche, die auf
das Glück der Unterthanen vielen Einfluß haben, bisweilen mit sehr unwürdigen Geschöpfen besezt sind, so ist doch dieses seltner als

u   in

in allen anderen Staaten von ungleich gerin-
gerem Umfange, und die kluge Wachsamkeit
der höhern Stellen verhütet meistens die nachtheiligen Folgen einer üblen Verwaltung bei
den Untergerichten. Ja im Gegentheil besizt
noch Oesterreich sicher die größte Anzahl der
fürtreflichsten Staatsbeamten; fast in den meisten höhern Stellen sind die auserlesensten
Männer, die sich sowohl von Seite ihrer
Sittlichkeit als auch ihrer ausgebreiteten Kenntnisse auszeichnen. Es scheint allerdings: daß
um brauchbare Staatsbeamte zu erhalten, und
auch immer die tauglichsten kennen zu lernen,
besonders dienlich seyn würde, wenn man die
sich dem Staate auf diese Art widmen wollen-
de, bei den Stellen durch einige Zeit als sogenannte Auskultanten, (wie es ohnehin
wirklich bei einigen Rathsstellen gewöhnlich
ist —) verwendete, und nicht allein sie zum
kopieren, sondern auch vorzüglich zu solchen
Geschäften, die künftig ihre Bestimmung seyn
sollten, anhielt — dann es kann einer die

Lek-

Sekzionen seines Lehrers ganz wohl auswen-
dig wissen, und damit auch bei den Konkur-
sen und Prüfungen sehr wohl bestehen, ohne
deswegen ein tauglicher Beamter zu seyn. —
Ich weiß mehrere solche Beispiele — hingegen
erhält man auf jene Art nicht nur nähere
Kenntnisse von der Anwendbarkeit, sondern
auch von der Moralität der Kanditaten zu
den Gerichts- und Staatsämtern.

An der Spize der obersten Staatsämter
ist der grosse Fürst v. Kauniz unstreitig einer
der weisesten und größten Minister, dessen
Ruhm unsterblich, und dessen Verdienste um
die österr. Monarchie ewig unvergeßlich seyn
werden.

Unter den anderen höheren Staatsbeamten will ich nur mit Uibergehung mehrerer
eben so Verdienstvoller wegen Enge des Raums
anführen den Fürsten v. Stahremberg, den
verstorbenen Fürsten v. Fürstenberg in Böhmen, zween Grafen v. Kobenzel, die Grafen
v. Kothek, Kolowrat, Karl Palfi und Kau-

niz, Freiherrn v. Reischach, die Grafen von
Sinzendorf, Breuner, Khevenhüller und Per-
gen, Ministers, welche der adeliche Eifer für
das Wohl des Staats, Gerechtigkeit und
wahre Seelengüte karakterisiren. Auf diese
folgen der seel. Freihr. v. Gebler, der gelehrte
Freihr. v. Martini, k. k. geheime Räthe. Endlich die Hofräthe von Born, Sonnenfels,
Spielmann, Freihr. v. Weber, v. Bekhen,
v. Schmid, v. Puchberg und v. Greiner mit
vielen andern, die wegen ihrer Redlichkeit,
Einsicht, Treue und patriotischen Gesinnungen die Hochachtung der Nazion mit Recht
verdienen.

Sechster Abschnitt.
Kriegsmacht.

I.
Anzahl, Gattung, und Stärke.

Oesterreich hat eine sehr starke beständige Landmacht, die sich in Friedenszeiten über 270,000. Mann erstreckt; in Kriegszeiten hingegen über 350,000. Mann gemeiniglich vermehrt wird; Und diese Vermehrung kann ohne sehr beträchtlichem Nachtheil des Staats auch bis über 400,000. Mann geschehen.

Der sogenannte Militärstand wird in Fußvolk, in Reuterei, in Artillerie und einige andere Korps eingetheilt; sonst aber auch in Regimenter, und diese in Bataillons, Divisions und Kompagnien bei der Infanterie, in Eskadrons aber bei der Kavallerie untergetheilt. Bei jedem Infanterieregiment sind noch 2. Kompagnien Grenadiers, und bei jeder Kompagnie Infanterie ist ein Fähnrich, ein Unterein Oberlieutenant und ein Hauptmann. Das ganze Regiment aber steht unter einem zweiten und einem ersten Major, einem Oberstlieutenant, und einem Oberst, welcher Regimentskommandant ist.

Ein General ist gemeiniglich Proprietär, von dem das Regiment den Namen hat, und von welchem die Beförderungen bis zum Hauptmann abhängen; die höheren Anstellungen pflegt der Monarch zu bestimmen. Die Inspekzion über die gesammte Armee ist unter sehr vielen angestellten Generals eingetheilt. Die Ränge der Generalität folgen also auf einander: Generalmajors, Feldmarschalllieutenants, Feldzeugmeisters, Generals der Kavallerie, und Feldmarschalls.

Gegenwärtig besteht die österr. Kriegsmacht in Friedenszeiten aus

3. Garnison Regimentern.

17. Grenz Regimentern.

57. Andere Regimenter Infanterie, worunter 11. ungarische, 4. niederländische, und

2.—

2. italieniſche Hausregimenter ſind, und die alle zuſammen aus mehr als 200,000. Mann beſtehen.

2. Karabinier Regimenter.

9. Kürraßier Regimenter.

7. Dragoner Regimenter.

6. Chevcauxlegers Regimenter, deren jedem ein paar Eskadrons Uhlanen mit Piken zugetheilt ſind, dann

9. Regimenter Huſſaren, mithin zuſammen 33. Kavallerie Regimenter mit 43000. Mann.

3. Artillerie Regimenter, beſtehen aus 8000. Mann.

1. Ingenieurskorps,

1. Sehr ſtarkes Fuhrweſenskorps.

1. Battaillon Pontoneurs, und

1. Bataillon Tſchaikiſten oder Schiffſolda-ten auf der Donau.

In Kriegszeiten werden verſchiedene Frei-korps zu Fuß und zu Pferd errichtet.

See-

Seemacht hat Oesterreich noch keine, aber die beste Anlage und viele Vortheile zu ihrer Errichtung. Ausser einigen Kutters im Adriatischen Meere und einer kleinen Donau Flotille, bestehen keine sonstigen grossen Kriegsschiffe.

Oesterreich hat übrigens verschiedene fürtrefliche Festungen, als in Niederösterreich Wien; In Innerösterreich Grätz; In Oberösterreich Kufstein, Schärniz, Ehrenberg, und die festen Pässe Koffel, die Lienzer Klause und Beitelstein; In den Niederlanden das Schloß zu Antwerpen und einige kleine Befestigungen an der Schelde. Die Hauptfestung Luxemburg und Namür, nebst einigen minder wichtigen. In Böhmen, Prag, Pleß, Theresienstadt, zwo neue Festungen, Königgraz und Neu-Pilsen. In Mähren vorzüglich Olmüz, auch einigermassen Brünn. In Ungarn ausser denen neu eroberten Ofen, Temeswar, Neu-Arad; die Unterhaltung der Festungswerke zu Raab, Komorn, Kaschau

und

und Szegedin wird nicht mehr fortgesezt; und
die einigermaffen befestigten Schlöffer zu Neu-
tra, Trenschin, Gran, Szigeth, Forchten-
stein und Huszth. In Kroazien Karlstadt,
Warasdin, und die festen Plätze Bellovar und
Kaprocza. In Slovonien Effek, Peterwar-
dein und verschiedene andere befestigte Oerter.
In Siebenbürgen Hermanstadt, Klausenburg
und verschiedene befestigte Schlöffer, an den
Päffen gegen die Wallachei und Moldau.
Endlich in der Lombardei Mantua, Alexandria,
Navara, und Fort de Fuentos, dann die fe-
sten Schlöffer bei Mailand, Cremona und
Lodi.

Die österr. Miliz hat dermal in Rücksicht
der Waffenübungen wenigstens mit der Preußischen gleiche Behendigkeit und Geschicklich-
keit. Die Artillerie hingegen behauptet vor
allen übrigen den entscheidendesten Vorzug.

Oesterreich hatte auch von jeher grosse
Generals gehabt: Prinz Eugen von Savoyen,
Daun, Khevenhüller, Nadasti, Fürst Wenzel
Lich-

Lichtenstein und Hadik haben sich nebst andern
grossen Heerführern, die vor und mit ihnen
lebten, als die vorzüglichsten Helden unsterblich gemacht. Und eben so haben die größten
der noch lebenden Helden Freiherr v. Loudon,
die Prinzen v. Koburg und Hohenlohe sich
durch die glänzendsten, ruhmvollsten Thaten
ausgezeichnet, die noch die späte Nachwelt
staunend bewundern und die Namen der ersten
Helden mit Ehrerbietung aussprechen wird.
Einer der größten Strategisten ist der verdienstvolle Graf v. Laszi.

Nicht minder haben den edelsten Helden-
muth ferner bewiesen die Generals Grafen
v. Wurmser, Brown, die Freiherren v. Ka-
raiczay, Spleni, de Vins, u. m. a.

Der gelehrte Graf v. Kinsky, Oberstlieutenant v. Lindenau, Major v. Zach, und
Hauptmann Bourscheid haben über die Kriegs-
kunst und den Militärsdienst geschrieben.

Es giebt auch verschiedene Militärische
oder Kadetenschulen, wovon eine der vorzüg-
lich-

lichsten zu Wienerisch-Neustadt ist, aus welcher beinahe die halbe Armee mit den tüch-
tigsten Offiziers versehen wird.

Uiberhaupt trift man unter den österr.
Offiziers die größte Anzahl der solidesten
und rechtschaffensten Männer an.

II.
Aushebung und Werbungen.

Alle deutschen und gallizischen Staaten mit
Ausnahme von Tirol und den Niederlanden
sind in gewisse Regimentskantons eingetheilt,
welche aus mehreren Werbbezirken bestehen.
Aus diesen den Infanterie Regimentern ange-
wiesenen Distrikten wird durch Aushebung der
Abgang wieder ersezt. Von der Aushebung
aber sind befreit der inn- und ausländische in
den österr. Staaten befindliche Adel; die Söhne der Honorazioren; die einzigen Söhne oder
der Erbsohn der angemessenen Bürger und
Bauern; das bei den Fabriken und andern
Kommerzialgewerben angestellte nöthige Per-
so-

sonal und andere. Die Aushebung selbst geschieht durch die Werbbezirkskommissärs und bisweilen sehr willkührlich und drückend, Fremde und obenbenannte Eximirte höheren Standes können freiwillig Kriegsdienste nehmen
und sich ein Korps wählen.

Die Auditeurs bei den Regimentern werden von dem Hofkriegsrath aus eigends ge-
prüften und hiezu gemeldeten Individuen gewählt; die Feldpredigers aber von dem Bischof zu St. Pölten angestellt. Die Feldchy-
rurgen endlich, nachdem sie bei dem Militär-
spital in Wien unterrichtet und geprüft worden, werden von da aus zu den Regimentern
abgegeben.

Nur Fremde können sich auf eine gewisse
Zeit engagiren, und erhalten dann, wann inzwischen kein Krieg ausbricht, ihren Abschied
ohne alle Schwierigkeit, bei der jährlichen
abgehalten werdenden Musterung. Aber auch
Einheimische bekommen ihre Entlassung, so
bald sie ein steuerbares Gut oder Gewerb an-

tretten. Die Oberoffiziers, wie auch die Ka-
deten, welche gemeine und Unteroffiziersdienste
verstehen, können allzeit ungehindert austret-
ten. In Friedenszeiten erhalten Inländer ganz
leicht Urlaub auf verschiedene Zeit, ja auch
auf 10. Monate, nemlich von einer Exerzierzeit
bis zur andern; zur Kavallerie werden die
nöthigen Leute aus verschiedenen Kantons ja
auch von den Infanterie Regimentern ausge-
hoben; eben das leztere geschieht auch in
Ansehung der Artillerie.

III.

Kriegsdirektorium und Kriegsge-
richte.

Alle Geschäfte in Kriegsangelegenheiten oder
was den dazugehörigen Personalstand betrift,
stehet unter dem in Wien angestellten Hofkriegsrath, an dessen Spize ein Präsident,
und gewöhnlich 10. Hofkriegsräthe als 3. Generals und 7. aus dem Zivilstand sind. Diesem Hofkriegsrath, welcher unmittelbar unter
dem

dem Monarchen steht, sind untergeordnet, die
sämmtlichen Generalkommandanten oder Ge-
neralinspekteurs in den Provinzen, welche daselbst die Aufsicht über das Militär haben.
Dann sämmtliche Regimenter. Die Ober-
und Kriegskommissariaten, welche die Regi-
mentsökonomie zu übersehen haben. Das Ge-
neraldirektorium über das Fortifikazionswesen,
Ingenieurs und dahin gehörigen Personal;
Die Feld und Hausartillerie, Zeugämter. Die
Verpflegsämter, Kriegszahlamt, und Mon-
turskommißion. Das Fuhrwesenkorps. Das
Oberstschifamt. Gewissermassen auch die Garden. Das Invalidenamt; Die Kriegsakade-
mie. Und das Konsistorium, wovon der Bischof in St. Pölten Präses ist.

Die Militärgerichte bestehen erstens: in
Regimentsgerichten, welches bei jedem Regiment gehalten wird, und wovon der Kom-
mandant das Haupt ist; der Auditor aber,
welcher ein Rechtsverständiger seyn muß, eigentlich die Gerichtsbarkeit ausübt.

Die-

Diese Gerichtsbarkeit erstreckt sich nicht
nur über alle Zivilsachen, sondern auch über
alle und jede Kriminalfälle, welche auf den
Militärsdienst Beziehung haben. Als die Be-
strafung der Deserteurs und Spionen, dann
der subordinazionswidrigen Handlungen; Ver-
nachläßigung der Dienstpflichten u. d. gl.

Die Strafen sind gemeiniglich Arrest,
Stockstreiche, Spizruthenlaufen, der Strang
und die Arquebusade oder Erschiessen, nach
Verschiedenheit der Verbrechen und Umstände.
Bei Staabsoffiziers wird das Urtheil, welches
von fremden Beisitzern gefället werden muß,
bei offnen Thüren und Fenstern publizirt.
Alle Kriegsgerichter sollen mit 14. Personen
besezt seyn, nemlich dem Präses, dem Auditor und 12. Beisizern. Aus jeder Klasse vom
Hauptmann an abwärts überall zween Indi-
diduen. In Zivilprozessen wird sich nach der
allgemeinen Gerichts und Konkursordnung benommen. Nur ist bei Streitigkeiten kein
Rechtsfreund erforderlich; es wird meistens
münd-

mündlich verfahren. In Schuldsachen findet
kein Personalarrest statt. Die Real-rekuzion
geschieht mit Verbot auf den Gehalt u. s. w.

Für die nicht bei Regimentern angestellten Militärpersonen und die Generals, Oberste
und auch für die von ihren Regimentern ent-
fernte Offiziers, bestehen zur Verhandlung der
Ziviljustizgeschäfte eigene judicia delegata mi-
litaria mixta; dergleichen sind in Wien,
Gräz, Prag, Brünn, Lemberg, Agram und
Hermanstadt.

Der Hofkriegsrath ist endlich in allen
Fällen das Oberstjustizrevisorium für das Militär; besonders aber in Nullitätsklagen; dann
in Klagen wegen partheiisch - oder verdächtiger
Richter, und wegen versagten oder verzöger-
ten Recht.

Den Militärsgerichten unterstehen nicht
nur alle Militärsindividuen und Garden; sie
mögen in wirklichen Diensten stehen, oder
pensionirt oder mit Beibehaltung ihrer Charge
ausgetretten seyn; sondern auch die Offiziers-

frauen

frauen, Wittwen, minderjährigen Kinder und
Bediente, in so ferne es Personal oder Mili-
tärsgegenstände betrift, die Militärchyrurgen
und alle Gattungen dazugehöriger Profeßioni-
sten so lange sie nicht Bürger sind; fremde
Soldaten und Offiziers, und das Hoffriegs-
rathpersonale vom Zivilstand unterstehen aber
den andern ordentlichen Gerichten.

Siebenter Abschnitt.
Finanzzustand.

I.
Einkünfte.

Oesterreich ist einer der reichsten Staaten in Europa. Es bezieht jährlich sehr beträchtliche und sichere Einkünfte, die sich bis 90'000,000. Gulden erstrecken sollen; ganz leicht aber auch auf eine höhere Summe gebracht werden können; zu diesen Einkünften tragen bei:

Das Land unter der Enns　15'000,000.

Das Land ob der Enns　.　3'000,000.

Steyermark　.　.　.　.　.　.　5'000,000.

Kärnten　.　.　.　.　.　.　.　2'000,000.

Krain mit Triest und Görz　3'500,000.

Tirol　.　.　.　.　.　.　.　.　4'000,000.

Vorderösterreich　.　.　.　.　2'500,000.

Die Niederlande höchstens　.　7'000,000.

Böhmen　.　.　.　.　.　.　.　14'000,000.

Mäh-

Mähren und Schlesien . . 6'000,000.
Gallizien mit der Bukowine bei 4'000,000.
Ungarn mit Slavonien und
   Kroazien über . . . . . 18'000,000.
Siebenbürgen über . . . 3'000,000.
Die Lombardei . . . . . . 3,000,000.

Die Gegenstände der Abgaben sind Grund und Boden, und was darauf vorkommt oder gebaut wird; als Getraid und Gartenfrüchte, Handelskräuter, Waldungen, dann die Teuche und Flüsse wegen den Fischereien, Mühlen und Uiberfuhren. Andere Einkünfte werden gezogen aus den verschiedenen Mäuten, von Bergwerken, die Akziße von Nahrungsmitteln, von Häusern, von Kommerzialnahrung und Gewerben, von Gerichtstaxen als Abfahrtsgeld u. d. gl. von der Post, vom Stempel des Papiers, der Karten, und der fliegenden Blätter, Daz- und Musik-Impost, von den Zöllen und der Lotterie, von den Staatsgütern und mehr anderen Gegenständen.

In Bezug auf diese Quellen der Staats-
einkunfte, wird von selben eingebracht.

An Kontribuzionen . . . . 33'000,000.

Salzgefälle, Bergwerke, und

   Münz . . . . 24'000,000.

Konsumzions oder Taback-

   gefälle . . . . 9'000,000.

Daz . . . . 1'000,000.

Zoll, Mäute und Weggefälle 8'500,000.

Schulden- und Pferdsteuer . 1'500,000.

Arrhaabzüge, Quinquenalkollek-

   te und verschiedene andere

   Taxen . . . . 5'000,000.

Post und Stempel . . . 2'000,000.

Kammergefälle . . . . . 6'000,000.

II.

Phisiokratisches System.

Gleichheit und Ellenmaaß in der Versteu-
rung einzuführen, einen einzigen Gegenstand
zu finden, der alle Staatsbedürfnisse tragen

soll

soll — und kann — ist wirklich eine der herrlichsten Jdeen ; nur Schade daß nicht auch
ihre Realisirung so ganz leicht möglich oder
wenigstens nützlich ist.

Das phisiokratische System hat diese
Beschaffenheit, dem äussern Schein nach glänzend und nicht nur vortheilhaft für den Staat
sondern auch für die einzelnen Jndividuen desselben — diese äussere Betrachtung hat auch
dem Höchstseligen Monarchen auf verschiedenes Einrathen bewogen, wirklich das phisiokratische System in seinen Staaten einzuführ-
ren. Schon im Jahre 1784. wurden die ersten Vorkehrungen getroffen, und im darauf
folgenden, die wirkliche Ausmaaß der Gründe,
die Fatirung u. d. gl. mit einer Schnellig-
keit veranlaßt, die es all zu evident voraussehen liessen, daß das ganze grosse Gebäude,
was man auf so flüchtig bereitete Gründe
aufführen wollte, entweder keinen festen Bestand haben könne, oder doch nicht so sehr
der glänzenden Hofnung entsprechen würde,

F 3   die

die man sich von dem ganzen Operat gemacht hatte. So schnell Anfangs das Werk betrieben wurde, so unzuverläßig man die Ausmessung — die Basis des ganzen Systems — durch allzuhastige Uibereilung selbst zu machen suchte, so konnte doch die Vollendung erst im 4ten Jahr erhalten werden, weil die Phisiokraten entweder schon anfangs nicht ganz sistematisch zu Werke giengen, oder weil sie bei der Ausführung so viele Schwierigkeiten fanden, und so viele Nachträge und Ausbesserungen nöthig wurden, daß der neue Steuerfuß durch manche erlittene Um- und Abänderung erst den 1ten Nov. 1789. oder Anfangs des Militärjahrs 1790. in Gang kam, und nach den Regeln des angenommenen Sistems die Staatsbedürfnisse von dem bloßen Ertrag des Grund und Bodens sollen bestritten werden.

Es standen also nicht nur von Seite des Entwurfs, sondern auch von Seite der Ausführung selbst sehr wichtige Hindernisse der

wirk-

wirklichen Anwendung entgegen. Dann nicht
nur, daß, wenn von Grund und Boden allein die Staatsbedürfnisse bestritten wurden,
nothwendig der Preis der Lebensmittel, und
als eine Folge dessen, auch der Preis aller
Manufaktur = und Fabrikswaaren steigen müsse,
und wir nicht allein die Konkurrenz mit fremden Waaren auf ausländischen Handelsplä-
zen verlieren, und unsern Handel selbst zer-
nichten würden. — Nicht nur ferner, daß
durch eben dieses Steigen des Preises der
Bedürfnisse, auch zulezt die Besoldungen der
Staatsbeamten und Diener selbst erhöhet werden, mithin auch die Staatsbedürfnisse steigen müßten, und man zulezt in der Verlegen-
heit seyn würde so viel reelles Aequivalent
nemlich baares Geld aufzubringen. So wurde andererseits durch die übereilte ganz unrichtige Ausmessung, wozu man noch oft die un-
tauglichsten Leute angestellt, die ja sicher durch
den 3tägigen, oder vielmehr nur wirklich we-
nigstündigen Unterrichte nicht zu tauglichen

Y 4   Ge-

Geometern konnten ausgebildet werden; und
durch nur allzu allgemeine unrichtige Fatirung,
wenn ich auch nicht in Anschlag bringen
will, daß manche Manipulanten bei der Fatirung selbst eigenmächtig und willkührliche
Daten angenommen, Alpen und Wiesen hingegen nur nach dem Viehauftrieb, sogar ohne Messung in Ansehung ihres Flächeninhalts
bestimmet — ja bei weitem nicht jene Gleichheit unter den Kontribuenten hergestellt, die
man sich versprach, oder wenigstens herzustel-
len den guten Willen hatte — vielmehr geschah wider alles Verheißen der nachtheiligste
Eingrif in das Eigenthumsrecht der Obrigkeiten; da ihre Einkünfte von ihren Gütern,
die sie um einen, jenen angemessenen und ge-
sezmäßigen Kauf an sich brachten, mit Gewalt so beträchtlich herabgesezt wurden. Noch
mehr, da ihre Einnahme von jenen Unterthanen, die bisher mehr als 17 fl. 46 2/3 kr.
von 100. Bruto Grundertrag bezahlt, bis
auf diese 17 proc. vermindert worden; hinge-

gen

gen in Ansehung derer, die ehevor weniger ent-
richteten, auch die Erhöhung bis auf die sti-
pulirte 17 proc. nicht gestattet wurde. Mithin derselben nicht nur die Gelegenheit zu einiger Schadloshaltung benommen, sondern
dadurch schon für sich die auffallendste Un-
gleichheit unter den Kontribuenten bewirket ist.
Ungeachtet der augenscheinlichen traurigen Folgen, welche dieses Sistem nothwendig nach
sich ziehen müßte, nemlich den Untergang des
Landmanns, den Ruin des Adels, Verfall
des Handels, und die Entvölkerung der Länder. — — Ungeachtet der eben so dringend als
gründlichen Vorstellungen, die dawider gemacht
wurden — unter welchen Benedikt Heßl,
Verwalter in Reichenau die Gebrechen des
neuen Grundsteuerrektifikazionsgeschäfts nebst
mehreren andern mit vieler Einsicht und Gründ-
lichkeit öffentlich bewiesen. So wurde doch
ungehindert aller dieser Betrachtungen, wirklich wie ich schon erinnert, die Einhebung
der Steuern nach denselben Maaßregeln an-
ge-

gefangen. Sollte aber der gegenwärtige weise und gütige Monarch, der von den Mängeln dieser Steuerrektifikazion nur allzuwohl überzeugt ist, nicht eine Abänderung treffen? — Wirklich traf er sie vor wenigen Tagen zum sichern Wohl seiner Unterthanen; Er that es auf eine Art, die seiner tiefen Einsicht, seinen ausgebreiteten Kenntnissen und der Güte seines Herzens gleichen Ruhm verschaft — das physiokratische Sistem ist für die österreichischen Länder aufgehoben; und es soll — nicht von einzelnen Geschöpfen — sondern ein solider ausgedachtes Steuersystem entworfen werden.

In Ungarn ist schon mit der Bewilligung des verstorbenen Monarchen alles auf den Fuß zu stellen, wie es bei dem Antritte seiner Regierung war, auch die Einführung des neuen Steuersystems wieder aufgehoben. —

Zur Obsorge und Leitung der Steuerrektifikazion war in jedem Kreise eine eigene Unterkommißion angestellt, welche die Aufsicht über die in den einzelnen Werbbezirken ange-

stell-

stellten Geschäftsleiter und Manipulanten hatte.
In jeder Provinz ist eine eigene Oberkommißi-
on, die unabhängig von der Landesstelle unmittelbar unter der ebenfalls von allen Stellen
unabhängigen Steuerregulirungshofkommißion
in Wien stand. Die Unterkommißionen sind
gegenwärtig ganz wieder mit den Kreisämtern,
— die Oberkommißionen mit den Landesstellen
und die Hofkommißion mit der Hofstelle
vereinigt.

III.

Finanzstellen.

Die Einhebung der Steuern geschieht durch
eigene in landesfürstlicher Pflicht und Sold
stehende Bezirkssteuereinnehmer, zu deren Unterhalt sowohl, als überhaupt zu Bestreitung
der Regiekösten ein Procent des ganzen Bru-
toertrags bestimmt ist. Die Einhebung geschieht ·in Ansehung der landesfürstlichen Steuer monatlich — vorhinein; die Herrschaftliche
hingegen wird viertljährig in die herrschaftli-

chen

chen Rentämter bezahlt. Die landesfürstliche
Steuer muß unfehlbar entrichtet werden, und
daher muß immer die ganze Gemeinde für die
Steuer haften, auch allenfalls für einzelne
nicht zahlende Vorschuß leisten. —

Die Bezirkssteuereinnehmer führen den
monatlich gemeindenweis einhebenden Geldbe-
trag in gleichen Raten an die in jedem Kreise
angestellten Kreissteuerkassen ab; und wahrhaft
schiene es nützlicher zu seyn, wenn die Ge-
meinden selbst ihre Steuern unmittelbar dahin
abführen dürften, weil dieses höchstens eine
Vermehrung von ein paar Beamten bei den
Kreiskassen nothwendig machte, hingegen der
Gehalt von vielen kaum 10 Tage im Monat
beschäftigten Bezirkssteuereinnehmern, und folglich auch ein grosser Theil der Regiekösten
könnten in Erspahrung gebracht werden.

Von den Kreiskassen werden die Steuern
in die Provinzialkassen jeden Landes und von
diesen in die Staatskassen abgeliefert: dergleichen Staatskassen sind das Universal Kame-
ral-

ralzahlamt; von welchem auch die Staatsbeamten ihre Besoldung erhalten. — Die
Banko Hauptkasse, wohin die Konsumzions-
gefälle fliessen — die Bankozettelhauptkasse
mit ihren Filialkassen in Linz, Gräz, Klagenfurt, Laibach, Triest, Prag, Brünn, Lemberg, Ofen, Kaschau, Fiume und Hermannstadt, welche die Wiedereinlösung der Ban-
kozetteln besorgen. — Die Bergwerksadmini-
strazionshauptkasse, wohin die Bergwerksge-
fälle kommen — dann die Universal - Staats-
Schuldenkasse, in welche die Schulden = Erb-
schafts - und Pferdsteuer, Konsumoaufschläge,
Daz, Umgeld u. d. gl. fliessen.

In jeder Provinz sind besondere Buchhaltereien zur Zensur der Rechnungen, und
zur Besorgung anderer in das Finanzfach ein-
schlagenden Geschäfte, welche mit den ständi-
schen Buchhaltereien gewöhnlich vereiniget sind,
und der Landesstelle unterstehen; In Wien
selbst aber sind eine Kammeralbuchhalterei;
die Ministerialbankodeputazionsbuchhalterei;

die

die Banko Buchhalterei; Münz - und Berg-
wesenshofbuchhalterei; Hofkriegsrathsbuchhal-
terei; die ungarisch - und siebenbürgische Hof-
buchhalterei; Tabackgefällsbuchhalterei; und
Stiftungsbuchhalterei, welche insgesammt
unter der Hofrechnungskammer stehen, die
überhaupt die Generalkontrolle über die Fi-
nanzverwaltung in dem ganzen Staat führt.

Den Bergwerksprodukten Verschleiß be-
sorgt eine eigene Direkzion, welche nebst dem
Münzamt unter der Hofkammer in Münz = und
Bergwesen steht.

Die Bankalgefälldirekzion hat die Aufsicht über die Maut, Acciß, und Siegelgefälle,
welche von den Zoll und Stempelämtern, und
andern behoben werden.

Die Kameralherrschaften werden durch
eigene Hofrichter, Pfleger, Verwalter u. d. gl.
administrirt, über welche in jeder Provinz eine besondere Kameralgüteradminiszrazion gesezt ist.

In

In den Niederlanden ist ein eigenes Fi-
nanzkollegium, von welchem die landesherrli-
chen Einkünfte, dann die Handlungsgegen-
stände besorgt werden.

IV.
Staatsaufwand.

Die Staatsausgaben erfordern in Friedenszeiten nie die ganze Einnahme; der Staat ist
auch nicht mehr sehr stark verschuldet, und
die Anleihen, die er noch hat, werden in Friedenszeiten mit 3 ein halb proc., in Kriegszeiten hingegen gewöhnlich mit 4 auch bis 5
proc. verläßlich und mit vieler Genauigkeit
verzinset.

Die gewöhnlichen Staatsausgaben sind
für den Hofstaat bei . . . . . 5'000,000.

Unkosten der Verwaltung, der Regierungs-
Geschäfte und Verlagsnothwendigkeiten bei den
Aemtern . . . . 20'000,000.

Militäretat . . . . 24'000,000.

Pen-

Penſionen bei . . . . . .   2'000,000.

An Intereſſen und Kapitalien. 18'000,000.

Andere Ausgaben . . . . . 7'000,000.

Allein ſowohl dieſe als die angeſezten Ein‐
künfte ſind nur beiläufige Angaben, indem
die wirkliche Einnahme und Ausgaben nicht
öffentlich bekannt ſind. Von der Hofrech‐
nungskammer wird aber ſolche mit der mög‐
lichſten Genauigkeit in dem ſogenannten Staats‐
Inventar jährlich entworfen.

Achter Abschnitt.
Wichtige Staatsveränderungen.

I.

Aelteste Geschichte der österr. Länder, bis auf Karl den Großen, oder bis 800. nach Christi Geburt.

Die dermaligen österr. Länder waren in den ältesten Zeiten unter verschiedene Nazionen vertheilt, die darin ihren Sitz hatten. Der größte Theil von Niederösterreich, nemlich dießseits der Donau von dem Inn bis zu den Kahlenberg, dann Steyermarkt und Kärnten hieß das Norikum; der südliche Theil von Krain, und das südliche Tirol gehörten zu Gallia Cisalpina; das übrige Stück von Tirol war ein Theil von dem eigentlichen Rhözien; und Vorderösterreich gehörte zu Vindelizien und Germanien. Die österr. Niederlande sind ein Theil des alten Belgiens. Böhmen, Mäh-

ren, Schlesien und Niederösterreich jenseits
der Donau war ein Theil von Germanien,
Gallizien ein Theil des europäischen Szithi-
en, welches später Sarmazien genennt wurde.
Der nördliche Theil von Ungarn zwischen den
Karpathen, der Donau und Theis, wurde
das jazigische Sarmazien oder auch Dazien
genannt, wozu noch Siebenbürgen und die
Moldau und Wallachei gehörte. Zwischen
den Kahlenberg der Donau und den dalmati-
schen Gebürgen war Panonien, in welchem
Raume jezt der östliche Strich von Nieder-
und Innerösterreich, und der größte westliche
Theil des heutigen Ungarn und Kroazien liegt.
Die südlichsten österr. Provinzen, nemlich von
der Sau bis an das adriatische Meer gehörte zu Illirikum. Und Mailand, welches insbesondere Insubrien hieß, gehörte zu Gallia
Zisalpina.

Der natürlichen Beschaffenheit nach wa-
ren am bekanntesten im Norikum die Flüsse
Ister (jezt Donau) Oenus (Inn) Aniso (Enns)
Dra-

Dravus (Drau) Savus (Sau.) Unter den Gebürgen Cezius (Kahlenberg) die Alpen in Steyer und Kärnten. In [Rhözien] waren die Flüsse Rhenus (Rhein) und Oenus. Dann die Alpengebirge. — In Vindelizien der Jster und der brigantische (Boden) See. Gebürge die Alpen. In Belgien, Flüsse Skaldis (Schelde) Mösa (Maaß.) In jenem Theil von Germanien, wo jezt Breisgau, Böhmen, Mähren, u. s. w. liegt, waren Flüsse Albis (Elbe) Viadrus (Oder) Vistula (Weixel) und Jster. Gebürge Abnobi (Schwarzwald) und Sudeta. In Sarmazien der Fluß Tyras (Dniester) Gebürge die Karpathen. In Panonien die Flüsse Jster, Arabon (Rab) Dravus Savus und Murus (Mur), und die Gebürge Cezius und Albius. In Gallia Zisalpina die Flüsse Athesis (Etsch) Adua (Ada) Tizinus, der See Verbanus (Lago maggiore) Das adriatische Meer, Gebürge, die karnischen und tridentinischen Alpen. Germanien, Panonien und Norikum hatte in ältesten Zei-

p 2   ten

ten ihre eigene Einwohner; auch die Niederlande bewohnten Deutsche. In den pohlnisch=
und ungarischen Provinzen waren ausser den
Ureinwohnern den Panoniern, welche eine slavische Nazion gewesen, noch sarmatisch oder
letische Völker, und die Jazziger, welche mit
den Panoniern von gleichem Ursprung waren.
Ober Italien wurde anfangs von Galliern bewohnt, weswegen auch dieser Landesstrich
Gallien diesseits der Alpen hieß.

Da sie zu wenige Vortheile einer Kultur
genossen, so waren die Sitten dieser Nazionen
ganz unausgebildet und roh; selbst als sie
durch Krieg und Gefangene einigermassen mit
den Römern und ihrer Lebensart bekannter
wurden, so blieben sie doch noch lange in ihrer Barbarei, und es schien, daß ihnen die
feinere Kultur noch nicht anpassen wollte; auch
das Klima, welches wegen den häufigen Wäldern noch ziemlich rauh war, stimmte mit
ihrer Lebensart überein; blos auf die Jagd,
an den Krieg und an das Plündern gewohnt,

ver-

verachteten sie jede andere Künste, die nur in
so weit sie selbe von den Römern erlernten,
von Weibern und Knechten getrieben wurden.
Die Burgunder verlegten sich auf die See-
rauberei, wozu sich selbst ihre Fürsten ver-
wendeten. Bei allen dem hatten sie doch
gewissermaßen gesellschaftliche Geseze, und eben
so wenig konnte man ihnen moralisches Gefühl
absprechen. Eine Art von Ehrgeiz — war
nicht selten die Triebfeder ihrer Handlungen.
Ihre Lebensart, ihre Nahrnng und Wohnungen war sehr einfach, und einigermaßen elend.
Monogamie mag fast unter allen diesen Völkern gewöhnlich gewesen seyn. Ihrem Religi-
onssystem nach hatten sie ein höchstes Wesen,
und mehrere Untergötter; ihr Gottesdienst
hatte viele Verwandtschaft mit ihren übrigen
Sitten, und wurde Anfangs unter freiem
Himmel in Wäldern, hernach aber auch in
Tempeln gehalten. Sie hatten Priester und
Priesterinnen, welche im großen Ansehen standen. Später fieng sich an die christliche Re-

li-

ligion befonders in den deutfchen Ländern aus-
zubreiten, welches endlich aber lang nachher
auch in Ungarn geschah. Es war unter den
meiften diefer Völfer eine Art von Adel, befonders wo Privateigenthum beftand, und
dort war auch ihre Regierungsform ariftofra-
tifch. Sie hatten auch einzelne Heerführer
und Könige, derer Macht aber fehr einge-
fchränft, und die überhaupt anfangs fehr abhängig von der Nazion waren.

Die Bojer waren die erften fremden Völfer, welche 600. Jahr vor Chrifti Geburt
die Sueven aus den Gegenden des heutigen
Böhmen, Mähren, und Oefterreich jenfeits der
Donau vertrieben; auf fie folgten die Mar-
fomanen; und ein anderer Stamm eben diefer
Völfer zoh fich nach Norifum und Panonien; auf welche ungefähr im 60ten Jahr der
chriftlichen Zeitrechnung auch Wenden famen,
welche Wieden (Wien) zuerft erbauten.

Schon 170. Jahr vor Chrifti Geburt
machten die Römer den erften Verfuch in Pa-
no-

nonien und Germanien einzudringen, mußten
aber, nachdem sie bis Karunt (wo jezt Pe-
tronell in Niederösterreich ist) gekommen, nach
einen fruchtlosen Sturm unverrichteter Dinge
abziehen. Glücklicher waren sie dreißig Jahr
vor Christi Geburt, wo sie nicht nur allein
unter dem Tiber die Panonier, Dazier und
Noriker überwanden, sondern sie auch zum
Theil unter ihre Herrschaft brachten. Allein
bald suchten diese Nazionen gemeinschaftlich
mit Marbod dem Könige der Markomanen das
römische Joch abzuschütteln; welches sie auch
Anfangs eben so glücklich ausführten, als sie
nachher doch wieder der Uibermacht der Römer unterliegen mußten; die ihre Länder zu
einer römischen Provinz machten, und in
Panonien verschiedene Kolonien als zu Vin-
dobone (Wien) Laureakum (bei Enns) u. d.gl.

Die Markomanen mit den Quaden, welche noch immer unabhängig blieben, fielen
zwar öfters in Panonien ein, ja streiften sogar bis nach Italien, mußten aber immer

wie-

wieder mit Verluſt zurückweichen. Im 2ten
Jahrhundert gewann in Panonien die chriſt-
liche Religion ſchon zimlich viele Anhänger;
und am Ende des vierten Jahrhunderts be-
kennten ſich die Markomanen mit ihrer Königin Fridigild gleichfalls dazu. Bald nachher
überſchwemmten die Weſtgothen ganz Panoni-
en und Norikum. Auf ſie folgten die Hunnen, welche die römiſchen Städte Vindobona,
Aquileja, und mehr andere zerſtöhrten. Dieſe
wurden von den Oſtgothen in Panonien be-
ſiegt; Norikum mit einem Theil von Panonien aber blieb eine römiſche Provinz. Und
jenſeits der Donau kamen die Rugier und
Heruler an die Stelle der Markomanen und
Quaden, wovon die erſtern ſich auch unter
den Römern ausbreiteten, und die Städte
Vindobona nun Faviana genannt, wieder
herſtellten, ja ſich ſelbſt das Land unterwarfen.
Doch die Heruler, welche bis nach Rom ge-
ſtreift, und davon Beſiz nahmen, beſiegten
auch die Rugier, verwüſteten das Land, was

nach-

nachher die Ostgothen, als sie die Heruler
überwandten, ihr Reich eroberten, wieder
angebaut haben. Diese wurden von den Longobarden verdrängt, welche ihr Land freiwillig
den Hunnen und Avaren abtretten, als sie
sich ein neues Reich in Italien stifteten. Die
Gegend des Landes ob der Enns und Vindelizien unterwarfen sich die Bojarien, ein von
den fränkischen Königen abhändiges Volk.
Als sich aber ihr Herzog Oetel von der
fränkischen Monarchie unabhängig machen
wollte, und die Hunnen zu Hilfe rief, wurde er nebst dieser von Karl dem Grossen
überwunden, welcher sein Reich bis an den
Raabfluß erweiterte.

Die Niederländer hatten Anfangs dieses
Zeitraumes zeltische Einwohner, und wurden
schon frühzeitig zu einer römischen Provinz gemacht, bis sie unter die Herrschaft der Franken kamen und von 430. bis 840. dabei verblieben. In Böhmen wurden anfangs die
Sueven von den Bojern, diese von den Mar-

Fo-

Romanen vertrieben, auf selbe folgten die Cze-
chier im 6ten Jahrhundert nach Christi Geburt; unter welchen das Land von Herzogen
regiert wurde.

In Ungarn unterwarfen zuerst die Van-
dalen sich, die Panonier, und als diese auswanderten, bezogen es die Ostgothen, welche
von den Hunnen einem szitischen Volke, das
aus Asien über eine Million stark kam, un-
terjocht wurden; diese unterwarfen sich also
377. unter ihren König Atila ganz Panonien,
welches ihnen aber von den Japidern und
Gothen in der Mitte des fünften Jahrhunderts
nach Christi Geburt wieder entrissen wurden.
Die Longobarden unterwarfen sich zwar diese
neuen Besitzer, als sie aber auswanderten, so traten
die Avaren an ihre Stelle, die jedoch von
den Uiberbleibseln der Hunnen wieder verjagt
wurden, welche sich sehr mächtig und fürchterlich machten, bis sie endlich nach einem
Einbruch in die fränkischen Staaten von
Karl dem Grossen gänzlich geschlagen, und

ge-

gedemüthiget wurden. Nach der grossen Wan-
derung der Gothen bezogen die Slaven nicht
nur jene Länder zwischen der Elbe und Weichsel, sondern ein anderer Stamm der bisher
einen Theil des karpatischen Gebürgs bewohnt
hatte, begab sich in die Gegenden des heutigen Slavonien, Kroazien und Dalmazien,
und stiftete diese Königreiche.

Bis in das 5te Jahrhundert war die
österr. Lombardei ein Theil der röm. Monarchie, hernach eroberten es die Ostgothen,
welche zwar von den griechischen Kaisern wieder verjagt wurden, doch bald darauf kamen
die Longobarden, die in Italien ein eigenes
Reich stifteten, dem endlich auf Bitten der
Päbste die fränkischen Könige Pipin und Karl
der Grosse im 800. Jahr ein Ende machte.

II.

II.

Geschichte von Karl dem Grossen
bis zum 16ten Jahrhundert.

Karls Sorge war zuerst das öde Norikum
und Panonien zu bevölkern. Er schickte Kolonien der Bojaren und Slaven dahin, und
in der östlichen Gegend wies er einem Hun-
nenfürsten, der sich ihm unterwarf, das Land
an der Neusiedler See an.

In diesen neuen Ländern wurden Anfangs
Grenzgrafen gesezt, denen das Land aber nicht
erblich gehörte, sondern ganz von der Will-
kühr der röm. Könige abhiengen. Um das
Jahr 900. fielen die Ungarn in die Ostmark
(Oesterreich) und Baiern ein, und behielten
auch das Land bis zu den Ennsfluß. Nach
vielen Kriegen, in welchen bald die Hunnen die
Besiegten bald Sieger waren; und nach dem
blutigen Treffen bei Augsburg erhielt Oesterreich wieder eigene Grenz- oder Markgrafen
aus

aus dem Hauſe Babenberg. Leopold war
der erſte, der von Kaiſer Otto III. als ſol-
cher eingeſezt wurde; er trieb die Hunnen noch
weiter über den Kahlenberg zurück, ſicherte das
Land durch Erbauung vieler Bergſchlöſſer,
und ſuchte es durch fremde Kolonien zu bevölkern; unter ſeinen Nachfolgern aus dem
nemlichen Geſchlecht ſchlug vorzüglich Leopold
II. die Hunnen. Auch Markgraf Albert ſchlug
ſie wiederholt, und von dieſer Zeit hat auch
wahrſcheinlich Neuſtadt und das Schloß Pi-
ten ſeinen Urſprung herzuleiten. Leopold IV.
hatte wegen ſeiner Frömigkeit den Beinamen
des Heiligen, und als die Ungarn einen Ver-
ſuch machten in Oeſterreich zu plündern, ſo
ſchlug er ſie zurück, und zerſtörte Eiſenburg
jezt Eiſenſtadt.

Heinrich II. war der erſte Herzog in Oeſterreich, und erhielt von Kaiſer Konrad III.
auch Baiern; als er aber lezteres Heinrich dem
Löwen abtretten mußte, ſo erhielt er 1156.
das Land zwiſchen der Enns und dem Inn,

auf,

auf welches jener feierlich Verzicht that. Er
schlug zuerst in Wien seinen Wohnsiz auf, da
die vorigen Markgrafen auf dem Kahlenberg
wohnten. Von Kaiser Fridrich I. erhielt damals Oesterreich bei Erhebung zu einem Herzogthum sehr ansehnliche Vorzüge. Herzog
Leopold VI. erhielt nach Absterben Otokar VI.
Herzog in Steyermark dieses Land, welches
unter der Regierung der Franken, anfangs
ein Theil von Bojarien dann von Kärnten
war, hernach aber unter Kaiser Konrad II. zu
einer eigenen Mark, die er Otokar Grafen
v. Mürzthal verlieh, erhoben wurde. Fridrich
II. war der lezte Herzog in Oesterreich aus
dem babenbergischen Haus; er führte das gegenwärtige österr. Wappen ein, als Heinrich
von Khünring das alte aus dem Schaz ge-
raubte Siegel mißbrauchte. Fridrich war
mit allen seinen Nachbarn in Krieg verflochten. Ungeacht ihm Kaiser Heinrich vorher in
die Acht erklärte, und Wien zu einer freien
Reichsstadt machte, so sezte er doch nachher
　　　　　　　　　　　　　　　　　　Fri-

Friderichen, nicht nur wieder in seinen vorigen Besiz und Würden ein, sondern verlieh
ihm sogar den königlichen Titel und andere
Freiheiten. Endlich wurde Fridrich in einem
Krieg mit den Hunnen, als er sie auf ihrer
Flucht zu hizig verfolgte, durch ein Pfeil ge-
tödtet. Nach vielen Streitigkeiten, die nach
Fridrichs Tod um seine Länder entstanden,
belehnte endlich Kaiser Rudolph aus dem
gräflichen Hause Habspurg, welcher vorher
Otokar den König in Böhmen aus Oesterreich
vertrieb; seine Söhne Albert und Rudolph
mit den Ländern Oesterreich, Steyer, Kärnten und Krain; allein nur Albert blieb im
wirklichen Besiz, und Kärnten wurde an
Grafen Mainhardt von Tirol abgetretten.
Albert hatte gleich anfangs verschiedene Auf-
ruhren in seinen Ländern mit Mühe zu däm-
pfen, und als er seine Stammgüter in der
Schweiz zu erweitern trachtete, seine Landvögte
zugleich alldort viele Strenge brauchten, so
empörten sich die Schweizer wider ihn, und

Ab

Albert selbst wurde durch seines Bruders
Sohn Johann auf seiner Dahinreise bei
Rheinfelden ermordet; seine Gemahlin Elisabeth fieng zuerst das Salzbergwerk im Lande
ob der Enns zu bauen an. Nach Albert folgte Kaiser Rudolph, welcher zugleich die böhmische Krone erhielt, und deswegen seinen
Bruder Fridrich die österr. Länder überließ,
welcher nachher 1314. zum Kaiser gekrönt
wurde; aber unglücklich gegen Ludwig von
Baiern focht, und bei Mühlstadt sogar gefangen, endlich doch wieder losgelassen wurde.
Nach seinem Tod kam Albert zur Regierung,
der durch Vermählung mit Johanna, Tochter Ulrichs Grafen zu Pfirt, diese Grafschaft
an sich brachte. Er erkaufte auch verschiedene
Herrschaften in Schwaben, Elsaß und Tirol,
und wurde nach Absterben Herzog Heinrichs
von Kärnten nebst seinem Bruder Otto 1335.
mit Kärnten und Tirol belehnt, welches letz-
re Land er aber der Margareta Maultasch der
Tochter Heinrichs überließ. Rudolph IV.

folg-

folgte nach seinem Vater Albert, und nahm
zuerst den schon von Kaiser Fridrich ertheilten
erzherzoglichen Titel an; er erhielt 1363. von
der Margaretha Maultasch die gefürstete Grafschaft Tirol; er stiftete die hohe Schule, und
das Domkapitel in Wien. Und unter ihm
kam 1364. das Herzogthum Krain, als ein
Erbvermächtniß Albrechts IV. Grafen von
Görz an Oesterreich. Nach seinem Tod kam
sein Bruder Albert III. zur Regierung, dessen
Bruder Leopold die Grafschaft Feldkirch und
Montfort von dem lezten Grafen des Werden-
bergischen Stammes um 36000. fl. erkaufte;
Albert kaufte auch Breisgau von den Grafen
von Fürstenberg um 55000. fl. im Jahr 1367.
und sein Bruder Leopold noch andere Herrschaften in Schwaben, als Pludenz, Hohenberg u. s. w. Auf vorigen folgte Albert IV.
und Wilhelm, dann der minderjährige Albert
V. unter welchem die Herrschaften in der
Schweiz insgesammt auf immer verlohren
giengen. Jedoch unterdrückte er die Räube-

z   reien

reien und die böhmischen Unruhen, welche damals herrschten. Er war mit Kaiser Sig-
munds Tochter Elisabeth vereheliget, und erhielt Mähren zur Mitgabe. Nach Kaiser Sig-
munds Tod kam er nicht nur zum Besiz von
Ungarn, sondern wußte auch wider die pöhl-
nische Gegenparthei Böhmen für sich zu behaupten, und wurde 1438. auch zum Deutschen
Kaiser erwählt. Nach seinem Tod gebahr
seine Gemahlin Ladislaum Posthumum, welcher zwar König von Ungarn und Böhmen
wurde, aber schon im 18. Jahre ohne Erben
starb. Hierauf kam die Erbfolge in den
österr. Ländern auf Kaiser Fridrich den IV.
Er erhielt nach seines Bruder Alberts Tod
das von demselben besessene Niederösterreich,
und im Jahr 1456. auch die Grafschaft Zilli;
hingegen wurde ihm von dem König in Ungarn Mathias Korvin das ganze Land unter
der Enns abgenommen, welches er aber nach
dessen Tod wieder eroberte. Sein Vetter
Sigmund in Tirol der auch den westlichen

Theil

Theil von Kärnten besaß, kaufte die Land-
grafschaft Nellenburg und die Landvogtei Al-
torf, dann die Herrschaft Bregenz zu Tirol.
Maxmilian I. der Sohn Kaisers Fridrich erhielt durch seine Vermählung mit Marien
von Burgund die Niederlande. Er vereinigte
alle österr. Länder mitsammen sowohl durch
die vertragsmäßige Besiznehmung von Görz
1500. nach dem Tod des lezten Grafen, als
auch von Herzog Sigmund von Tirol dessen
Länder; in dem Frieden mit Bayern 1504. die
Grafschaft Neuburg am Inn, Kirchberg und
Weissenhorn, dann die Markgrafschaft Burgau in Schwaben, und verschiedene Städte
und Schlösser im nördlichen Tirol; von den
Venezianern eroberte er Roveredo, die 4. Vi-
kariate und einige Bergfestungen, derer Besiz ihm durch den Frieden von 1516. bestättiget wurden, und versicherte den österr. Regenten die Thronfolge auf Ungarn und Böhmen,
durch einen mit dem König Uladislaus 1515.
zu Wien geschlossenen Vergleich, und

z 2   durch

durch Stiftung einer doppelten Ehe. Maximilian besaß nicht nur selbst viele Kenntniße,
sondern war auch ein großmüthiger Gönner
der Gelehrten, und starb als römischer Kaiser 1519.

Von den übrigen österr. deutschen Ländern gehörte Steyer anfangs dieses Zeitraumes zu Kärnten, wurde nachher eine besondere Mark, welche von der Grafschaft Steyer
in Niederösterreich ihren Namen erhielt, da die
Grafen daselbst zugleich Markgrafen in Steyer
wurden. Nachdem Steyermark zu Oesterreich
als ein Herzogthum kam, hatten es verschie-
ne Neben Linien anfangs im Besiz, bis es endlich
auf immer ganz mit selben vereiniget wurde.

Kärnten hatte vor Karl dem Grossen ihre
eigene Fürsten; aber schon unter Karl wurde
es eine Mark, und Kaiser Heinrich machte
endlich einen Grafen von Mürzthal und
Abelänz zum Herzog daselbst; nach diesen
kam es an die Pfalzgrafen und an die Grafen von Sponheim; nachdem aber König
Otto-

Oktokar II. in Böhmen sich dieses Herzogthum
zueignen wollte, entriß es ihm Kaiser Rudolph
I. und belehnte damit Grafen Mainhart von
Tirol, wovon es nach Abgang dieses Stammes gemäß der deswegen errichteten Verträge auch an Oesterreich kam.

Krain wurde anfangs, nachdem die Wenden in dieses Land gezogen, von besondern
Fürsten regirt, die jedoch von der röm. Monarchie einigermassen abhängig waren. Nach
Karl dem grossen kam es unter die Herzoge
von Friaul, dann unter Kärnten, unter Kaiser Otto I. wurde es eine besondere Mark,
nach Abgang der Marggrafen von Krainburg
erwählten die Stände Herzog Fridrich II.
von Oesterreich zu ihren Landesfürsten; von
Albrecht I. wurde es zwar an Herzog Mainhart in Kärnten verpfändet, fiel aber mit
diesem Lande, auch wieder an Oesterreich zurück.

Görz besaß eine Linie der Grafen von
Tirol, dazu gehörte auch die Grafschaft Mit-

ter-

terburg in Krain, und gelangte also mit der‐
selben nach Absterben ihrer Grafen an Oester‐
reich.

Tirol stand lange unter den Herzogen von
Baiern, und gehörte also auch zur fränkischen
Monarchie; Kaiser Fridrich belehnte zuerst,
nachdem er Herzog Heinrich aus Baiern 1180.
in die Acht erkläret, Berchtolden von Meran,
und verlieh ihm den herzoglichen Titel. Von
dessen Nachkommen gelangte Tirol nach ihrem
Aussterben an Grafen Albrecht, welcher sich
zuerst einen Grafen von Tirol nannte; und
von diesem an dessen Schwiegersohn Mainhart
III. Grafen von Görz; sein Sohn gleichen
Namens erhielt vom Kaiser Rudolph I. 1286.
die fürstliche Würde mit dem Herzogthum
Kärnten, von dessen Sohn Hrinrichs Tochter
Margaretha Maultasch dieses Land an die Her‐
zoge von Oesterreich abgetretten wurde, aus
welchem Haus Tirol verschiedene eigene Für‐
sten hatte; nach dem Tod des leztern Namens
Sigmund Franz aber fiel es 1665. wieder an
den Hauptstamm zurück.

Die Niederlande kamen nach Karl dem
Groſſen von der fränkiſchen Monarchie an das
lothringiſche Reich, nachher theilten ſich verſchiedene mächtige Grafen in den Beſitz dieſes
Landes, doch blieben alle Provinzen bis auf
Flandern und Artois unter der deutſchen Landeshoheit. Durch die Vermählung Philipp
des Kühnen, jüngſten Prinzen König Johanns
von Frankreich mit der Wittwe des Herzogs
von Burgund älterer Linie, wurde die Grafſchaft Burgund, Flandern, Artois, Antwerpen und Mecheln mit den Beſitzungen des
jüngern burgundiſchen Hauſes vereinigt; deſſen
zweiter Sohn erhielt durch Vermählung die
Herzogthümer Brabant und Limburg; deſſen
Neffe Philipp der Gute kaufte 1428. Namür,
erbte von den vorigen Brabant und Limburg,
und erhielt von Herzog Wilhelm VI. einzigen
Erbin und Gemahlin ſeines Vetters Johann
Herzogs von Brabant die Grafſchaften Henegau, Holland, Seeland und Frießland, dazu kaufte er Luxemburg 1443. Sein Sohn

und

und Erbe Karl der Kühne erwarb Geldern,
und unterließ eine einzige Tochter Maria die
Gemahlin Maximilian L von Oesterreich.
Frankreich riß zwar Burgund an sich; die
übrigen Länder aber erklärte Kaiser Maximilian als einen deutschen Reichskreis 1512. welches nachher auf dem Reichstag zu Worms
15.1. bestättiget wurde..

Die Slaven, welche zuerst unter Anführung des Czech nach den Markomanen Böhmen bezohen haben, hatten anfangs ihre besondere Fürsten: Przemißl war im Jahr 800.
ihr erster König, und schon im 9ten Jahrhundert blühte in Böhmen die christliche Religion.
Karl der Grosse bezwang die Böhmen, und
unterwarf sie dem fränkischen Reich, und
Kaiser Heinrich zwang den Herzog Wenzel
einen jährlichen Tribut zu entrichten. Kaiser
Heinrich IV. ertheilte Wratislawen 1086. die
königl. Würde, welches Kaiser Friedrich erneuerte; allein die böhmischen Herzoge machten keinen Gebrauch davon, bis unter Prze-

mißt - Ottokar II. Kaiser Otto Böhmen zu einen Königreich erhob. Diesem König gehörten auch die österr. Provinzen, Oesterreich, Steyer, Kärnten und Krain; mit seinem E- kel Wenzl III. erlosch 1306. das Geschlecht der alten Könige, und Böhmen kam als ein Wahlreich an Kaiser Albrechts Sohn, Prinzen Rudolph. Auf ihn folgte ein Herzog von Kärnten, und da die Böhmen diesen bald wieder absezten, so gelangte Johannes von Lützelburg Kaiser Heinrich VII. Sohn zur böhmischen Krone, welcher die schlesischen Fürsten zinsbar machte, und die Oberlausniz mit dem Reich vereinigte. Sein Sohn Karl unter den Kaisern der vierte Schlesien und die mit seiner Gemahlin erheuratheten pfälzischen Güter mit Böhmen. Brandenburg, welches er gekauft, verkaufte sein Sohn wieder an die Burggrafen zu Nürnberg. Wenzl, Karl des IV. Sohn folgte ihm in der Regierung, und war ein unglücklicher Regent, sogar daß er vom Throne verstoßen, und eine Zeit lang

zu Wien im Verhaft aufbehalten wurde.
Unter ihm entstanden die Religionsunruhen in
Böhmen, nach seinem Tod kam sein Bruder
Sigmund auf den Thron, nach dessen 1437.
abermal erfolgten Tod wählten die Stände
zum Theil Kasimiren des Königs in Pohlen
Bruder; und andere wählten Albrechten von
Oesterreich zum König, der es auch bis zu
seinen Tod blieb. Während seines Sohnes
Minderjährigkeit wurde Georg Podiebrad zum
Reichsverweser, und nach dem Tod des jun=
gen Prinzen gar zum König erwählt. Nach
ihm wurde der pohlnische Prinz Wladislaw
zum König erwählt, dessen Sohn Ludwig ihm
nachfolgte. Beide waren zugleich Könige in
Hungarn. Nach dieses letztern Ende wurde
Ferdinand Erzherzog zu Oesterreich und nach=
maliger Kaiser von den Ständen zum Kö=
nig erwählt, seitdem auch Böhmen bei dem
Oesterreichischen Hauß immer verblieben ist.

Nachdem die Slaven die alten Einwoh=
ner von Mähren, die Quaden vertrieben hat=
ten,

ten, errichteten sie allda ein eigenes Reich, welches sich nicht nur über Mähren selbst, sondern
auch über einen ansehnlichen Theil von Ungarn,
Pohlen und Schlesien, erstreckte. Kaiser Karl
der Grosse besiegte zu erst ihren König Lech,
und Ludwig der Nachfolger Karls machte sich
die Mährer vollends zinsbar; sie hatten nachher noch einige Könige, unter welchen Raczko
von Ludwig dem Deutschen gefangen wurde.
Unter dem König Suataboug rissen die Hunnen ungefähr das ietzige Neutraer und Trent-
schiner Komitat an sich; die Pohlen eroberten
auch einige Strecken Landes, und das übrige
Mähren wurde 1026 an Böhmen gebracht.

Im Jahre 822. kamen die Ueberbleibsel der
alten Hunnen aus Asien, und liessen sich unter
Anführung ihres Oberhaupts des Arbadts anfangs in der Moldau, später aber in Ungarn
nieder, wo sie mit den Avaren ein neues Reich
errichteten. Sie fielen zu verschiedenen malen
in Oberpanonien und Norikum dann auch in
Italien, Deütschland, Baiern und Sachsen
ein,

ein, wurden aber auch öfters auf das Haupt
geschlagen, und in das Land jenseits der Raab
zurückgetrieben. Nach Arpads Tod besorgten
die Regierung mehrere Herzoge; sie streiften
noch nachher mehrmalen durch den größten
Theil von Deutschland, raubten und verwü=
steten alles, was ihnen unterkam; wurden aber
nicht nur bei Mersburg sondern auch von Kai=
ser Otto I. geschlagen, und gänzlich aus Oe=
sterreich und Kärnten verjagt. Geisa Arpads
Nachfolger ließ sich zuerst taufen, und war
wesentlich bemüht sein Volk menschlicher und
gesitteter zu machen. Er rief viele Deutsche
in sein Reich, und überhäufte sie mit Ehren=
stellen und Geschenken. Sein Sohn Stephan der
Heilige machte die übrigen Herzoge abhängiger,
verbreitete noch mehr die Christliche Religion, und
erhielt vom Pabst Silvester den Königs Titel,
eine nach dem Muster der Griechisch = Kaiserli=
chen gemachte Krone, und ein Patriarchen
Kreuz. Stephan gab viele trefliche Gesetze;
er theilte das Land ein, errichtete die Erzäm=

ter

er und verschiedene Bißthümmer; besiegte 1002 den Siebenbürgischen Fürsten Gyula, und machte dessen Land zu einer Provinz von Ungarn. er züchtigte auch die Bulgaren und Bosnier, starb endlich 1038, und wurde samt seinem Sohn Emerich vom Pabst Gregor VII. heilig gesprochen. Unter seinen Nachfolgern eroberte Andreas I. einen grossen Theil von Slavonien, Ladislaus aber eroberte es ganz, und sezte den Almus zum König in Kroazien ein. Er besiegte ferner die Kumaner, denen er ein Stück Land in Ungarn zum Wohnsiz anwieß. Ihm folgte sein Sohn Koloman; er vereinigte Kroazien und Dalmazien bis auf die von den Venezianern besessenen Inseln mit Ungarn.

Dem zehnten König von Ungarn Stephan dem Zweiten nahmen die Venezianer ein ansehnliches Stück von Dalmazien weg, was er aber hernach wieder eroberte. Er ernannte selbst den Sohn des Königs Almus, dem er ehemals die Augen hatte ausstechen lassen, zu seinen Nachfolger, welcher auch treflich regirte, und

Bos

Bosnien zu Ungarn gebracht hat. Der 15t:
König Stephan der IV. trat dem Griechischen Kaiser Semlin und einen Theil von Slavonien ab, weswegen er von den Ungarn schon im
5. Monat wieder verjagt wurde; an dessen Stelle
wurde wieder der ehemals vertriebene Stephan
der dritte erhoben, welcher zwar die Griechen
schlug, dagegen aber Dalmatien verlohr. Sein
Nachfolger Bela III. eroberte abermals Dalmazien, und übergab es nebst Kroazien seinem
jüngern Sohn Andreas, den auch die Galli-
zier zu ihren Herzog erwählten, die ehevor unter den Königen von Pohlen und hernach unter den Söhnen König Boleslaw III. standen,
theils aber besondere Oberhäupter hatten. Andreas muste Gallizien zwar an Wladimir überlassen, jedoch wurden die Gerechtsame Ungarns
auf Gallizien bestättiget. Dieser Andreas kam
endlich wirklich nach dem Absterben des jungen
Ladislaus eines Sohns seines Bruders Emerich
zur Regierung; sein Sohn Koloman kam abermals zur Regierung in Gallizien, muste es aber
                                    end-

endlich doch wieder als ein Ungarisches Lehen
an Mizislaw abtretten. Bela IV. Andreas des
II. Sohn wurde im Jahr 1235 der 19te König in Ungarn; er sezte seinen Tochtermann Ra-
dislaw in Gallizien als Herzog ein; sein Sohn
Stephan V. eroberte einen grossen Theil von
Bulgarien, und vereinte es nebst Bosnien mit
dem Reich. Unter dessen Sohns Ladislaus Regierung eroberten die Venezianer einen grossen
Theil von Dalmazien; und Herzog Albert von
Oesterreich unterwarf sich einen ansehnlichen
Theil von Ungarn nemlich Oedenburg, Presburg, und mehr andere Oerter. Nachdem Ladislaus ermordet worden, kam Andreas der
lezte von dem Königlichen Stamm der Arpader
und der 22te Ungarische König zur Regierung;
er hatte Karl Martel zum Gegenkönig, welchen
der Pabst dazu krönte; dessen Sohn ernannten
die Ungarn selbst zu ihrem König; worüber Andreas für Betrübniß 1301 zu Ofen starb. Von
den nachfolgenden Ungarischen Königen aus fremden Häusern war Ludwig der Grosse, welcher

1577

1377 Podolien zur Ungarischen Krone brachte. Er wurde nachher auch König in Pohlen, und hinterließ zwo Töchter, wovon die eine Maria mit König Sigmund in den Besitz von Ungarn kam; die zweite, Hedwig aber sich an Uladislaum Jagello nachherigen König in Pohlen verheurathete; welcher sich Gallizien, Lodomerien, Reussen und Podolien gewaltthätig unterwarf. Sigmund verpfändete nachher auch die Gespannschaft Zips an Pohlen. Unter den nachfolgenden Königen eroberte Mathias Korvinus Oesterreich unter der Enß, und führte die erste stehende Armee ein. Ludwig II. kam in einer Schlacht mit den Türken bei Mohacz 1526 um; worauf dessen Schwester Anna, Gemahlin Kaiser Ferdinand I. in den Besitz des Königreichs Ungarn kam.

Mailand war ein Theil des Longobardischen Reiches, welchem Karl der Grosse ein Ende machte, und mithin blieben diese Länder eine Zeit lang unter den Nachkommen Karls, hernach erhielten sie eigene Herren. Von 13??

bis

bis 1447 stand Mailand unter Herzogen aus dem Hause Viskonti, auf welche das Haus Sforza folgte; von denen es endlich nebst Mantua, was seit 1328 von der Familie Gonzaga regieret wurde, nach mehreren auf einander gefolgten Kriegen an die Oesterreichisch-Spanische Linie 1536 kam.

III.

Geschichte von Oesterreich, von dem 16. Jahrhundert bis auf gegenwärtige Zeiten.

Obschon Oesterreich immer eines der ansehnlichsten Häuser in Deutschland war, so wuchs es doch von Maximilian bis zum Karl V. zu einer solchen Grösse, daß es einer der herrschendsten und furchtbaresten Mächte in Europa wurde. Durch die Vermählung von Maximilians Sohn Philipp mit der Erbprinzessin von Spanien Johanna, einer Tochter König Ferdinands, brachte er die Spanische Monarchie zu seinem Haus, obschon sie meistens auch nachher von eigenen Prinzen regiert wurde.

Die Söhne Philipps waren Karl und Ferdinand; Karl unter den Kaisern der V. bekam Spanien, die Niederlande, und nach dem Aussterben der Sforza, Mailand; er bestättigte die Oesterreichischen Privilegien. Ferdinand hinge-

gen

gen bekam die Regierung der Oesterreichisch-
Deutschen Länder, er wurde nach seinem Bruder Karl zum Kaiser erwählt; unter seiner Regierung nahmen die Religionsunruhen sehr überhand; er brachte Kostanz am Bodensee an sein
Haus, und da nach dem Tod Ludwigs Königs von Ungarn die Königreiche Böhmen und
Ungarn erledigt waren, so wurde Ferdinand
von den Böhmen freiwillig zum König erwählt,
und suchte auch wegen seiner Gemahlin einer
Schwester Ludwigs Ungarn an sich zu bringen;
allein die Stände wählten den Johann Zapoly Grafen von Zips und Fürsten von Siebenbürgen, und als dieser von Ferdinand vertrieben wurde, wandte er sich an Soliman den
Türkischen Kaiser, der mit einem Heer von
mehr als 200,000 Mann ganz Ungarn über-
schwemmte, Ofen einnahm, und bis vor Wien
zog, und selbes 1529 belagerte, endlich aber mit
einem Verlust von 60000 Mann wieder abziehen mußte. Durch einen andern Sieg, welchen Pfalzgraf Friedrich 1532 über die Türken

erfochte, wurden sie gänzlich zurück getrieben;
und Zapoly suchte bei Ferdinand um Frieden an;
erhielt auch nicht nur den Königs Titel, sondern das ganze Niederungarn, doch daß es nach
seinem Absterben wieder an Oesterreich zurück-
fallen sollte. Allein nach dem Tode des Zapoly suchte dessen Gattin ihren Sohn Johann
Siegmund auf den Thron zu bringen; die Kaiserlichen Heere aber unterwarfen sich einen grossen Theil des Landes, und belagerten eben
Ofen als Solimann auf Ansuchen der Königin durch ihr zugeschickte Hilfsvölker zwar die
Belagerer zurücktrieb, doch statt das Land für
Siegmund zu behaupten, es für sich behielt,
und die Königin Johanna mit ihrem Sohn
nach Siebenbürgen schickte; als diese nachher
Kaiser Ferdinanden Siebenbürgen abtretten
wollte, so kam ihm Soliman zuvor, und ließ
es für sich einnehmen. Maximilian II. der
Sohn Kaiser Ferdinands wurde noch zu Lebzeiten seines Vaters zum König von Ungarn
in Preßburg gekrönt, behielt aber nur Ober-

Un-

Ungarn, weil sich in dem südlichen Theil die
Türken behaupteten, und auch Ofen inne hatten, er folgte seinem Vater sowohl in der Kaiserwürde, als auch in der Regierung von Niederösterreich und Böhmen; seinem Bruder Karl
überließ er nach dem väterlichen Testament
Inner-Oesterreich, und seinem Bruder Ferdinand Ober- und Vorderösterreich. Maximilian
erweiterte gegen die Türken die Gränzen seines Reiches in Ungarn an der Theis, und
bestättigte Sigmunden des Zapoli Sohn, und
nach ihm den Fürsten Bathori in dem Besize
von Siebenbürgen. Sein Bruder Karl erbaute gegen die Türken die Festung Karlstadt
in Kroazien, und befestigte Grä, wo er auch
eine Universität stiftete.

Ferdinands Nachfolger war Rudolph II.
Er wurde nach Ferdinanden auch zum Kaiser
erwählt, und kam 1576 zur Regierung. Die
Türken griffen ihn an, welche aber einigemal
geschlagen wurden; und der Siebenbürgische
Fürst Bathori eroberte die ganze Moldau und

Wal-

Wallachei, und schlug das ungleich grössere Heer
der Türken bei Bukarest, welches er eroberte.
Die Türken machten hernach einen 20jährigen
Waffenstillstand, mit den Siebenbürgischen
Fürsten aber entstanden noch verschiedene Ir-
rungen, bis Rudolph dem Stephan Potschkai
nebst Siebenbürgen noch einige ungarische Komitaten überließ. Endlich muste er seinem Bruder Mathias auch die Regierung von Oesterreich, Ungarn, und kurz vor seinem Tod auch
Böhmen überlassen, und starb 1612.

Mathias wurde gleich nach Rudolphs Tode
zum Kaiser erwählt; er nahm den Sohn Erzherzogs Karls von Steyermark, Ferdinanden
an Kindesstatt an, und ließ ihm zum König
von Ungarn und Böhmen krönen. In Böhmen
entstanden verschiedene Unruhen; und die pro-
testantischen Stände beschwerten sich über Re-
ligionsbedrückungen; und ohne eine Abhilfe,
ohne den ihnen angebothenen Vergleich abzuwar-
ten, griffen sie zu den Waffen, mißhandelten
die abgeschickten Kaiserlichen Komissairs, und

erhiel-

erhielten von andern proteſtantiſchen Fürſten
Unterſtüzung; eben als Mathias die Anſtalt
traf die Aufrührer mit den Waffen zu bezwin-
gen, ſo ſtarb er 1619 in Wien.

Ferdinand II. wurde nach einigen Schwierigkeiten endlich auch zum Kaiſer erwählt, aber
in ſeinen Erbländern ſah es unruhig aus; die
Böhmen kündigten ihm den Gehorſam auf, und
drangen unter ihrem Generalen Grafen Thurn
bis Wien, wozu ſich nicht nur ein Theil von
Oeſterreich ſondern auch die Wiener ſelbſt ſchlu-
gen. Friedrich von der Pfalz wurde von den
Böhmen zum Gegenkönig ausgerufen, hingegen
unterſtüzten Spanien, und die Khurfürſten von
Sachſen und Baiern den Kaiſer; Sainthi-
lairs kam eben als Ferdinand in ſeiner Burg
zu Wien von den Böhmen und Wienern be-
lagert wurde, unvermuthet von Krems mit 500
Küraſſiren, die nebſt den übrigen Kaiſerl. Anhängern die Wiener ſchreckten; und den Graf
Thurn nach Böhmen mit ſeinen Leuten zurück-
jagten. Graf Buquoi ſchlug den Grafen Ernſt

v. Mannsfeld bei Budweis; und die tapfern
Baiern lieferten Friedrichen von der Pfalz ein
entscheidendes Haupttreffen bei Prag am weis=
sen Berg, und eroberten ganz Böhmen für den
Kaiser. Inzwischen fiel Bethlem Gabor Fürst
von Siebenbürgen in Ungarn ein, und unter=
warf sich mit seinen Türkischen Hilfsvölkern
einen Theil des Landes, nachdeme er aber vom
Grafen Niklas Esterhaß und wiederum von dem
Helden Grafen Wallenstein besiegt worden,
so wurde Friede gemacht; eben so ward auch
der im Land ob der Enns entstandene Bauern
Aufstand durch Papenheim bald wieder glück=
lich gedämpft. Das Baierische Heer siegte
unter ihrem grossen Anführer dem tapfern Ge=
neral Tili über den Grafen Mannsfeld, und
über die übrigen Feinde Ferdinands, nemlich
Dänemark, Braunschweig, Baadendurlach,
Würtenberg, und mehrere geringere, und ob=
schon er bei Wiselbach einigen Verlust erlitt,
so schlug er doch gleich darauf bei Wimpfen
und bei Hechst den Marggrafen von Baaden=

Dur=

durlach, und den Herzog Christian von Braunschweig, Wallenstein und Tili schlugen auch
die Dänische Armee, und eroberten alle feind-
lichen Länder bis an die Ostsee. Der glück-
liche Fortgang, welchen Ferdinand vorzüglich
durch die baierischen Waffen und durch den tapfern Wallenstein erhielt, hätte ihm ganz leicht
in den Stand sezen können einen eben so rühmlich als vortheilhaften Frieden zu schliessen;
allein er blieb hartnäckig bei seinem Vorhaben
die Protestanten auszurotten, und versuchte solches nicht nur in Ansehung seiner Erbländer
zu bewerkstelligen, sondern verordnete durch ein
eigenes Restituzions Edikt, daß alle seit dem
Passauischen Vertrag von den Lutheranern be-
sezte Stifter im deutschen Reich wieder sollen abgetretten werden; den Reformirten hingegen ver-
both er alle Religionsübung in Deutschland.
Durch dieses wurden einerseits viele Reichsstän-
de genöthiget das äusserste zu wagen, um sich
in ihren Besizungen zu erhalten, anderseits
schien die immer sich vergrössernde Macht Oe-

ster-

sterreichs andern Staaten fürchterlich zu werden. Es grif daher auch Schweden zu den Waffen, und ihr König Gustav Adolph, mit welchem sich Sachsen vereinigte und von Frankreich
unterstüzt, brach in Deutschland ein, schlug die
Oesterreicher bei Breitenfeld. Als aber Ferdinand den Helden Wallenstein, der eine Zeitlang entlassen war, wieder in Dienste nahm,
so trieb dieser Gustaven zurück; bei Lüzen kam
es zu einen Haupttreffen, in welchem zwar
König Gustav umkam, doch die Schweden den
Sieg behaupteten, auch wieder in Baiern und
Schlesien vordrangen. Wallenstein, der sich
wegen verschiedenen Nekereien mißvergnügt zeig-
te, und befürchten ließ, daß er sich mit Ferdinands Feinden vereinigen möchte, wurde sehr
wahrscheinlich auf Veranlassung desselben zu
Eger meuchelmörderisch hingerichtet. Prinz Ferdinand des Kaisers Sohn erfocht nachher noch
einen herrlichen Sieg bei Nördlingen über die
Schweden; mit Sachsen wurde ein Separat-
frieden in Prag geschlossen, demselben die Laus-

niz

niß überlassen, weswegen es sich auch zur kaiserlichen Partei umwendete. Prinz Ferdinand
wurde zum Römischen König erwählt, nachdem
er schon vorhin in Ungarn und Böhmen gekrönt
worden; und kam auch wirklich nach seinem
Vater, der 1637 unter den Kriegsunruhen
starb, zur Regierung.

Ferdinand III. sezte den Krieg anfangs
mit gutem Glück fort; die Generals Hazfeld
und Galas schlugen die Feinde verschiedenma-
len; hierauf aber siegten mit Unterstüzung von
Seite Frankreichs die Schweden, eroberten
Böhmen, Mähren, und kamen gar bis auf
wenige Stunden vor Wien. Endlich unter-
brach der sogenannte Westphälische Friede,
welcher zu Osnabrück und zu Münster den 24.
Okt. 1648 geschlossen wurde, diesen verheeren-
den Krieg, welcher durch 30 Jahre von beiden
Seiten mit vieler Hartnäckigkeit fortgesezt wurde, und lange die traurigsten Spuren der Grau-
samkeit beider Theile hinterließ; das Andenken
davon aber noch späten Nachkömmlingen hin-

ter-

terlaſſen wird. Ferdinand ſtarb bald nach ſeinem Sohn Ferdinand IV. der ſchon bei Lebs-
zeiten ſeines Vaters als Römiſcher, Ungariſch,
und Böhmiſcher König gekrönt war.

Leopold zweiter Sohn Ferdinands III.
kam hierauf zur Regierung der Oeſterreichiſchen
Länder, und wurde auch zum Römiſchen Kaiſer erwählt. Er ſchüzte Anfangs Dänemark
und Pohlen wider die Schweden. Als er
ſich aber in die Streitigkeiten des Siebenbür-
giſchen Fürſten Johann Kemeny mit der Pforte einmiſchte, ſo eroberten die Türken Neuhäu-
ſel und mehr andere Feſtungen in Ungarn, bis
ſie vom General Grafen von Montekukuli bei
St. Gotthard 1664 auf das Haupt geſchlagen
wurden; hierauf erfolgte ein etwas übereilter
Friede, bei welchem die Türken in dem Beſiz
von Großwardein blieben, und der von der
Pforte dazu beſtimmte Abaffi Fürſt in Siebenbürgen wurde. Eine gefährliche Verſchwörung
in Ungarn wider Leopold wurde zwar endeckt,
und die Häupter davon die Graf Niklas Szeri-

ny,

ny, Nadasti, Frangepani, und Tättenbach ent-
hauptet. Der Palatin Wesseleni starb vor den
Ausbruch und Ragozy wurde begnadigt; doch
sezte den Aufruhr nicht nur Tökeli fort, sondern es veranlaßte auch einen neuen Krieg mit
den Türken, in welchem sie 1683 unter ihrem
Großvezier Kara Mustafa 300,000 Mann stark
sogar bis Wien vorrückten, und selbes belagerten. Rudiger von Stahremberg vertheidig-
te die Stadt auf das heldenmüthigste; und
der König von Pohlen; die Kurfürsten von
Baiern und Sachsen, der Herzog von Lothringen,
der Marggraf von Baaden und der Fürst von
Waldek entsezten es mit ihren Hilfsvölkern,
und richteten eine schreckliche Niederlage unter
den Türken an, welche eiligst nach Ungarn ent-
flohen, und zu wiederholtenmalen bei Barkan,
Gran, Ofen, Mohacz, Nissa, Salankement
und bei Szenta gänzlich geschlagen wurden.
Nach diesen Siegen kam endlich ganz Ungarn
aus der Gewalt der Türken, und sie musten

in

in dem 1699 zu Karlowiz geschlossenen Frieden
nicht nur den bisher besessenen südlichen Theil
von Ungarn, sondern Siebenbürgen und Slavonien abtretten, den Türken blieb nur noch das
sogenannte Temeswarer Banat. Der Kaiser
erklärte hierauf Ungarn, welches er von den
Türken durch Gewalt der Waffen eroberte,
als ein Erbkönigreich; und ließ seinen ältern
Sohn Joseph daselbst krönen. Daraus entstanden wieder neue Unruhen; der schon einmal
begnadigte Ragoczy erregte einen neuen Aufstand und streifte bis Wien, weswegen die sogenannten Linien um die Vorstädte errichtet
wurden, um die Rebellen von Wien abzuhal-
ten. General Heister schlug sie auch einigema-
len in Ungarn. Inzwischen erfolgte nach Absterben Königs Karl II. von Spanien ein neu-
er Krieg mit Frankreich über die Erbfolge,
Kaiser Leopold machte für seinen zweiten Sohn
Karl Anspruch auf dieses Königreich, und der
König von Frankreich Ludwig XIV. suchte es
für den Herzog von Anjou, welchen der lezte

Kö-

König Karl zum Erben sollte eingesezt haben,
zu behaupten; und brachte den Kurfürst von
Baiern und andere Deutsche Fürsten auf seine Seite; hingegen alliirten sich die Seemäch-
te, und vorzüglich England mit Oesterreich;
anfangs verlohr Oesterreich am Rhein; bis
endlich der Herzog von Marlbourough in den
Niederlanden, und der grosse Prinz Eugen von
Savoyen in Italien die entscheidensten Siege
über die Französische und Baierische Armeen erhielt; Prinz Karl gieng selbst nach Spanien,
und als sich auch der König von Portugall zu
seinen Gunsten erklärte, so wurde er wirklich
zum König ausgerufen; auch der König von
Savoyen trat auf die Oesterreichische Seite;
die alliirten Engländer und Portugiesen schlugen
den Herzog von Anjou in Spanien; eroberten
Gibraltar; und in Deutschland erfochten Marlbourough und Eugen bei Heckstädt einen wichtigen Sieg über die Franzosen und Baiern.
Wärend dieses Krieges starb Leopold im
Jahr 1705.

Jo-

Joseph I. folgte seinem Vater in der Regierung, und als Kaiser; Er sezte den spanischen Erbfolgskrieg mit vieler Thätigkeit fort.
Prinz Eugen schlug die Franzosen gänzlich bei
Turin in Savoien, und Marlbourough bei Ra-
millies in den Niederlanden, zugleich erhielt eine andere englische Flotte die ganze Spanische
Küste am Mittelländischen Meer unter Erzherzog Karls Bothmässigkeit. Der Graf von
Daun unterwarf Neapel dem Kaiser; und Erzherzog Karl schlug mit dem Grafen von Stah-
renberg die Franzosen bei Almenara und Sa-
ragossa in Spanien. Von der andern Seite
erhielt Joseph durch die Vermittlung des Grafen Palfi Ruhe in Ungarn; allein das Ende
des Sukzessionskriegs erlebte er nicht, sondern
starb 1711 im 33. Jahr seines Alters.

Da Joseph ohne Erben starb, so muste
Karl in die ihm zugefallene Deutsche Staaten
zurückkehren, und wurde auch 1714 von den
Khurfürsten zum Kaiser erwählt; da zu gleicher Zeit England sehr an dem Frieden arbei-
tete,

tete, so wurde er endlich auch zwischen Kaiser
Karl dem VI. und Frankreich zu Rastadt und
Baaden 1714 geschlossen; der Kaiser trat dem
Herzog Philipp von Anjou Spanien ab, und
erhielt dagegen die 10 Niederländische Provin-
zen — da sich die andern sieben, Holland,
Seeland, Utrecht, Oberrissel, Friesland, Grön-
ningen und Niedergeldern schon unter König
Philipp II. in Spanien von der Monarchie
trennten, und einen eigenen Republikanischen
Staat errichteten — Ferner bekam Karl Nea-
pel, Sardinien und Mailand, 1717 fiel nach
Absterben des Fürsten Johann von Eggenburg
die Grafschaft Gradiska wieder an Oesterreich.
Schon im Jahr 1714 griffen die Türken die
Venezianer an; Karl war mit der Republik
aliirt, und so kam es auch zwischen der Pforte und
Oesterreich zum Krieg. Prinz Eugen besiegte
sie bei Peterwardein und Belgrad, worauf der
Passarowitzer Frieden 1718 zu stand kam, nach
welchem Oesterreich Belgrad, den grösten Theil
von Servien, einen Theil der Wallachei und

das

das Temeswarer Bannat bekam. Inzwischen
fiel Spanien neuerdings in Sardinien ein,
und fiel auch Sizilien an, als Frankreich und
England sich darein mengten, und einen neuen
Frieden zu Stande brachten, nach welchem beide Theile auf die wechselseitigen Länder Verzicht thaten; Oesterreich erhielt Sizilien; und
Sardinien kam an Savoyen; Toskana, Parma und Piazenza endlich sollten an Philipps zweiten Sohn kommen; Spanien garantirte dafür
die von Karl VI. erneuerte sogenannte Pragmatische Sanktion, nach welcher bei Abgang
der männlichen Erben die älteste Tochter des
Kaisers die Erbfolge in den Oesterreichischen
Staaten erhalten sollte — Als Frankreich bei
Erledigung des Pohlnischen Throns 1733 sich
für den Schwiegervater des Königs, den
schon von den Pohlen erwählten Stanislaus
verwendete, der Kaiser aber dem Kurfürst von
Sachsen diesen Thron verschaffen wollte, so
kam es zwischen Frankreich und Oesterreich zum
Krieg; die Franzosen waren auch darin sehr
glück-

glücklich, und eroberten mit ihren Alliirten,
mit Spanien und Sardinien, die österreichischen
Staaten in Italien bis auf Mantua, als hierauf 1735 zu Wien der Frieden geschlossen
wurde. Don Karlos der zweite Prinz von
Spanien erhielt Neapel und Sizilien, der Kaiser, Mailand, Parma und Piazenza, Frankreich die Anwarthschaft auf die Herzogthümer
Lothringen und Baar, die der Herzog an den
König Stanislaus von Pohlen abtretten muste, und dagegen erhielt Franz Stephan Herzog zu Lothringen die Anwartschaft auf Toskana nach Absterben des regierenden Hauses
Medizes, dabei wurde auch von Frankreich Marien Theresien die Erbfolge nach ihrem Vater
Kaiser Karl garantirt; 1736 wurde der Kaiser
widerum mit den Türken wegen der Allianz
mit Rußland in einen Krieg verflochten, der
nach einigen für Oesterreich unglücklichen
Schlachten dahin beigelegt wurde: daß die
Pforte Belgrad nach geschleiften Festungswer-
ken und den Theil von Servien und der Wal-

lachei erhielt, welchen Oesterreich besaß. Im
innern des Reichs unternahm Karl die treflichsten Einrichtungen; er verwandte unsägliche Kosten auf die Verbesserung der Strassen und des
Handels, und stiftete die berühmte Handlungs-
gesellschaft in Ostende; die er aber wieder aufzuheben gezwungen wurde; er errichtete in Wien
selbst viele prächtige Gebäude, und erhob das
Bisthum daselbst zu einem Erzbisthum. Seine
älteste Tochter gab er dem Herzog von Lothringen Stephan Franz zur Gemahlin, welcher das Großherzogthum Toskana erhielt. Und
versicherte Ihr den Besitz aller Oesterreichischen
Länder, durch die errichtete und sowohl von
dem deutschen Reich als auch den meisten übrigen Staaten garantirte pragmatische Sankzion. Karl starb endlich in der Favorite seinem Lustschloß 1740.

Marie Therese folgte ihrem würdigsten
Vater nach dessen Hintritt sogleich auf den
Thron, und ernannte ihren Gemahl durch eine
Assoziazionsakte zum Mitregenten. Allein un-
geacht

geachtet all der Garantien, die Kaiser Karl theuer erkaufte, machte sogleich nach dessen Tod
Kurfürst Karl von Bayern, welcher die Sankzion nie genehmigte, Anspruch auf alle österr.
Provinzen, und suchte seine Forderung durch
das Testament Ferdinand I. zu unterstützen.
Der König von Preußen begehrte die schlesischen Fürstenthümer, Jägerndorf, Ligniz,
Brieg und Wohlau. Auch Spanien machte
auf die ganze Verlassenschaft Anspruch, und
begehrte aber vorzüglich die österr. italienischen
Staaten; der König von Sardinien forderte
Mailand, und Sachsen protestirte wider die
Mitregentschaft des Gemahl Theresens. Obschon Frankreich einigermassen zauderte, so
unterstüzte es doch nachher den Kurfürsten von
Bayern. Nur allein England und Holland
blieben Marien Theresen getreue Freunde. Der
König von Preußen Fridrich II. fiel mit
40000. Mann in Böhmen ein, denen sich der
General Neuberg mit 24,000. Mann entgegen
stellte. Bei Molwiz kam es zum Treffen, und

der

Der tapfere General Römer schlug die ganze
preußische Kavallerie, so, daß der Held Fridrich ungeachtet seiner so sehr überlegenen Macht
eiligst entfloh, doch siegte bei dem zweiten Angrif dennoch Preußens Uibermacht, und der
Krieg wurde durch einen Traktat auf eine
Zeitlang gehemmt. Unterdessen hatte der Kurfürst von Bayern mit seinen französischen
Hilfstruppen Böhmen und das Land ob der
Enns eingenommen; und ließ sich zu Prag
krönen, und in Linz huldigen; wurde auch darauf zum römischen Kaiser erwählt. — Maria
Theresia suchte in dieser äußersten Verlegen-
heit Trost und Hilfe bei ihren treuen Ungarn,
sie schrieb einen Landtag auf Preßburg aus,
und begab sich mit dem erst vor 6. Monat
gebohrnen Erzherzog Joseph dahin; trat den
11. Sept. 1741. unter die versammelten Stände, und redete sie an: Von meinen Feinden
verfolgt, von meinen nächsten Blutsverwand-
ten angegriffen, nehme ich meine einzige Zu-
flucht zu eurer Treue, eurem Muth und mei-
ner

ner Standhaftigkeit; in eure Hände übergebe
ich den Sohn und die Tochter eurer Könige,
— sie erwarten ihr Heil allein von Euch —
Thränen hinderten die junge schöne Königin
mehr zu sprechen. — Der ruhmwürdigste Patriotismus und der edelste Nazionalstolz wurde
in den Anwesenden thätig belebt; ganz begei-
stert folgten die Ungarn dem Beispiel ihres
erhabenen Palatin Grafen Palfi, griffen zu
den Säbeln und schwuren einmüthig für ihre
Königin alles zu unternehmen. Das laute
Ruffen: Es lebe die Königin! zu den Waffen!
wurde allgemein. Aus den entferntesten Gegenden des Königreichs zogen in Kürze häufig
Krieger gegen Theresiens Feinde. Nach der
unglücklichen Schlacht bei Kotuschiz wurde
mit dem König von Preußen Friede gemacht,
und selbem der größte Theil von Ober- und
Niederschlesien nebst der Grafschaft Glaz abgetretten. Hingegen jagt Khevenhüller die
Bayern aus Oesterreich, Bärenklau und
Stentsch eroberten fast ganz Bayern, Prinz

B b 4

Karl

Karl von Lothringen schlug die Bayern noch-
mal gänzlich bei Simpach; zwo französische
Armeen wurden in Böhmen gänzlich aufge-
rieben und das Land wieder erobert. Der
König von England schlug die Franzosen noch-
mal bei Dettingen; und eine englische Flotte
besiegte die vereinigt französisch-spanische Flotte in dem Hafen von Toulon; in Italien erhielten die französisch- und spanischen Armeen
von Marschall Traun, Fürst Wenzl Lichtenstein und General Marquis de Botta gänzliche Niederlagen. Als aber der König von
Preußen neuerdings ohne Ursach in Böhmen
einbrach, hemte es das Glück der österreichischen Waffen; die Preußen wurden anfangs
zwar durch eine sächsische Armee zurückgetrieben, kehrten aber bald wieder zurück, und der
König siegte nicht nur bei Hohenfriedberg
und Sor, sondern auch bei Hemersdorf über
die Sachsen, welche ebenfalls der Fürst von
Dessau bei Kesselsdorf gänzlich schlug. Hierauf wurde der Frieden in Dresden mit

Preu-

Preußen geschlossen, und dem König der un-
abhängige Besitz von Schlesien bestättiget.

Weil inzwischen Kaiser Karl VII. gestor-
ben, so wurde Herzog Franz mit Beistimmung
Preussens zum Kaiser erwählt, mit dem Sohn
des verstorbenen Kaisers aber zu Füssen ein
Separat Frieden geschlossen, und selben die
bayrischen Staaten wieder 1745. überlassen.
Die Franzosen stritten zwar glücklich in den
Niederlanden, waren aber desto unglücklicher
in der Lombardei, wo sie allenthalben geschlagen und vertrieben wurden. Endlich wurde
zwischen England, Holland und Frankreich
1748. zu Aachen Frieden geschlossen, dem auch
Oesterreich beitrat, und ausserdem, was es
schon an Preußen abgetretten, nur Parma
und Piazenza an den spanischen Infanten
Don Philipp überließ. Maria Theresia blieb
also ungeachtet so vieler Feinde dennoch in dem
Besitz des größten Theils ihrer Staaten, in
welchem sie vorzüglich die Treue und der
Muth der Ungarn, die Standhaftigkeit der
Brit-

Britten, und die Tapferkeit ihrer Gene als
des Prinzen Karls von Lothringen, der Fürsten von Lichtenstein und Lobkowiz, und der
Grafen Khevenhüller, Traun, Nadasti, Ba-
thiani, Königsek und anderer behauptete.

Die Allianz Englands mit Preußen be-
wirkte eine andere zwischen England und
Frankreich, und vereinigte diese seit 300. Jahren rivalen Mächte mitsammen; und auch dieses war das Werk des grossen Kauniz. Der
König von Preußen gab ein wider ihn ge-
schmiedetes Bündniß zwischen Oesterreich,
Rußland und Sachsen vor und fiel in dieses
leztere ein. Er nahm Leipzig und Dresden
weg, und schloß die sächsische Armee bei Pir-
na ein; zugleich wollte er die österr. Armeen
hindern jener zu Hilfe zu kommen, und ließ
sich bei Lowosiz in ein Treffen ein, welches
nichts entschied, und beide Theile behaupteten den Kampfplaz. Das folgende 1757.Jahr
drangen die Preußen bis Prag vor, wo es
zum Treffen kam, in welchem anfangs die

Oe-

Oesterreicher, dann aber die Preußen siegten, und darauf Prag zu belagern anfiengen. Der F. M. Daun eilte mit einer neuen Armee die Hauptstadt Böhmens zu retten, und der König rückte ihm bis Planian entgegen, wo aber die Preußen dergestalt geschlagen wurden, daß sie sogleich ganz Böhmen mit einem Verlust von mehr als 20,000. Mann verlassen mußten, die Oesterreicher rückten in Schlesien und in die Lausniz nach, woraus sie den Prinzen Heinrich von Preußen vertrieben; und der General Graf Haddik streifte bis Berlin und brandschäzte es. Auch die preußischen Alliirten wurden von der französischen Armee gänzlich geschlagen; der Herzog von Bevern wurde in seinem festen Lager bei Breßlau von Daun gefangen, und Schweidniz und Breßlau kamen in die Hände der Oesterreicher. Jedoch glückte es dem König am 5ten Nov. 1757. bei Roßbach die Franzosen zu schlagen, worauf er nach Schlesien eilte. Und als wider Dauns Anrathen Prinz Karl

ge-

gegen Leuthen vorrückte, siegte auch der König über die Oesterreicher, die sich darauf zurückziehen mußten. Der König belagerte hernach Ollmütz, als aber der heldenmüthige
Loudon eine preussische wichtige Konvoi mit
Munizion und Geld aufhob, so zog er sich
zurück. Die Preußen wurden von Daun
neuerdings bei Hochkirchen in Sachsen aus
ihrem festen Lager vertrieben, wobei der König
in größter Gefahr war gefangen zu werden;
auch in dem Feldzuge des 1759. Jahr war
Oesterreich glücklich; Loudon schlug den König
bei Kunersdorf, Daun nahm bei Maxen den
General Fink mit 9. Generäls und mehr als
15,000. Mann gefangen, worauf Glaz über-
gieng. Loudons Rückzug bei Ligniz als er
von der ganzen königl. Armee eingeschlossen
wurde, war ein Meisterstück der Taktik. Der
König siegte bei Torgau 1760. nach der Ver-
wundung Dauns, als er schon zweimal zurück
geschlagen war, und den 3ten Angrif wieder:
holte. Als nach dem Tod der rußischen Kaise-

rin

rin Elisabeth sich ihr Nachfolger auf preußische
Seite umwendete, so erhielt der König einigermaffen die Oberhand. Er eroberte wiederum Schweidniz nach einer langen heldenmü-
thigen Gegenwehr des tapfern Guasko und
vertrieb die Oesterreicher aus Schlesien. Im
Jahr 1763. kam endlich der Frieden zu Hu-
bertsburg zu Stande; dem König wurden die
Verträge von Dresden und Breßlau bestättiget; und er verhieß dem Erzherzog Joseph die
Wahlstimme zur röm. Königswürde.

. Im Jahre 1765. starb Kaiser Franz I.
den 15. August, und Joseph II. wurde röm.
Kaiser; Erzherzog Leopold hingegen erhielt das
Großherzogthum Toskana. Bei den pohlnischen Unruhen erneuerte Maria Theresia ihre
alten Ansprüche auf die Königreiche Gallizien,
Lodomerien, und die beiden Herzogthümer
Auschwiz und Zator, und ließ sie 1772. auch
wirklich in Besiz nehmen. Eben so ließ sie
auch 1773. die Bukowine, ein Stück der
Moldau, welches ehemals zu Siebenbürgen
ge-

gehörte, beſezen; welches Stück Land ihr hernach auch von der Pforte überlaſſen wurde.

Nach dem Tod des Kurfürſten in Bayern machte Maria Thereſia 1777. Anſpruch
auf die bayeriſche Verlaſſenſchaft, weil die
Wilhelminiſche Linie erloſch; und Kaiſer Sigmund 1426. Oeſterreich in dieſem Fall die
Anwartſchaft verlieh. Es wurde auch mit dem
Kurfürſten von der Pfalz dieſfalls ein Vergleich getroffen, und die Oeſterreicher rückten
in Bayern ein. Allein der Herzog von Zwei-
brücken als Erbe des Kurfürſten von der
Pfalz proteſtirte dagegen, und bat den König
von Preußen um Hilfe, der ſich auch dazu
ganz bereit finden ließ, und nach vorgegange-
nen ſehr bittern Verhandlungen bei Nachod
in Böhmen eindrang. Auch Sachſen verband
ſich mit Preußen; allein beide konnten wegen
der meiſterlichen Stellungen der Oeſterreicher
nichts vornehmen, hingegen verloren die Preußen, die ſich ſchon im Herbſte 1778. wieder zurückziehen mußten, durch die glücklichen An-
griff-

griffe der Oesterreicher den größten Theil der Grafschaft Glaz; in dem schon im Frühjahre 1779. erfolgten Frieden zu Teschen erhielt Oesterreich 7. bayerische Landgerichter oder das sogenannte Innviertl; erklärte sich aber dagegen, daß es in die Vereinigung der Marggrafthümer Anspach und Baireuth mit Brandenburg nach Absterben des markgräflichen Hauses willigte.

So sehr Maria Theresia in die schweresten Kriege verflochten war, und daher alle Sorge zu tragen hatte, sich gegen ihre Feinde zu schützen, so unterließ sie doch nicht ihre vorzügliche Aufmerksamkeit auf das Innere des Staats zu widmen; und hat auch wirklich durch ihre weisen Anordnungen die Stärke und das Ansehn der Monarchie beträchtlich vergrössert. Maria Theresia war unstreitig eine der fürtreflichsten und grösten Regentinnen; die neue Einrichtung des Justizwesens, und die Verbesserung der Landesverfassung; die Beförderung des Handels, des Ackerbaues und der

Küh-

Künste; waren alle Werke Theresiens; als eine Freundin der Wissenschaften beförderte sie
auf alle möglichste Art und mit dem kostspie-
ligsten Aufwand dieselben; Sie schuf gleichsam
neue Talente, oder vielmehr Sie erhob sie durch
die großmüthigste Unterstützung; weil Sie sich
überzeugt hielt, daß die Nazionalglückseeligkeit
das Resultat ausgebreiteter Kenntnisse sei. Unter Theresen hoben die Wissenschaften ihr Haupt
empor; edle einsichtsvolle Menschenfreunde fien-
gen an ächte Aufklärung zu verbreiten, die hohe Schule wurde reformirt, und die fürtreflichsten Männer zierten ihre Lehrstühle. Oeffentliche Bibliotheken wurden angelegt unter der
Protekzion des größten der Minister, Fürsten
von Kaunitz, eine Akademie der bildenden Künste errichtet; ferner errichtete Sie eine Akademie der Orientalischen Sprachen, und jene des
Ackerbaues. Die deutschen Schulen wurden
wesentlich verbessert; auf die Kanzeln traten
würdige Diener der schönen Jesus Religion;
und die Schaubühne wurde von Hanswursten,

Den

den ridikülen Prehaufer, und von Sottisen gereiniget, und überhaupt alle Zweige der Wif-
senschaften und Künste kamen in Aufnahm.
So sehr dieses Ihrem Verstand Ehre machte,
so glänzend erhoben ihre wohlthätigen Handlungen ihre Herzensgüte. Die adelichen Stif-
tungen, die Sie sowohl in Wien als in andern Orten machte, nemlich die Therefianisch-
und Löwenburgische, ferner in Insbruck, Brün,
Lemberg, Ofen und Waizen; die Militari-
schen in Wien, Neustadt, Antwerpen und Tirnau; nebst vielen andern großmüthigen Geschenken, die Sie den Armen ertheilte, waren
so wie Ihr unverkennbarer Eifer für die Religion, der Nazion die unwidersprechlichsten Beweise der erhabensten Tugenden ihrer Beherr-
scherin. Endlich starb Maria Therefia nach
einer so ruhmvollen 40jährigen Regierung, und
nach einer kurzen Krankheit den 29. Novem.
1780. Abends gegen 9 Uhr.

Joseph der II. der schon seit 1765 Mit-
regent war, kam nun allein zur Regierung.

C c

Die

Die unglücklichsten Umstände, unter denen er
gebohren wurde, schienen seine künftigen Un-
fälle vorherzusagen. Er vermählte sich zuerst
1760 mit Maria Isabella, Philips Infanten
von Spanien Tochter, die aber schon im 3ten
Jahr darnach starb. 1765. vermählte er sich
zum zweitenmal mit Marien, Kaiser Karl VII.
Tochter aber auch die starb bereits 1767, und
nur wenige Jahre war er Vater einer sehr ge-
liebten Prinzessin. Der Kaiser sammelte sich
nicht nur viele Kenntnisse seiner eigenen Staaten durch seine Reisen, die er in alle Theile der
Monarchie gemacht, sondern er reiste auch schon
1769 nach Italien, Rom und Turin; worauf
er den König Friedrich II. zu Neiß in Schlesien besuchte, für den er auch immer sehr viele Achtung bezeigte. 1777. reiste er als Graf
von Falkenstein nach Frankreich. In dem bai-
rischen Sukzessionsstreit unterzog er sich allen
Beschwerlichkeiten des Kriegs; er beobachtete
überhaupt eine strenge Mäßigkeit. Als er die
Regierung der sämmtlichen Erbländer antrat,

so

so war er sogleich bemüht seine schon lang ent-
worfenen Plane auszuführen. Der Monarch
hatte gewiß die besten Gesinnungen ; das Glück
der Nazionen, die er beherrschte, war auch
unstreitig das Ziel seiner Wünsche. Er opfer-
te sich ganz dem Wohl seines Volkes auf,
traf verschiedene Verfügungen, welche die Verbesserungen des Justizfaches zur Absicht hatten ;
das Toleranzedikt machte seinem Herzen Ehre ;
aber von den meisten Verordnungen wurde der
gesuchte Endzwek nicht erhalten. Die größten
Hindernisse, sein Vorhaben auszuführen, stiessen
dem Monarchen von allen Seiten auf, erschüt-
terten aber seinen Muth nicht, ja eiferten ihn
vielmehr an bei dem Bewustsein der edelsten
Absichten selbe gewissermassen hartnäckig durch
zu setzen. So viele Hochschätzung Er dem erhabenen Fürsten von Kaunitz bewies, so schien
er doch nicht immer seinen Rathschlägen gefolgt
zu haben. Uiberhaupt beweisen alle seine Unternehmungen, daß er das Glück des größten
Theils seiner Völker zu erhalten, das Ansehen

Cc 2   der

der Monarchie zu erhöhen, jeden fremden Einfluß zu beseitigen, und überhaupt Einfachheit
der Regierung, und gleiche allgemeine Grund-
sätze in allen Theilen des Staats einzuführen,
und ein gemeinschaftliches Staatsinteresse fest
zu setzen suchte.

Im Jahr 1780 reiste Joseph nach Rußland, und das folgende Jahr besuchte er seine
Niederlande. Er erhielt auch verschiedene Ge-
genbesuche, als von dem Großfürsten von Rußland und Seiner Gemahlin, von dem Herzog
von Würtemberg, und endlich selbst vom Pabst
Pius VI. den merkwürdigen Besuch 1782.
Der Kaiser von Maroko schickte 1783 einen
Gesandten an Joseph zur Schliessung eines
Freundschafts und Handelstraktats. 1785 entstand in Siebenbürgen unter der Anführung
eines gewissen Horja, und durch die Veranlassung Salins ein gefährlicher Aufruhr, in
welchem von den wallachischen Bauern einige
60 Oerter und bei anderthalbhundert Edelsitze
ver-

verheert wurden, und gegen 4000 Menschen
umkamen. Dieser wurde aber endlich wieder
durch die geschickten Unternehmungen der Obrist-
lieutenants Schulz und Krai unterdrückt, und
die Aufrührer bestraft.

Da die Holländer die Schiffahrt auf der
Schelde auf das Ansuchen des Kaisers nicht
frei lassen wollten, und sogar auf eine kaiser-
liche Brigantine, welche die Schelde zu passi-
ren versuchte, feuerten, so wurden sogleich die
Kriegsanstalten mit allem Eifer betrieben. Doch
noch vor dem Ausbruch bewilligten die Holländer dem Kaiser 8 Million Gulden zu bezahlen, die Barriers und verschiedene Forts nebst
einem Stück Land an der Schelde und bei
Limburg abzutretten; dann alle Zölle und Abgaben an der Schelde gänzlich aufzuheben,
und die freie Schiffahrt zu gestatten. Dieser
Friede wurde zu Fontainebleau auf Vermit-
lung Frankreichs 1785 geschlossen. Nach verschiedenen andern Reisen in einige Provinzen
des Reichs begab sich 1786 Joseph nach Cher-

son

son, wohin um eben dieselbe Zeit auch die Kaiserin von Rußland kam, ihren neuen Staat zu
besehen. Nach seiner Zurückkunft erklärte die
Pforte den Krieg gegen Rußland; und da des
Kaisers Vermittlung ohne Erfolg war, so erklärte er sich hinwieder gegen die Pforte; daß
er seiner angegriffenen Aliirten der Kaiserin von
Rußland in allen Fällen beistehen wolle; und
ließ den 9ten Hornung 1788 die feierliche
Kriegsankündigung dem Divan überreichen.
Worauf Joseph selbst gleich hernach zu der bereits in Ungarn zusammengezogenen Armee ab-
gieng. Es wurde zwar im nemlichen Feldzug Schabacz erobert; und der Prinz Koburg
drang mit seinem Korps, welches meistens aus
halb Invaliden bestand, tief in die Moldau ein.
Allein auf der andern Seite drangen die Feinde in das Banat, verheerten eine Menge Ortschaften, und obschon sie wieder über die Donau zurück weichen musten, so zehrte doch eine
einreissende Krankheit den Kern des Kaiserlichen
Heeres in Ungarn auf, und der Monarch selbst

kehr-

kehrte kränklich nach Wien zurück. Als darauf
Feldmarschall Loudon die Armee in Ungarn
kommandirte, so ward der weitere Feldzug wirklich einer der wichtigsten und Ehrenvollesten für
Oesterreich. Loudon eroberte noch im August
1788 Dubiza, im Oktober Novi, Chozim im
September von der vereinigt Russisch- und Kaiserlichen Armee durch den Prinzen von Koburg,
und Vipalanka wurde von dem Graf Harrach
mit stürmender Hand eingenommen. Im folgenden 1789sten Jahr schlug Prinz von Koburg zu erst bei Fokšan in der Wallachei ein
Korps Türken von 30000 Mann unter Meh-
met Bassa. Clärfait schlug den Jussuf Bassa
bei Mehadia; Fürst Hohenlohe den Kara Mu-
stava bei Vladeni, und den glänzendsten Sieg
erfocht Held Koburg nebst dem russischen General Suwaroff mit 21000 Mann Kaiserlich-
und Russischen Truppen über den Großvezier
und sein bei 100000 Mann starkes Heer bei
Martineskie in der Wallachei; worauf der größte Theil dieses Landes den Siegern zufiel.

In-

Inzwischen hatte der Grosse Loudon den 8ten
Oktober die Hauptfestung Belgrad nach einer
22 tägigen Belagerung und Gradiska in 17
Tagen eingenommen. Auch die Festungen Se-
mendria und Gladova wurden den Türken abgenommen, und die Belagerung von Orsova
angefangen.

Inzwischen erhoben sich wichtige innere
Gährungen in den Niederlanden, die sehr
wahrscheinlich durch ein fremden Einfluß genährt
wurden. Die Nazion war mit verschiedenen
Einrichtungen des Kaisers und vorzüglich der
Klerus mit den neuen General-Seminarien und
der Löwner Universität unzufrieden; und da
nicht gleich ihre Wünsche um Abhelfung dieser
Neuerungen erfüllt wurden, und die in der sogenannten Entrée joyeuse enthaltenen Freiheiten ihnen zur Strafe der Unruhen genommen wurden, so brachen hin und wieder öffentliche Unruhen aus; vorzüglich aber geschah
dieses zwischen den 11. und 12. Dezember 1789.
In der Nacht, wo es zwischen den Bürgern
und

und Soldaten zum Gefecht kam; welche leztere sich auch des andern Tages von Brüssel
wegbegeben und nach Luxenburg zurückziehen
mußten. Obschon ein grosser Theil der Nazion
keineswegs zum Aufruhr geneigt, ja die Provinzen Limburg und Luxemburg, besonders die
erstere, vielmehr mit des Kaisers Verfügungen sehr zufrieden war, so haben doch die Stände der übrigen Provinzen sich mittelst einer
Unionsakte vom 7. Jenner 1790 mitsammen verbunden, und die Oesterreichischen Niederlande
zu einem freien Staat erklärt; und alle bisher
sehr günstigen Vorschläge des Monarchen hartnäckig verworfen. Aehnliche Unruhen schienen
sich in diesem Jahr in Ungarn zu erheben,
wobei man die auswärtige Triebfeder durch
ziemlich zweideutige Handlungen nur all zu
sichtbar bemerkt haben will; allein der schon
tödtlich kranke Monarch kam allen Weiterungen
dadurch bevor, daß er den Ungarn nicht nur die
Herstellung ihrer alten Verfassungen, wie es
zu Zeit des Antritts Seiner Regierung war,
ver-

versicherte, sondern ihnen auch die letzten Tage
seines Lebens die Reichskrone nach Ofen zurück bringen ließ. Gleiche Abänderungen wurden auch in Tyrol getroffen. Und so starb
der Monarch mitten in diesen Unruhen den 20.
Hornung 1790.

Die wichtigsten Verordnungen sind schon
vorher angeführt worden, aus welchen die guten Absichten Josephs hinlänglich erhellen. Ge-
wis war Sein Plan erhaben und wohlthätig,
aber doch leichter entworfen als ausgeführt.
Das verschiedene Länder = Interesse und derselben Kollision machte manchen Entwurf für sich
untauglich, der seiner Theorie nach glänzend
und unverbesserlich war; hieraus folgten die
häufigen Ab = und Umänderungen; Noch öfter
wurden auch die besten Anstalten einzelnen Pri-
vatinteressen aufgeopfert. Joseph war streng
auf sich selbst, man kann ihm nie Schonung
Seiner, vielmehr aber das Gegentheil vorwer-
fen. Er scheuete keine Gefahr, keine Ungemäch-
lichkeit und keine Mühe; besonders wann es

um

um das Wohl seines Volks zu thun war. Es
ist auch keine Regierung so Thatenreich als Joseph seine; und keine wird in den Geschichtsbü-
chern sich so merkwürdig bezeichnen. Aber um
so mehr ist der Monarch zu beklagen, der bei
all seinen guten Absichten gerade nicht das be-
wirkte, was er sich zum Ziel gesezt; der eben
am Ende seiner Regierung, was er 9 Jahr lang
mühsam zuwegen gebracht, gleichsam in einem Au-
genblick selbst vernichten mußte; und an seinem
Ende alle seine Entwürfe entweder unvollendet
oder gar vereitelt sah. Und darum gehört Joseph wirklich unter die größten, aber auch unglücklichsten Herrscher.

Lezter Abschnitt.

Oesterreichs Staatsinteresse.

I.

Inneres Staatsinteresse.

Oesterreich hat alle natürliche Anlage eine ungemeine Grösse zu erreichen. Es hat zwar auch verschiedene Nachtheile, als die Entlegenheit und den Mangel an Zusammenhang ihrer Provinzen. — Die verschiedene Regierungsform und die Verschiedenheit der Geseze der einzelnen Länder, welches den Gang der öffentlichen Geschäfte langsam und beschwerlich macht. — Dieses wird noch mehr zugleich durch die Verschiedenheit der Sitten und Religion der Einwohner verursachet. — Auch das Interesse einiger Länder ist zu sehr entgegen gesetzt. — Dem ungeachtet kann Oesterreich den Vorrang vor allen Staaten erhalten. Durch eine ausgebreitete Kenntniß der eigenen Länder selbst; durch

die

die kluge Verwendung ihrer Naturprodukte;
die Einfuhr fremder Waaren kann nur dann
mit Erfolg verboten werden, wenn sie im Land
selbst eben so gut verfertiget werden; eine bessere Unterstützung der Fabrikanten, und die Anlegung der Fabriken auf das Land könnte nicht
allein obiges sondern auch eine vortheilhafte
Konkurrenz in Ansehung des Preises der Waaren erhalten. — Zu Unterstützung der Fabriken
wären vielleicht am schicklichsten die Mautein-
künfte, für jene verbotene Waaren, welche sich
Privaten zu eigenen Gebrauch bringen lassen, dann
auch alle verfallene Güter und den dafür ein-
gelösten Betrag zu verwenden. — Der Erfolg
zeigt, daß die meisten Geseze einer Reformazion
bedürfen; sie sollen aber mit Beobachtung der
herrschenden Sitten und des Nazionalkarakters
von philosophischen Männern, die zugleich die
Länder, und ihre bisherige innere Verfassung
genau kennen, verfaßt wurden. Es ist billig
und auch gewissermassen nützlich, daß man die
Stände hiezu beiziehe, aber es ist dabey noth-

wen-

wendig, daß das vorzüglichste Augenmerk auf
das allgemeine Wohl gerichtet, und nicht
das Beste von 24,000,000 Menschen dem Pri-
vat Interesse von Hunderttausend nachgesetzt
werde. Vorzüglich bedarf die Justizpflege we-
sentlichere Verbesserungen; der Aermere muß
wider Bedrückungen geschützt werden, und auf
eine minder kostspielige Art sein Recht auch
wider den Reichen und Ansehnlichen behaupten
können. Es sollte zwar dieser, da er den meisten Schutz des Staats und der Geseze genießt,
auch zur Handhabung derselben am meisten beitragen. Allein es giebt leider Beispiele, daß
dieses von manchen nicht beobachtet wird, und
darum soll der Staat dafür sorgen, daß Gerechtigkeit ohne Unterschied der Person genau
gehandhabet; und jede Unterdrückung der ge-
ringeren verhüttet werde. Vorzüglich ist die
genaueste und strengste Aufsicht auf die Landbeamten; und so viel möglich die Ausrottung
boshafter und eigennüziger Gerichtsverwalter
höchst nöthig; da diese Menschengattung einen

so

so wichtigen Einfluß auf das Glück der Unterthanen habe. Eine beſſere und ganz neue Einrichtung der Abgaben iſt zum allgemeinen Nazional-
Wohl unumgänglich nöthig, mehreres hieher gehö-
riges iſt ſchon an anderen Orten geſagt worden.

II.

Aeuſſeres Staatsintereſſe.

Oeſterreich hat von der Verbindung mit
Frankreich jezt weniger Vortheile zu erwarten,
als vor der wichtigen Revoluzion in dieſem
Reich. Eine nahe Verbindung mit Spanien
iſt Oeſterreich ſowohl in Betracht der Handlung als auch in anderer Rückſicht ſehr vortheilhaft, und ſcheint auch allerdings beiden
Mächten gleich wichtig und nüzlich zu ſeyn.

Pohlen iſt zwar nichts weniger als ein
fürchterlicher Nachbar, aber doch wäre eine
Allianz mit dieſer Republik wegen Preuſſen
gut; obſchon dieſer Staat mehr als Oeſterreich
dabei gewinnt.

Oeſterreichs Staatsintereſſe fordert es,
ungeachtet ſeiner dermaligen Verbindung, darauf

zu ſehen, daß Rußland ſeine Beſizungen in den Türkiſchen Ländern gegen die Oeſterreichi-ſchen Staaten nicht zu weit ausbreite; wenn es ſchon dermal nichts zu beſorgen hat, ſo kann doch Rußland in der Zukunft gefährlicher werden.

Bei dem Uibergewicht ſeiner Waffen hängt es von Oeſterreich ab mit der Pforte einen vor-theilhaften Frieden zu ſchlieſſen; wirklich be-günſtiget auch Oeſterreichs phiſiſche Lage und Beſchaffenheit ſein Kommerz mit der Türkei; Oeſterreich kann es mit vortheilhaften Verträ-gen hierin allen andern Nationen bevorthun, und auch den Levantiſchen Handel größtentheils auf ſeine Seite bringen.

Preuſſen hat erſt in der letzten Zeit viel von ſeinen Anhängern in dem Deutſchen Reich verlohren, und Oeſterreich beſizt zu viele Uiber-legenheit, als daß es dieſen Nachbar zu fürch-ten hätte; vielmehr würde es vielleicht nicht all zu ſchwer fallen, von dieſer Seite die Monar-chie zu erweitern.

Endlich würde ein vermehrter Handel nach Oſtindien, die Anlegung mehrerer Pflanzörter in andern Welttheilen ganz ſicher Oeſterreichs inneres Wohl und äuſſeres Anſehen auf das höchſte bringen.